Thomas Aichhorn

»Freud arbeiten lassen«

Jean Laplanche ist endlich im deutschsprachigen Raum angekommen und das umfassende und komplexe Werk des international renommierten Autors bedarf einer klärenden Einführung. Thomas Aichhorn gelingt diese Aufgabe ausgezeichnet, indem er das umfangreiche Werk Laplanches in seiner weitreichenden Bedeutung für die psychoanalytische Theorie und Therapie detailliert und klar darlegt.

Jean Laplanches Forschungsarbeit besteht in der wissenschaftlichen Erkundung von Freuds Psychoanalyse zu einer Zeit, in der außerhalb, aber auch innerhalb der Psychoanalyse Freuds Metapsychologie, meist verkürzt und missverstanden tradiert, heftig umstritten und in Misskredit geraten ist oder überhaupt nicht mehr beachtet wird. Seine Rückkehr zu Freud, die er *Freud arbeiten lassen* oder *faire rendre l' âme* nennt, weist nach, dass Psychoanalyse weder über ein Wissen verfügt, das in linearem Fortschritt gewonnenen worden ist, noch in der Weise systematisiert werden kann, dass sie als eine in sich abgeschlossene Lehre, als eine Anwendung von Lehrsätzen, vermittelbar wäre. Ist das Unbewusste Ursprung und Inhalt, dann muss auf die Sicherheit von verfestigtem Wissen verzichtet werden. Mit seiner »Allgemeinen Verführungstheorie« und mit seinen »Neuen Grundlagen für die Psychoanalyse« meint Laplanche, im Rückgriff auf Freuds Verführungstheorie, die Strukturierungsprozesse des seelischen Apparates im Allgemeinen begründen zu können. Die Ausarbeitung der »Allgemeinen Verführungstheorie« hat für ihn die Bedeutung, den Ort kenntlich zu machen, wo Subjektkonstitution, psychoanalytische Theorie und klinische Praxis miteinander verknotet sind.

Thomas Aichhorn, geb. 1944 in Wien. Psychoanalytiker. 1981–1998 Sozialpädagoge am Institut für Sozialtherapie Wien. Vorträge und Publikationen zu Theorie und Geschichte der Psychoanalyse, der »Allgemeinen Verführungstheorie« von Jean Laplanche, zur Psychoanalyse der Adoleszenz und zum Werk und zur Biografie August Aichhorns. Lebt und arbeitet in Wien. Mitglied und Archivar der Wiener Psychoanalytischen Vereinigung, Beirat und Herausgeber von Themenheften der Zeitschrift *Luzifer-Amor*.

Thomas Aichhorn

»Freud arbeiten lassen«

Die Dynamisierung der Sexualtheorie durch Jean Laplanche

Eine Einführung

Brandes & Apsel

Auf Wunsch informieren wir Sie regelmäßig mit unseren Katalogen »Frische Bücher« und »Psychoanalyse-Katalog«. Wir verwenden Ihre Daten ausschließlich für die Zusendung unserer beiden Kataloge laut der EU-Datenschutzrichtlinie und dem BDS-Gesetz. Bitte senden Sie uns dafür eine E-Mail an info@brandes-apsel.de mit Ihrer Postadresse. Außerdem finden Sie unser Gesamtverzeichnis mit aktuellen Informationen im Internet unter: www.brandes-apsel.de sowie www.kjp-zeitschrift.de

1. Auflage 2019

DTP: Brandes & Apsel Verlag
Umschlag: Brandes & Apsel Verlag unter Verwendung des Bildes von Carl Spitzweg: *Studie nach einem Weinstock.*
Druck: STEGA TISAK d. o. o., Printed in Croatia
Gedruckt auf einem nach den Richtlinien des Forest Stewardship Council (FSC) zertifizierten, säurefreien, alterungsbeständigen und chlorfrei gebleichten Papier.

Bibliografische Information der Deutschen Nationalbibliothek:
Die Deutsche Nationalbibliothek verzeichnet diese Publikation in der Deutschen Nationalbibliografie; detaillierte bibliografische Daten sind im Internet über www.ddb.de abrufbar.

ISBN 978-3-95558-262-3

Inhalt

1. Zur Einführung

»Es ist eine große Ehre für mich und es bewegt mich sehr, eingeladen zu sein, diesen Festvortrag zum 150. Geburtstag von Freud zu halten. Freud unser aller Meister! [...] Meine Einstellung entspricht einer treulosen Treue. Treue in der Lektüre und Übersetzung, um Freud zu erstatten, was er sagen wollte, seine Widersprüche und seine Kehrtwendungen einbegriffen. Treulosigkeit in der Interpretation seiner ›Verirrungen‹, in der Absicht, ›Neue Grundlagen für die Psychoanalyse‹ zu finden. Freud bleibt vom Anspruch seiner Entdeckung, dem ›Unbewussten‹, beherrscht; folgen wir ihm in diesem Anspruch!«
(Jean Laplanche 2006)[1]

Jean Laplanche verstand sich nicht als den Begründer einer neuen Richtung oder Schule in der Psychoanalyse, sondern er sah sich als jemanden, der die Arbeit an den Texten Freuds wiederaufnahm, um das in ihnen steckende Denken in Bewegung zu setzen. Ich denke, dass man seine *Rückkehr zu Freud* im Sinne Michel Foucaults verstehen könnte, der Freud als einen *Diskursivitätsbegründer*, der eine unbegrenzte Diskursmöglichkeit geschaffen habe, bezeichnete (Foucault 1969, S. 1026f.).[2] Seine *Rückkehr*

1 Jean Laplanche anlässlich des Vortrags, den er zu Freuds 150. Geburtstag in Wien hielt (Laplanche 2006a, S. 245).

2 Zwischen der Begründung der Psychoanalyse durch Freud und ihren späteren Umwandlungen bestehe, so Foucault, eine grundsätzliche Heterogenität. Die Errichtung einer Diskursivität sei nämlich nicht Teil ihrer späteren Transformationen, sie hebe sich notwendig von ihnen ab oder überrage sie. Es werde daher immer wieder die Forderung nach einer »Rückkehr zum Ursprung«, zu Freud also, erhoben. Er schreibt: »Damit es nämlich zu einer Rückkehr kommt, muss es erst einmal ein Vergessen gegeben haben, nicht ein zufälliges Vergessen, nicht die Überlagerung durch irgendein Unverständnis, sondern ein wesentliches und konstitutives Vergessen. Der Begründungsakt selbst ist seinem Wesen nach so beschaffen, dass er nur vergessen werden kann. Das, was ihn manifestiert, das, was sich aus ihm herleitet, ist zugleich das, was den Abstand zu ihm begründet und ihn verstellt. Dieses nicht zufällige Vergessen gilt es in präzisen Operationen einzukreisen, die man lokalisieren, analysieren und durch die Rückkehr zu jenem Begründungsakt reduzieren kann. [...] Überdies richtet sich diese Rückkehr auf das, was in einem Text präsent ist, genauer noch, man kommt auf den Text selbst zurück, auf den Text in seiner Nacktheit und zugleich auf das, was im Text als Leerstelle, als Abwesenheit, als Lücke gekennzeichnet ist. [...] Daraus folgt natürlich, dass eine solche Rückkehr, die zum Text selbst gehört, ihn beständig verändert, dass die Rückkehr zum Text kein historischer Zusatz ist, der zur Diskursivität als solcher hinzutrete und sie mit einer Ausschmückung verdoppelte, die letztlich unwesentlich ist; es ist eine effektive und notwendige Transformation der Diskursivität selbst. [...] Um eine solche Rückkehr angeben zu könne, müssen wir ein letztes Merkmal hinzufügen: sie ist auf eine Art geheimnisvoller Verknüpfung von Text und Autor ausgerichtet. Weil der Text nämlich Text eines Autors ist, hat er von diesem Autor her begrün-

zu Freud, die Laplanche *Freud arbeiten lassen* nannte, weist nach, dass die Psychoanalyse über ein Wissen verfügt, das weder in linearem Fortschritt gewonnenen wurde, noch in der Weise systematisiert werden kann, dass es als eine in sich abgeschlossene Lehre, als eine Anwendung von Lehrsätzen, vermittelbar wäre.

Laplanche ging den in der Psychoanalyse aufgetretenen theoretischen Differenzen kritisch forschend und systematisch untersuchend nach und trug damit zur Vertiefung des Verständnisses und zum Fortschritt der Erkenntnis bei. Insofern war und ist seine Arbeit zugleich auch immer eine unbestechliche Kritik an der Art und Weise, wie Psychoanalyse von Freud entwickelt worden war und wie sie bisher tradiert wurde. Er beschrieb seine Arbeit folgendermaßen: »Sie ist also eine der Theorie; genauer gesagt, ist sie eine Erfahrung meines inneren Anspruchs, so wie er sich in der Theorie bricht. […] Die Theorie auf die Probe stellen bedeutet nicht, danach zu streben, sie ›anzuwenden‹. Eine Theorie (oder eine Deutung) anwenden, bedeutet übrigens nie mit ihr künstlich die Fakten zu ›furnieren‹. Nein! Eine Theorie auf die Probe stellen ist nicht so neutral, so wissenschaftlich ›vergeistigt‹. Es bedeutet ganz im Gegenteil, ihr hart zuzusetzen, sie zum Knirschen und Kreischen zu bringen, sie die unerträglichsten Lasten tragen zu lassen; nicht, um sie ganz einfach zu zerstören, um ihr eitles Wesen und ihre Widersprüche zu zeigen, sondern vielmehr, wenn man so sagen darf, um ihr ›die Seele bloßzulegen‹«, wie »faire rendre l'âme« in der deutschen Übersetzung heißt (Laplanche 1979, S. 47f.).

Sprach Laplanche von *Neuen Grundlagen für die Psychoanalyse,* dann meinte er nicht *neu* in Bezug auf Freuds Psychoanalyse und ihre grundlegenden Begriffe wie *Unbewusstes, Trieb, Libido oder Sexualität,* sondern er behauptete, für die *eine* Psychoanalyse *neue, wissenschaftlich haltbarere Grundlagen* formuliert zu haben, die die Intention von Freuds Lehre bewahren, auch wenn sie ihre Elemente in eine neue, oft überraschende Zuordnung brachte. So schrieb er etwa in einer Arbeit, in der er sich mit dem für die psychoanalytische Theorie so entscheidenden 7. Kapitel von Freuds Traumdeutung auseinandersetzte, für das er eine neue Lesart vorschlug: »Dieses ›andere‹ Kapitel sieben ist nicht das Spiegelbild des ersten. Es bietet tausend Entwicklungsmöglichkeiten, doch vor allem berücksichtigt es, wenn man seine Konsequenzen entwickelt, die entscheidende und uranfängliche, doch immer wieder verhüllte Entdeckung Freuds: das Primat der Botschaft des Anderen in der Bildung des sexuellen Un-

denden Wert, und weil er Text dieses Autors ist, muss man auf ihn zurückkommen« (Foucault 1969, S. 1026). Das, was Foucault hier beschrieb, entspricht durchaus dem, meine ich, woran Laplanche mit seinen Neuen Grundlagen (1987) arbeitete.

bewußten« (Laplanche 2000, S. 72). Und in seiner Arbeit »Die Zeit und der Andere« fasste er seine Erkenntnisse wie folgt zusammen: »Ich halte drei ›Eigenschaften des Menschen‹ (...) fest: Er verzeitlicht sich; er hat ein Unbewußtes (mit all dem Skandalösen dieses Ausrucks: ein Unbewußtes h a b e n); er unterhält eine ursprüngliche Beziehung zum Rätsel des Anderen« (Laplanche 1991, S. 121).

Es ist, immer wieder überraschend und faszinierend, Laplanche als den unbestechlichen Leser Freuds bei seiner Arbeit zu beobachten: Bei seinem unaufhörlichen Sich-Beziehen auf die Texte Freuds und bei der unnachahmlichen Art und Weise, wie er an kritischen Stellen das geschärfte Messer seines Denkens, wie er sagte, ansetzte, um den Ursprung, das Original der Freud'schen Entdeckungen freizulegen. Seinen Umgang mit Freuds Texten beschrieb er als buchstäblich, kritisch und deutend. Dabei betonte er immer wieder, dass er nicht psychobiographisch vorgehe, dass er nicht versuche, Freuds Werk mit Hilfe von dessen Biographie zu interpretieren, sondern dass er psychoanalytisch vorgehe, was bedeute, Freuds Texte ähnlich zu behandeln wie ein Psychoanalytiker den Diskurs des Analysanden.

Laplanche arbeitete mit den Widersprüchen in Freuds Theorie, die in der Tradierung seiner Lehre gewöhnlich einseitig aufgelöst oder übergangen wurden. Seiner Ansicht nach ist das *sexuelle Unbewusste*, das *sexuell* ist, so wie es Freud verstanden hatte, nämlich *triebhaft, prä-, para- oder infantil-genital*, das *vorrangige Objekt der Psychoanalyse*. Es ist das *Sexuelle*, das *infantil Sexuelle* oder, wie Laplanche sagen wird, das *Sexuale*, das in den Körper eingepflanzt wurde und seine *Quelle in der Phantasie* hat. Die vom *sexuellen Trieb* beherrschte Sphäre spalte sich, so Laplanche, unausweichlich und unaufhebbar von der Sphäre der Selbsterhaltung ab, sie verdecke das Feld der Zärtlichkeit, in dem die lebenserhaltenden Instinkte und Bindungen wirksam seien, die sich auf der Grundlage von angeborenen Schaltungen schnell entwickeln. Diese Linie in Freuds Denken werde von der Annahme eines *primären, objektlosen Narzissmus* verdeckt, aber weder der *Narzissmus* noch der Autoerotismus seien angeborene Primärstadien, sie werden sich erst aus den ersten Beziehungen zwischen dem Erwachsenen und dem Kind ergeben. Der *biologische Aspekt in der Sexualität des Erwachsenen* aber, der zu mehr oder weniger genetisch programmierten sexuellen Verhaltensweisen dränge, trete erst mit der Pubertät auf. Im Sinne des *Zweizeitigen Ansatzes des menschlichen Sexuallebens ruhe* die genetisch festgelegte, hormonell bedingte *Instinkt-Sexualität*, wie Laplanche sagte, bis zur Vorpubertät, bis dahin herrsche eine andere Sexualität, nämlich *die vom Trieb bestimmte infantile Sexualität.*

Laplanche anerkannte Freud als den Entdecker des Unbewussten und als den Erfinder der wissenschaftlichen Methode, ohne die es unentdeckt und unzugänglich geblieben wäre, vorbehaltslos. Die in der psychoanalytischen Kur geltenden Regeln – *die freie Assoziation des Analysanden und die gleichschwebende Aufmerksamkeit des Analytikers* –, die das spezifische Erfahrungsfeld der Psychoanalyse begründen, sind seiner Ansicht nach etwas vollkommen Neues in der Geschichte der Menschheit. Mit ihrer Hilfe könne das erschlossen und zugänglich gemacht werden, was man am Ursprung der menschlichen Existenz, an der Quelle der Genese des psychischen Apparats und des Konflikts antrifft. Auch die psychoanalytische Kur, ihre Wirkungen, wie auch ihre Grenzen, seien durch das von ihm vorgeschlagene Modell zu verstehen.

Laplanche wies Freuds Rückgriff auf die Biologie und die Phylogenese entschieden zurück, weil er der Ansicht war, dass man im Sinne der Psychoanalyse die Entstehung und die Permanenz des Unbewussten – wie auch die damit unlösbar verbundene Wirkung des Triebs – mit Hilfe der *Mechanismen der Verdrängung*, oder, wie er es bezeichnete, der *Übersetzung*, erklären könne (Laplanche 2006b).

Ein weiteres wesentliches Ziel von Laplanches Arbeit war es, das spezifische Arbeitsfeld der Psychoanalyse zu bestimmen und es von den Arbeitsbereichen anderer Wissenschaften abzugrenzen. Er begriff Psychoanalyse als eine eigenständige Wissenschaft, als die Wissenschaft vom *sexuellen, dynamisch wirksamen Unbewussten*, die nicht mit einem ihr fremden Wissen begründet werden kann. Demnach darf Psychoanalyse auch nicht mit einer allgemeinen Psychologie verwechselt werden, sie ist mit dem ihr eigenen Geltungsbereich hinlänglich beschrieben und sie hat Methoden entwickelt, die zur Erforschung ihres Gegenstandes geeignet sind (vgl. Laplanche 1987).

In dem Artikel »Die unvollendete kopernikanische Revolution. Über Jean Laplanche und die Psychoanalyse«, der 2004 in der »Neue Zürcher Zeitung« veröffentlicht wurde, schrieb der Schweizer Psychoanalytiker und Laplanche-Übersetzer Jean-Daniel Sauvant: »Die psychoanalytische Kultur in Frankreich darf als eine der kreativsten und lebendigsten gelten. Jean Laplanche kommt dabei eine herausragende Stellung zu. Was zeichnet sein Werk aus? Zunächst einmal eine profunde Kenntnis des Freudschen Werkes, das er, als Übersetzer, mit einer besonderen Sensibilität wahrnimmt. Dann seine Arbeitsweise: Im Buch ›Leben und Tod in der Psychoanalyse‹ (1970) nennt er seinen Umgang mit Freuds Texten ›buchstäblich, kritisch und deutend‹. [...] Die kopernikanische Wende, mit der Freud die psychoanalytische Entdeckung des Unbewussten verglichen hat, ist für Laplanche eine unvollendete Revolution geblieben. Freud hatte von den Kränkungen des menschlichen Narzissmus gesprochen: von der durch Kopernikus zugefügten, dass die Erde nicht Zentrum des Universums sei, und von der durch die Psychoanalyse ausgelösten, dass der Mensch nicht ›Herr im eigenen Hause‹ sei. Die kopernikanische Revolution der Psychoanalyse sei insofern unvollendet, erklärt Laplanche, als Freud hinter seine ursprünglichen Erkenntnisse zurückgefallen sei und es bei ihm scheine, als entwickle sich der Mensch mit seinem Unbewussten quasi aus sich heraus. Hier führt die allgemeine Verführungstheorie den ›Primat des Anderen‹ wieder ein: Der Mensch konstituiere sich durch den ›fremden‹ Anderen und dessen rätselhafte Botschaften. Der Mensch sei sich selber im Grunde fremd, weil er in seinem Zentrum dieses Andere (das Unbewusste) trage, das durch den Einfluss des Anderen (des Erwachsenen der ›Urverführung‹) entstanden sei« (Sauvant 2004).

Laplanche war der Auffassung, dass das Verstehen von Problemen und Konflikten für die Psychoanalyse – weder in ihrer Theorie noch in ihrer Praxis – nicht gleichbedeutend mit ihrer endgültigen Lösung oder Auflösung sein könne. Psychoanalyse als Theorie des Unbewussten und als die Praxis, als die Methode zu seiner Erforschung, heiße: Ausgehend von schmerzhaften Zuständen, von Beschädigungen, von den Folgen primärer traumatischer Erfahrungen, eine Bewegung in Gang zu setzen, die von scheinbar sinnloser, gleichförmiger Wiederholung zur öffnenden Frage läuft. Die Wahrheit, um die es in der Psychoanalyse gehe, könne nicht etwas Vorgegebenes sein, sie müsse immer wieder aufs Neue gewonnen werden.

Im Zentrum des vorliegenden Buches steht Laplanches *Allgemeine Verführungstheorie*, so wie er sie – ausgehende von *Freuds ursprünglicher Verführungstheorie* – in den »Neuen Grundlagen für die Psychoanalyse« vorgeschlagen hatte (Laplanche 1987). In den daran anschließenden Kapiteln werden einige der Felder vorgestellt, die für Laplanches Auffassungen von besonderer Wichtigkeit waren: Nachträglichkeit/Übersetzung, einige Beiträge zu einer psychoanalytischen Konzeption der Adoleszenz, Wirkungsweise und Genese der Angst, Laplanches Konzept vom Todestrieb in der Theorie des Sexualtriebs, die praktische Aufgabe, Laplanches Überlegungen zur Praxis der Psychoanalyse und die Einführung von Gender in die Psychoanalyse.

Natürlich hätte man die Schwerpunkte auch anders setzen können, aber ich denke doch, damit einen zumindest annähernd umfassenden ersten Einblick in Jean Laplanches Lehre und ihre Konsequenzen zu geben.

2. Zur Biographie und zum Werk Jean Laplanches

Jean-Louis Laplanche wurde am 21. Juni 1924 an der Place des Voges in Paris geboren.[3] Mit einem Jahr kam er nach Beaune, Burgund, und mit 12 Jahren nach Pommard, wo sein Vater, Louis Laplanche, 1936 das Château Marey Monge und dessen umgebende Weinreben gekauft hatte. Louis Laplanche stammte aus einer großen Winzer- und Händlerfamilie aus Nuits-Saint-Georges, Burgund, und auch seine Mutter entstammte einer Winzerfamilie.

Während der Jahre 1943/44 beteiligte sich Laplanche als Botenfahrer an den Aktivitäten der Résistance; seine Gymnasialzeit absolvierte er am Collège Monge in Beaune. Anschließend ging er nach Paris an das *Lycée Henri IV*, um sich für die *École Normale Supérieure* vorzubereiten, wo er Philosophie studierte. Unter seinen Lehrern waren Jean Hyppolite[4], Gaston Bachelard[5] und Maurice Merleau-Ponty[6]; Michel Foucault[7] war einer seiner Mitschüler.

3 Zur Biographie vgl.: Mathey 2004, Scarfone 1997, Stanton 1992, John Fletcher und Peter Osborne 1999.

4 Jean Hyppolite (1907–1968) war Philosoph. Mit seinen Arbeiten zu Hegels »Phänomenologie des Geistes« trug er wesentlich zur Verbreitung der hegelschen Philosophie in Frankreich nach dem Zweiten Weltkrieg bei. 1949 wurde er an die Sorbonne berufen. Dort zählten Louis Althusser, Jacques Derrida, Gilles Deleuze und Michel Foucault zu seinen Studenten. 1954 wurde er Direktor der *École Normale Supérieure*; 1963 wurde er auf den Lehrstuhl »Histoire des systèmes« am Collège de France berufen, wo ihm 1970 Michel Foucault nachfolgte.

5 Gaston Bachelard (1884–1962) war ein Philosoph, der sich gleichermaßen mit Wissenschaftstheorie und Dichtung beschäftigte. In der Wissenschaft wie der künstlerischen Imagination sah er zwei unterschiedliche, aber gleichwertige Möglichkeiten, sich der Differenz des Neuen zu öffnen und als Mensch zu wachsen.

6 Maurice Merleau-Ponty (1908–1961) war Philosoph und Phänomenologe. Von 1939 bis 1940 arbeitete er als Philosophielehrer an verschiedenen Gymnasien in Paris. 1944/1945 war er der Nachfolger Jean-Paul Sartres am Pariser *Lycée Condorcet*; 1945 wurde er promoviert. Danach schloss sich eine Universitätslaufbahn in Lyon an, wo er als Professor für Philosophie lehrte. Von 1949 bis 1952 arbeitete er als Professor für Kinderpsychologie und Pädagogik an der Sorbonne. 1952 wurde er Professor für Philosophie am Collège de France. Merleau-Ponty ist einer der wichtigsten Vertreter der französischen Phänomenologie. Aufgrund seiner engen Bindung zu Jean-Paul Sartre und Simone de Beauvoir wird er oft für einen Existenzialisten gehalten. Der Schwerpunkt seiner äußerst vielfältigen und weit ausspannenden denkerischen Arbeiten ist die Rolle des Leibes, als den der Mensch sich selbst und die Welt erfährt.

7 Paul-Michel Foucault (1926–1984) war Philosoph, Strukturalist, Historiker, Soziologe und der Begründer der Diskursanalyse. Er untersuchte, wie Wissen entsteht und Geltung erlangt, wie Macht ausgeübt wird und wie Subjekte konstituiert und diszipliniert werden.

1946 bekam Laplanche ein Stipendium an der Harvard University. Auf dem Weg dorthin besuchte er in New York Rudolf Loewenstein[8]. Loewenstein riet ihm, in Harvard nicht Philosophie, sondern an der Abteilung für Social Relations zu studieren, an der damals einige Psychoanalytiker unterrichteten. Laplanche blieb ein Jahr in Harvard und interessierte sich während dieser Zeit zunehmend für die Psychoanalyse. Als er nach Paris zurückgekehrt war, begann er 1947 bei Lacan eine Analyse, zunächst nicht mit der Absicht Psychoanalytiker zu werden, sondern um psychoanalytisches Denken auf philosophische Fragestellungen anzuwenden.

In einem Interview mit Martin Stanton (Stanton 1992) sagte Laplanche über seine Beziehung zu Lacan: »I retain a great deal of affection for Lacan. He only ever did me good, so I have no personal grievance to bear towards him. Of course, I became more distanced from him as I disagreed with some of his thought and practice. I was in analysis with him for a long time, in fact up to 1963, at the time of the schism in the Société Françaises. So it finished – as it did for everyone who parted ways with him then. It was hard, but that is normal. He has never said anything to harm me, and I have never said anything to harm him. We met years later at a reception given by Edgar Fauré[9], and spent two warm and friendly hours together« (a.a.O., S.4).

Es waren vor allem Lacans Kurzsitzungen, mit denen Laplanche nicht übereinstimmte. Er sagte dazu in einem Interview mit John Fletcher und Peter Osborne (Fletcher & Osborne 1999): »My relation to Lacan was analytical for as long as possible. I almost forced him to maintain an analytic standpoint. But in the end I went to the Seminar and so on. And I was part of the 1963 split – although I should say that those of us who wanted to re-enter the IPA (*International Psychoanalytical Association*) did so with the agreement of, and even under pressure from, Lacan. He wanted an international audience again. However, the question of his analyses was at stake – the question of short sessions and the number of analysands – and he didn't want to make any changes in his practice. He did not make any concessions. We wanted him to. He did not. I am completely against short sessions. The argument for the short session is that

8 Rudolph Maurice Loewenstein (1898–1976) wurde in Lódz geboren. Nach einem Medizinstudium in Zürich ging er nach Berlin und von dort 1926 nach Paris, wo er der Lehranalytiker zahlreicher französischer Psychoanalytiker – u.a. Lacans – wurde. 1939 wurde er als Militärarzt in die französische Armee eingezogen. Nach dem Waffenstillstand 1940 floh er in die Vereinigten Staaten. Er war Mitglied der New Yorker psychoanalytischen Vereinigung. 1965/67 war er Vizepräsident der IPV. Mit Heinz Hartmann und Ernst Kris war er einer der Begründer der so genannten psychoanalytischen Ich-Psychologie.

9 Edgar Fauré (1908–1988) war ein französischer Politiker.

it is flexible. It is not flexible. The flexibility is always in one direction only: against continuing. A ›flexible analyst‹ is never in favour of one-hour sessions. I have never seen a ›flexible analyst‹ make sessions of one hour or more, waiting for a good moment for scansion, the moment when the analysand has said the right thing. In fact, in the paper where he discussed this, Lacan said exactly the opposite. He said he stopped those sessions because they were uninteresting. ›Empty speech‹. The only example he gives is of a patient who was talking about Dostoevsky for years, for hours and hours. And he stopped it. But he could have found the unconscious in those speeches about Dostoevsky, if he had searched. [...] There is also the economic argument, yes. But for Lacan, I don't think it was the real reason. It was the ›influence‹ argument. Freud once said, ›I do short analyses [that is, over a short period, two or three months] because I want to have many followers‹. Lacan did something similar: analysis over a long period, but with short sessions, to have more followers. It was the same idea. Freud does not escape this remark. But to return to scansion: for Lacan, scansion is always a way of marking a ›castration‹. I must cut you, cut you somewhere. It's a very passe-partout interpretation, the key to everything. All is castration. You must assume castration. ›I castrate through a short session.‹ I am very against it, because I believe free association is one of Freud's fundamental discoveries. If one believes in that method, one must have time to develop free associations. You must be comfortable to develop the association without knowing that you will be cut off in the midst of the very first phrase. I try to make my patients feel comfortable to do the analytic work‹ (a. a. O.).

Ende der vierziger Jahre war Laplanche mit Cornelius Castoriadis[10] und Claude Lefort[11] befreundet, die Trotzkisten und Mitglieder der *Parti Communiste Internationaliste* (dem französischen Zweig der Vierten Internationale) waren. 1948 gründeten sie *Socialisme ou Barbarie*[12], eine Gruppierung, an der sich auch Laplanche beteiligte. Er berichtete: »Ich blieb

10 Cornelius Castoriadis (1922–1997) war ein griechischer Philosoph, Psychoanalytiker, Jurist, Widerstandskämpfer und libertärer Sozialist.

11 Claude Lefort (1924–2010) war Philosoph, bekannt für seine Überlegungen zum Totalitarismus, von denen ausgehend er eine Philosophie der Demokratie entwickelte. Er war Leiter der *École des hautes études en sciences social* und Mitglied des *centre de recherches politiques Raymond-Aron*. Er arbeitete über Machiavelli, Merleau-Ponty und die Regime des Ostblocks.

12 *Socialisme ou Barbarie* war eine kommunistische, antistalinistische Gruppe, die 1948 aus der *Parti Communiste Internationaliste* ausgetreten war. Unter demselben Namen gab die Gruppe von 1949 bis 1965 eine Zeitschrift heraus. *Socialisme ou Barbarie* bekämpfte den Stalinismus in allen seinen Formen und entwickelte einen undogmatischen Marxismus. Die UdSSR und die so genannten sozialistischen Staaten sah sie als staatskapitalistisch an, als Staaten, in denen eine Klasse von Bürokraten an die Stelle der Kapitalisten getreten sei. 1967 löste sich *Socialisme ou Barbarie* auf.

bei *Socialisme ou Barbarie* noch mindestens zwei Jahre dabei. Ich war es, der die Idee hatte, diese Zeitschrift zu machen und sie auch zu finanzieren. Ich war einfach dabei, ich habe nicht geschrieben. Ich verließ sie im Jahre 1950« (Mathey 2004, S. 15).

Die Frage nach dem Zusammenhang seines politischen Interesses und dem Interesse an der Psychoanalyse beantwortet Laplanche folgendermaßen: »I was one of the founders of *Socialisme ou Barbarie*, but the atmosphere soon became impossible. Castoriadis exerted hegemony over the journal (he wrote the main articles) and his central idea in the mid 1950s was that a third world war was inevitable. This was very hard for people in the group to stand: to continue our lives, while thinking there would be an atomic explosion in a few years' time. It was an apocalyptic vision. There was a shift in my interests from political activity to analytic activity at that time. I was still in favour of the thesis of *Socialisme ou Barbarie*, until '68, but I wouldn't say there was a convergence. Analysis took the place of the political things. They are difficult to keep together« (Fletcher & Osborne 1999).

1951 schloss Laplanche das Philosophiestudium ab und entschloss sich, Psychoanalytiker zu werden. Die Analyse bei Lacan wurde nachträglich als Lehranalyse anerkannt. Auf den Rat Lacans hin, studierte Laplanche Medizin und arbeitete an einer Psychiatrischen Klinik. Nach der Beendigung des Medizinstudiums absolvierte er 1959–60 die Kontrollanalysen.

Auf die Frage, ob Lacans Rat im Zusammenhang mit dessen Einstellung zur sogenannten Laienanalyse zu verstehen sei, antwortete Laplanche: »Lacan was always in favour of medical training. He never took a clear position on lay analysis. In fact, he himself always remained very much a medic. All his family and close associates addressed him as ›Doctor Lacan‹. At the time this was important, because he wanted access to psychotics. Me too, hence his advice to study medicine« (Stanton 1992, S. 4).

Das Medizinstudium schloss Laplanche mit einer Doktorarbeit über Hölderlin ab, die er unter dem Titel »Hölderlin et la question du père« (»Hölderlin und die Suche nach dem Vater«) 1961 veröffentlichte (Laplanche 1961).

Michel Foucault (1961) besprach die Arbeit überaus anerkennend. Foucault: »Anstatt im pathologischen Geschehen den Untergang zu sehen, in dem das Werk [Hölderlins] zusammenbricht und dabei seine verborgene Wahrheit vollendet, muss man jener Bewegung folgen, durch die das Werk sich nach und nach auf einen Raum hin öffnet, in dem das schizophrene Sein seinen Raum einnimmt und so an der äußersten Grenze offenbart, was keine Sprache außerhalb des Schlundes, in dem sie untergeht, hätte sagen, was kein Sturz hätte zeigen können, wenn er nicht zugleich Zugang zum Gipfel gehabt hätte. Einen solchen Weg geht das Buch von Laplanche. Es beginnt still und leise im Stile einer ›Psychobiographie‹. Doch dann entdeckt es im Durchlaufen der Diagonale des Feldes, das es sich gewählt hat, im Moment der Schlussfolgerung die Stellung desjenigen Problems, das von Beginn an seinem Text zu Rang und Meisterschaft verhalf: Wie ist eine Sprache möglich, die über das Gedicht und über den Wahnsinn *ein* und *dieselbe* Rede hält? Welche Syntax kann *zugleich* den sich verkündenden Sinn und die sich auslegende Bedeutung durchlaufen?« (a.a.O., S.266f. Hervorhebungen im Text).

Ab 1962 unterrichtete Laplanche, eingeladen von Lagache, an der Sorbonne. Von 1962 bis 1967 arbeite er – unter der Leitung von Lagache – zusammen mit Jean Bertrand Pontalis[13] am »Vokabular der Psychoanalyse«. 1967 in der französischen Originalversion erschienen, wurde das Vokabular bis heute in etwa fünfzehn Sprachen übersetzt – deutsch 1972 (Laplanche & Pontalis 1967). Das Werk wird oft als Wörterbuch oder Lexikon missverstanden, aber es war vielmehr sein Ziel, die grundlegenden Konzepte der Psychoanalyse und ihre Bedeutung innerhalb des psychoanalytischen Denkens verständlich zu machen. Auch wenn seither viele ähnliche Bücher verfasst wurden, bleibt das »Vokabular« bis heute unverzichtbar. Udo Hock und Jean-Daniel Sauvant schrieben in ihrem Vorwort zu Laplanches »Leben und Tod in der Psychoanalyse«: »Laplanche und Pontalis beabsichtigten mit ihrem Vokabular nicht, Freuds Denken möglichst widerspruchsfrei auf den Begriff zu bringen, sondern sie wollten dem Leser vielmehr die untergründigen Auseinandersetzungen, die seiner Begriffsarbeit zugrunde liegen, prägnant vor Augen führen« (Hock und Sauvant in Laplanche 1970, S.9).

1964 (1985 in einer zweiten Fassung) veröffentlichten Laplanche und Pontalis »Fantasme originaire, fantasmes des origines, origines du fantasme« (»Urphantasie«) (Laplanche & Pontalis 1985). Laplanche sagte über diese Arbeit: »... it is a historical paper, and I do not completely agree

13 Jean-Bertrand Pontalis (1924–2013) besuchte in Paris die Gymnasien Pasteur und Henri IV. Er absolvierte an der Sorbonne ein Philosophiestudium, das er 1945 mit einer Arbeit über Spinoza abschloss. In den Nachkriegsjahren schloss er sich der politischen Linken um Sartre und Merleau-Ponty an und arbeitete an ihrer Zeitschrift *Les Temps Moderne* mit. Er unterrichtete Philosophie an Gymnasien in Alexandria (1948–49), Nizza (1949–51) und Orléans (1951–52). Nach Paris zurückgekehrt begann er eine Lehranalyse bei Lacan, zu dessen Seminaren von 1956 bis 1959 (*Séminaires IV–VI*) er die ersten Zusammenfassungen veröffentlichte. 1964 grenzte er sich von Lacan ab und wurde einer der Mitbegründer der *Association Psychanalytique de France*. 1970 begründete er die Zeitschrift *Nouvelle Revue de Psychanalyse*, deren Herausgeber er bis 1994 blieb, als nach 50 Ausgaben ihr Erscheinen eingestellt wurde.

with the position it expounds. It unearths the concept of ›primal fantasy‹ in Freud, which was not very well known in psychoanalysis. But unearthing a concept doesn't mean that you agree with it. I don't agree with the concept of primal fantasy. [...] The problem in Freud is that of genetic inheritance and I cannot agree with that. That's the main problem. To say that there are primal fantasies in another sense, a cultural sense ... well, maybe. [...] I would say that, on the side of ideology, beyond the individual, there are codes furnished by the culture and those codes take the place of the primal fantasmatic. I would put ›primal fantasy‹ on the side of the codes. [...] I would rather speak of collective ›codes‹: the Oedipus is a kind of a code, with its variants. [...] I would place the idea of ›the primal‹ on another level, the sociocultural level, the level of the codes. Freud keeps a continuity between conscious and unconscious fantasy. If you spell it with a ›ph‹ you get something which is supposed to be – and this is the Kleinian thought – separate and biological. I completely disagree with that« (Fletcher & Osborne 1999).

1964 war Laplanche einer der Mitbegründer der *Association Psychanalytique de France* (APF). Ohne hier auf die reichlich verwickelte Geschichte der Psychoanalyse in Frankreich genauer eingehen zu können, sei bemerkt, dass es sich bei dieser Neugründung um eine Abspaltung von Lacans *Société française de psychanalyse* handelt, die sich von der Pariser Psychoanalytischen Vereinigung – SPP – abgespalten hatte. Es waren hauptsächlich Schüler Lacans, die nach dessen Ausschluss aus der IPV eine zweite Gruppe von Psychoanalytikern in Frankreich gründeten, die der IPV angehört. Laplanche war Mitglied und Lehranalytiker der APF, von 1969–1971 war er deren Präsident.

1968 hielt Laplanche in Québec eine Reihe von Vorlesungen, die 1970 unter dem Titel »Vie et mort en psychanalyse« (»Leben und Tod in der Psychoanalyse«) veröffentlicht wurden. In dem Vorwort fassten Udo Hock und Jean-Daniel Sauvant, die das Buch 2014 neu herausgegeben haben, den Inhalt des Buchs sehr präzise zusammen. Der rote Faden finde sich in der Frage, wie sich biologische und genuin psychoanalytische Konzepte in Freuds Denken treffen und verflechten. In den beiden ersten Kapiteln befasse sich Laplanche mit der Sexualtheorie oder eben der Sexualität, die er als das der Psychoanalyse eigene Feld ausweise. Kapitel drei und vier widme sich dem Ich und dem Narzissmus, Kapitel fünf und sechs den Themen Aggression und Todestrieb. Sie schrieben abschließend: »Warum also heute immer noch oder vielleicht auch erst zum ersten Mal *Leben und Tod in der Psychoanalyse* lesen? Weil das Buch zwei Qualitäten unnachahmlich miteinander vereint. Es handelt auf der einen Seite von einer nach wie vor ungelösten Grundfrage der Psychoanalyse, die sie ab origine begleitet und die in ihrer Geschichte zahlreiche Spaltungen hervorgerufen hat: Wie sexuell ist das Unbewusste? Auf der anderen Seite umweht dieses Buch trotz seines Alters und seines klassischen Themas eine Frische, ja Modernität, die ganz selten in der psychoanalytischen Literatur zu finden ist. Nichts daran wirkt veraltet, nichts überholt. Laplanche ist ein Autor, der in der Sache oft pointiert Stellung bezieht und dadurch auch zuweilen irritieren kann. Man mag seine Ansichten teilen oder nicht. Wer allerdings an einer vertieften Auseinandersetzung mit Freuds Werk interessiert ist, wird nur mit erheblichem Verlust auf die Beiträge von Jean Laplanche verzichten können« (Laplanche 1970/2014, S. 16f.).

Wieder zurück in Paris engagierte sich Laplanche im Kampf gegen die damals an der Universität vorherrschende experimentelle, empirisch-positivistische Psychologie.

Von 1970 bis 1993 war er Professor am 1970 an der Universität Paris VII eingerichteten *Institut des Sciences Humaines Cliniques*. An diesem Institut, das vor allem der wissenschaftlichen Forschung im Bereich der psychoanalytischen Theorie gewidmet war, war es ab 1976 möglich ein Doktorat in Psychoanalyse zu erwerben. Darüber, was die Psychoanalyse *lehren* kann – und zwar hinsichtlich der *Lehre*, der *Psychoanalyse* und der *Universität* –, schrieb Laplanche, dass Psychoanalyse eine Lehre verdiene, die keine bloße Wiederholung, kein Wiederkäuen sei, sondern das Korrelat einer Forschung. Er sei nicht der Ansicht, dass sich die Psychoanalyse nicht lehren lasse, »das Problem liegt lediglich darin, wie sie sich in Anbetracht ihres Objekts würdig ausdrücken lässt, ein Objekt, das wir für den Moment in einer sehr extensiven Weise als ›das Unbewusste‹ bezeichnen« (Laplanche 1982, S. 26. Unterstreichung im Text). Laplanche wandte sich sehr entschieden gegen die Monopolisierung der Lehre durch die offiziellen psychoanalytischen Lehrinstitute. »Gott sei Dank«, wie er sagte, »ist kein analytisches Zertifikat erforderlich, um an der Universität von der Analyse sprechen zu hören« (a a. O.). Im Folgenden beschäftigte sich Laplanche mit der Frage der *Lehranalyse*. Laplanche: »Wir behaupten, dass es sich empfiehlt, die persönliche Analyse so weit als möglich der Annahme eines vorgefassten Plans zu entziehen. [...] Und sie muss vor allem auch den institutionellen Einwirkungen entzogen werden, die gerade dazu dienen zu kontrollieren, ob diese Analyse auch mit dem Ziel übereinstimmt, einen guten Analytiker herzustellen« (a. a. O., S. 37. Unterstreichung im Text). Laplanche fasste seine Ansichten folgendermaßen zusammen: »Was die Analyse als autonomes wissenschaftliches Feld konstituiert [...] ist die gleiche Bewegung, die die analytische Situation dem System der ›Interessen‹ und dem System der ›Selbsterhaltung‹ […] entzieht und so schützt; und diese Bewegung stützt sich ihrerseits auf eine ursprüngliche Bewegung, die das menschliche Dasein zu einem wesentlichen Teil vor der Beherrschung durch ›Interessen‹ und ›Auto-conservation‹ schützt. Was meine Position begründet, ist eine präzise Sicht der Triebtheorie, des Systems der Triebe, die in und durch die Analyse ins Spiel kommen« (a. a. O., S. 39. Unterstreichungen im Text).

Laplanche gab eine psychoanalytische Zeitschrift – *Psychanalyse à l'Université* (1975–1994) – und mehrere erfolgreiche Buchreihen heraus. Besondere Verdienste – und viel Kritik – erwarb er sich als Mitherausgeber und Übersetzer einer neuen, seit 1988 erscheinenden französischen Freud-Gesamtausgabe. In »Traduire Freud« (Bourguignon et al. 1989) berichteten er und seine Mitarbeiter über ihre Vorgehensweise.

Seine Arbeit stellte Laplanche vor allem in den sieben Bänden vor, in denen seine Vorlesungen an der Universität veröffentlicht wurden. Sie sind unter dem Titel »Problématiques« von 1980 bis 2006 erschienen und wurden bisher noch nicht ins Deutsche übersetzt: *Problématique I*: »L'angoisse« (Laplanche 1980a); *Problématique II*: »Castration, symbolisations« (Laplanche 1980b); *Problématique III*: »La Sublimation« (Laplanche1980c); *Problématique IV*: »L'inconscient et le ca« (Laplanche 1981); *Problématique V*: »Le baquet. Transcendance du transfert« (Laplanche 1987a); *Problématique VI*: »L'après-coup« (Laplanche 2006c); *Problématique VII*: »Le fourvoiement biologisant de la sexualité chez Freud suivi de Biologisme et biologie« (2006b).

1987 fasste Laplanche in dem Band »Nouveaux fondements pour la psychanalyse« (»Neue Grundlagen für die Psychoanalyse«) die Ergebnisse seiner kritischen Forschungsarbeit am Werk Freuds zusammen. In einer Rezension anlässlich der deutschen Veröffentlichung des Buches 2011 schrieb Christian Kläui (Kläui 2012): »Wenn ein Buch 24 Jahre nach seinem ersten Erscheinen in Frankreich neu ins Deutsche übersetzt wird, dann muss das wohl heissen, dass es sich in den Augen der Herausgeber dabei um ein Buch handelt, das jenseits der kurzlebigen Moden und Aufregungen anzusiedeln ist. Zentrale Begriffe dieses Werkes – ›allgemeine Verführungstheorie‹, ›rätselhafte Signifikanten‹ – sind mittlerweile in der psychoanalytischen Diskussion so gängig und wichtig geworden, dass allein dies schon das Unterfangen rechtfertigt. Es entspricht sicher einem verbreiteten Bedürfnis der an Psychoanalyse interessierten Öffentlichkeit im deutschen Sprachraum, fundiert nachlesen zu können, aus welchem Denken diese Begriffe stammen und wie sie sich herleiten« (a. a. O., S. 120). Das Buch stelle einen Versuch dar, so Kläui, das Freud'sche Werk neu zu verorten, indem

Laplanche es von einer grundlegenden Weichenstellung Freuds her angehe und zeige, wie sich auch wichtige Themen des späteren Freud darum herum neu gruppieren lassen. Diese Weichenstellung ist Freuds Bruch mit der Verführungstheorie. Laplanches Allgemeine Verführungstheorie erkläre Freuds Rückgriff auf Biologie und Phylogenese für ungültig, sein Ziel sei es, die Entstehung und die Permanenz des Unbewussten wie auch die damit unlösbar verbundene Trieb-Wirkung mittels des Mechanismus der Verdrängung zu erklären. Außerdem schließe sie auch das ein, was man die Kur nenne, ihre Wirkungen wie ihre Grenzen. Es gehe in dem Buch zunächst um eine Befragung dessen, was die Freud'sche Psychoanalyse begründet, darum, die grundlegende Geste Freuds wiederzufinden. Zweitens könne, so Laplanche, für die Psychoanalyse nur das begründend sein, was für den Menschen begründend ist und drittens müsse die Etablierung der psychoanalytischen Situation, die Praxis der Kur, auf diese Grundlage ausgerichtet sein und sie ins Spiel bringen. Kläui: »Die Ausarbeitung der allgemeinen Verführungstheorie hat für Laplanche demzufolge ganz präzise die Bedeutung, den Ort kenntlich zu machen, wo Subjektkonstitution, psychoanalytische Theorie und klinische Praxis verknotet sind« (a. a. O., S. 122). Mit der Allgemeinen Verführungstheorie habe Laplanche eine Theorie erarbeitet, so Kläui, die das Verdienst habe, an der Freud'schen Position festzuhalten, dass der psychische Konflikt sexuellen Ursprungs ist. Kläui zitiert Laplanche, der schrieb: »Auch wenn man der Selbsterhaltung den ihr gebührenden Platz einräumt, muss man doch kategorisch sagen, dass sie am psychischen Konflikt keinen Anteil hat« (Laplanche 1987, S. 173) – auch wenn sich Konflikte auf dem Gebiet der Selbsterhaltung abspielen könne.

Aufsätze und Vorträge Laplanches, die in den verschiedensten Zeitschriften erschienen sind, liegen gesammelt in den Bänden »La révolution copernicienne inachevée« (Laplanche 1992a), »Entre séduction et inspiration l' homme« (Laplanche 1999) und »Sexual« (Laplanche 2007) vor. Ausgewählte Texte in deutscher Übersetzung wurden in den Büchern »Die allgemeine Verführungstheorie« (Laplanche 1988, 2017), »Die unvollendete kopernikanische Revolution in der Psychoanalyse« (Laplanche 1996a, 2005) und in »Sexual« (Laplanche 2017) veröffentlicht.

Laplanche hielt Seminare in der APF und er beteiligte sich aktiv an internationalen Konferenzen und Kongressen der IPV. Ab 1996 veranstaltete er etwa alle zwei Jahre *Journées internationales Jean Laplanche*: London (1990), Montreal (1992), Canterbury (1994) und Madrid (1996). Die Konferenz in London wurde mit dem Buch »Seduction, Translation, Drives« dokumentiert, das 1992 von John Fletcher und Martin Stanton herausgegeben wurde (Fletcher & Stanton 1992), die in Montreal in dem 1994 von Jacques André herausgegebenen Band »Colloque international de psychanalyse« (André 1994). 1998 fanden die Studientage in Gramado statt (Brasilien) und 1999 in Lanzarote, wo ich Laplanche und seine Frau persönlich kennenlernte. 2001 fanden die *Journées internationales Jean Laplanche* in Sorrento statt und 2003, 2006 und 2008 wieder in Lanzarote. Das letzte Treffen, an dem Laplanche teilgenommen hatte, fand 2010 in Gilly (Burgund) statt. Dieses Treffen wurde mit dem Band »Travail de rêve; travail du rêve«, herausgegeben 2012 von Jean-Louis Brenot, dokumentiert.

2002 wurde ein Heft der Zeitschrift *new formations* (a journal of culture/theory/politics, number 48, Winter 2002–2003, London) mit dem Titel »Jean Laplanche and the theory of seduction« veröffentlicht. In diesem Heft finden sich Artikel von Jean Laplanche, John Fletcher, Jacqueline Lanouzière, Dominique Scarfone, Jacques André und Guy Rosolato.

Im März 2011 fand – organisiert von Friedl Früh und mir – eine internationale Tagung in Wien mit dem Titel »Freud – Laplanche« statt. Es sprachen: Thomas Aichhorn (Wien), Christoph Dejours (Paris), Susann Heenen-Wolff (Brüssel), Udo Hock (Berlin), Anna Koellreuter (Zürich), Jean-Daniel Sauvant (Bern) und Hélène Tessier (Montreal). Die anlässlich dieser Tagung gehaltenen Vorträge wurden in der Zeitschrift für psychoanalytische Theorie und Praxis, 27. Jg., 2012, Heft 1 veröffentlicht.

Bereits 2004 hatten Ilka Quindeau und Lothar Bayer in Frankfurt am Main eine Tagung über Laplanches *Allgemeine Verführungstheorie* veranstaltet. Im Vorwort, zu dem im Zusammenhang mit der Tagung von Ihnen herausgegebenen Buch, schrieben sie (Bayer & Quindeau 2004), dass das Werk Laplanches einen der interessantesten gegenwärtigen Versuche darstelle, Freuds Psychoanalyse umfassend zu kommentieren und zu reformulieren. Im Zentrum seiner Allgemeinen Verführungstheorie stehe die Frage nach der Entstehung des Subjekts, des Unbewussten und der Sexualität. Seiner Ansicht nach, vollziehe sich die Bildung des Subjekts in sozialen Strukturen, die er von der Priorität des Anderen her konzipiere. Paradigmatisch für die grundlegende Struktur stehe die Verführungsszene, in der das sich entwickelnde Subjekt mit dem Begehren und dem Unbewussten des Anderen konfrontiert werde. Sozialisationstheoretisch zeige Laplanches Theorie, wie das Subjekt aus dem Nicht-Assimilierbaren heraus entstehe und einen exzentrischen Kern empfange: »Die unbewusste (sexuelle) Botschaft des Anderen wird zum Anderen im Subjekt selbst. Auf diese passiv empfangenen Signifikanten beziehen sich die ersten strukturbildenden und -verändernden psychischen Metabolisierungen, die ersten aktiven Übersetzungsversuche. Sie eröffnen im Subjekt eine nicht stillbare Dynamik von Botschaft und Entschlüsselung. Sie schaffen das sich selbst interpretierende, theoretisierende Subjekt« (a.a.O., S. 7).

Seit dem 11. März 1950 war Laplanche mit Nadine, geb. Guillot, verheiratet. Sie stammte aus einer Künstler- und Winzerfamilie. Sie war in Kairo geboren worden, wo ihre Eltern im Orchester der Oper tätig waren. Sie beteiligte sich an der Arbeit in Pommard und erwarb wunderschöne Möbel und Stoffe im Directoire Stil, womit sie dem Schloss einen entsprechenden Glanz verlieh.

Das Weingut Chateau de Pommard, das Laplanche zusammen mit seiner Frau Nadine bewirtschaftete, hatte er von seinem Vater übernommen. Sie lebten die halbe Woche in Paris und die andere Hälfte in Pommard. 1966 kauften sie das angrenzende Château Micault, 2003 verkauften sie ihren gesamten Besitz mit der Auflage, dort weiter wohnen zu können. Ihr Vermögen brachten sie 2009 in eine Stiftung ein. Die Stiftung *Fondation Jean Laplanche – Nouveaux fondements pour la psychanalyse* gehört dem *Institut de France* an. Ihre Aufgabe ist es, zur Entwicklung der Psychoanalyse im Sinne des Stifters beizutragen und die Übersetzung seiner Werke zu fördern. 2016 gaben Christophe Dejours und Felipe Votadoro den Band »La séduction à l'origine. L'œuvre de Jean Laplanche«, der das Treffen im Juli 2014 in Cerisy-la-Salle dokumentiert, und 2018 Christophe Dejours und Hélène Tessier den Band »Laplanche et la traduction: une théorie inachevée – Le mytho-symbolique: aide ou obstacle à la traduction?« heraus, der das Treffen in Tutzing im Juni 2016 dokumentiert.

Laplanche arbeitete bis zum Tod seiner Frau Nadine im am 10. April 2010 als praktizierender Psychoanalytiker. Nach ihrem Tod zog er sich nach Pommard zurück, wo er sich vor allem der Übersetzung von Freuds Werken widmete.

Jean Laplanche ist am 6. Mai 2012 in Pommard gestorben.

In ihrem Nachruf schrieb Friedl Früh, dass sie Laplanche erstmal 1985 kennengelernt hatte, als er in Wien einen Vortrag hielt (Früh 2012): »Damals erlebte ich – unvergesslich und ungewöhnlich – einen Menschen, von dem man den Eindruck hatte, man könne ihm beim Denken zusehen, könne mitvollziehen, wie dieses Denken, ausgehend von einer Fülle von Wissen auf dem Hintergrund umfassender humanistischer Bildung, Bewegung und Fragestellung in die Welt setzte. Eine ansteckende Freude war es, damals und auch später immer wieder, so lange ich mit Laplanche denken, reden, mich mit ihm auseinandersetzen konnte. Das Feuer dieser Freude entsprang einer Neugierde, Fragen grundsätzlich zu stellen und den Freudschen Text ›arbeiten zu lassen‹, wie Laplanche es später formulierte. Dies alles schien mir aus jenem Zustand glücklicher Autoerotik zu resultieren, der jede Vertiefung in eine Sache auszeichnet, wobei es Laplanche gleichzeitig zu gelingen schien, aus diesem Zustand herauszusteigen und über die Lust mit der Sprache den Weg zum Anderen zu finden« (a. a. O., S. 269).

3. Von Freuds Eingeschränkter und Frühzeitiger Verführungstheorie zur Allgemeinen Verführungstheorie Jean Laplanches.

Oder:

Wie kommt die Sexualität ins Kind?

Die Frage, »*Wie kommt die Sexualität ins Kind?*« wird in der Psychoanalyse gewöhnlich damit beantwortet, dass sie, die Sexualität nämlich, zu der biologischen Grundausstattung gehört, mit der der Mensch geboren wird. Damit scheint auch die Frage, *wie sie ins Kind gekommen ist*, müßig und unsinnig, denn damit wäre sie ja durchaus hinreichend beantwortet. In den »Drei Abhandlungen zur Sexualtheorie« (1905d) schrieb Freud aber am Beginn des zweiten Kapitels »Die infantile Sexualität« (a. a. O., S. 73ff.): »Es ist bemerkenswert, daß die Autoren, welche sich mit der Erklärung der Eigenschaften und Reaktionen des erwachsenen Individuums beschäftigen, jener Vorzeit, welche durch die Lebensdauer der Ahnen gegeben ist, so viel mehr Aufmerksamkeit geschenkt, also der Erblichkeit so viel mehr Einfluß zugesprochen haben, als der anderen Vorzeit, welche bereits in die individuelle Existenz der Person fällt, der Kindheit nämlich. Man sollte doch meinen, der Einfluß dieser Lebensperiode wäre leichter zu verstehen und hätte ein Anrecht, vor dem der Erblichkeit berücksichtigt zu werde« (a. a. O.).

Dennoch, nachdem Freud seine *Verführungstheorie* aufgegeben hatte, hatte er das Unbewusste – oder das *Es*, wie er später sagen wird – bekanntlich als ererbt, als endogen-genetisch bedingt aufgefasst. Das ist die Ansicht, die sich in der Tradierung der Psychoanalyse weitgehend durchgesetzt hat. Sie besagt, dass der Ursprung des Triebs – oder der *infantilen Sexualität* – auf angeborene biologische Faktoren zurückzuführen sei. Demnach ist der Trieb angeboren und er entwickelt sich – ausgehend von einem zum Körper hin offenen Unbewussten – gemäß eines ihm inhärenten Gesetzes, über das der Analytiker Bescheid weiß. Freud schrieb: »Es scheint gewiß, daß das Neugeborene Keime von sexuellen Regungen mitbringt, die sich eine Zeitlang weiter entwickeln, dann aber einer fortschreitenden Unterdrückung unterliegen, welche selbst wieder durch regelrechte Vorstöße der Sexualentwicklung durchbrochen und durch individuelle Eigenheiten aufgehalten werden kann« (a. a. O., S. 77). Er meinte, dass zwar sehr häufig Verführungen auftreten und dass ihre Bedeutung nicht hoch genug eingeschätzt werden könne, dass es aber selbstverständlich sei, wie er schrieb, »daß es der Verführung nicht bedarf, um das Sexualleben des Kindes zu wecken, daß solche Erweckung auch spontan aus inneren Ursachen vor sich gehen kann« (a. a. O., S. 91).

Diese angeborenen sexuellen Regungen gehen, wie Freud feststellte, von erogenen Zonen aus und sie sind in Partialtriebe unterteilt, von denen jeder für sich Lust sucht. Diese erogenen Zonen hängen mit der potentiellen Erogenität des ganzen Körpers zusammen. Freud: »Bei der Untersuchung der erogenen Zonen haben wir bereits gefunden, daß diese Hautstellen bloß eine besondere Steigerung einer Art von Reizbarkeit zeigen, welche in gewissem Grade der ganzen Hautoberfläche zukommt« (a. a. O., S. 102). Auch mechanische Körpererschütterungen, intensiviere Affektvorgänge – wie etwa schreckhafte Erregungen –, aktive Muskelbetätigungen, schmerzhafte Empfindungen oder auch die Konzentration der Aufmerksamkeit auf eine intellektuelle Leistung können Quellen von sexueller Erregung sein (a. a. O., S. 101ff.). Freud: »Ein gutes Stück der Symptomatologie der Neurosen, die ich von Störungen der Sexualvorgänge ableite, äußert sich in Störungen der anderen nicht sexuellen Körperfunktionen, und diese bisher unverständliche Einwirkung wird minder rätselhaft, wenn sie nur das Gegenstück zu den Beeinflussungen darstellt, unter denen die Produktion der Sexualerregung steht« (a. a. O., S. 107).

Andererseits hatte sich Freud aber mit seinen in den »Drei Abhandlungen zur Sexualtheorie« entwickelten Ansichten entschieden gegen das herkömmliche Verständnis von menschlicher Sexualität als einem *angeborenen, instinkthaften Verhalten* oder einem *biologisch endogen angelegten Programm* gewandt. Demnach ist Sexualität *Begehren, Streben nach Lust*, und damit die wesentlichste *Antriebskraft* menschlichen Handelns, die nicht nur den sexuellen Handlungen im engeren Sinn sondern jeglicher Aktivität zu Grunde liegt. In seiner Schrift »Die ›kulturelle‹ Sexualmoral und die moderne Nervosität« (Freud 1908d) schrieb er: »Weitere Ausblicke eröffnen sich, wenn wir die Tatsache in Betracht ziehen, daß der Sexualtrieb des Menschen ursprünglich gar nicht den Zwecken der Fortpflanzung dient, sondern bestimmte Arten der Lustgewinnung zum Ziele hat. Er äußert sich so in der Kindheit des Menschen, wo er sein Ziel der Lustgewinnung nicht nur an den Genitalien, sondern auch an anderen Körperstellen (erogenen Zonen) erreicht und darum von anderen als diesen bequemen Objekten absehen darf. Wir heißen dieses Stadium das des *Autoerotismus* und weisen der Erziehung die Aufgabe, es einzuschränken, zu, weil das Verweilen bei demselben den Sexualtrieb für später unbeherrschbar und unverwertbar machen würde« (a. a. O., S. 151. Hervorhebung im Text). Die *Antriebskraft*, der *Sexualtrieb* des Menschen, von dem Freud hier spricht, ist der der *polymorph-perversen infantilen Sexualität.* Da das Objekt des sexuellen Begehrens aber nicht so wie das der Ernährung dienende Objekt in eine vorgegebene Beziehungsstruktur mit eingeschlossen ist, ist dem Menschen – was seine Sexualität betrifft – die Fähigkeit, sich mit Hilfe von ihn formenden, ihm adäquaten *Objektbeziehungen* zu entwickeln, nicht angeboren, es ist ihm der Instinkt verloren gegangen. K. R. Eissler schrieb: »Die tierischen Instinkte hatten für die Probleme der Triebansprüche und Realitätsgebote mehr oder weniger automatische oder zumindest starr geregelte Lösungen zur Verfügung gestellt. Die Befreiung von der Herrschaft instinktbestimmter Lösungen war das größte Geschenk, das die Evolution dem Menschen machte; gleichzeitig war es ein Fluch« (Eissler 1980, S. 40).

Wie etwa Friedl Früh (2005a, 2005b, 2006), Heinz Müller-Pozzi (2008) oder auch Ilka Quindeau (2007) ausgeführt haben, ließ Freud letztlich die Frage unentschieden, ob nun diese *Antriebskraft, der Sexualtrieb, biologisch-somatisch* oder *psychisch-intersubjektiv* zu begründen sei, ob der *ursprüngliche Sexualtrieb* der *infantilen Sexualität* einem *biologischen Instinkt* entspricht oder eben nicht. Sie machen allerdings auch darauf aufmerksam, dass Freuds Nachfolger in dieser Hinsicht im Großen und Ganzen deutlich entschiedener waren als er selbst. Sie hätten den *Sexualtrieb* zunehmend als *biologisch-genetisch* angelegt aufgefasst. Nach Laplanche, der Freuds nach der Aufgabe der Verführungstheorie entwickeltes hereditär-genetisches Denken als einen Irrweg betrachtete, ist der *Sexualtrieb* kein im Individuum schlummernder Instinkt, der lediglich der Entwicklung bedarf (Laplanche 1993). Laplanche war der Ansicht, dass der Sexualtrieb im Gegensatz zu der Sexualität, die der Fortpflanzung dient, nicht biologisch begründet und auch nicht angeboren ist, sondern dass er *erworben* und *intersubjektiv* begründet ist: »Selbstverständlich [gibt es] Hereditäres und Angeborenes in dem, was nicht sexuell ist (die Selbsterhaltung), und genauso in der Sexualität, die nicht infantil ist (die von den Geschlechtsdrüsen ausgehende adoleszente Sexualität). Meiner Meinung nach besteht ein grundlegender Unterschied zwischen dem Sexualtrieb der Kindheit und dem, was im Augenblick der Adoleszenz wieder auftaucht, das heißt dem effektiv erscheinenden sexuellen Instinkt. Der sexuelle Instinkt holt dann den Trieb intersubjektiven Ursprungs wieder ein, der sich über Jahre hinweg autonom entwickelt hat, und damit taucht zwischen den beiden ein großes Problem bezüglich der Kohärenz und Verbindung ihres Inhalts auf« (Laplanche 2004, S. 901). Das Unbewusste und der Trieb tauchen demnach nicht aus dem dunklen Untergrund des Lebens empor, sondern sie sind – ihrem Wesen und vor allem ihrer Herkunft nach – nicht abtrennbar von der zwischenmenschlichen Kommunikation zu verstehen. So gesehen wird das *Ich* durch die *Urverdrängung* – Laplanche wird von der *Urverführung* und von der durch sie ausgelösten *Übersetzung* sprechen – von der Kehrseite der Aktionen unterlaufen, die zur Ich-Bildung führen. Das *Es* wäre dann ein Korrelat der Funktionen, die zur Bildung des Ichs geführt hatten, es wäre das Ausgeschlossene, das Unterschlagene, das erst durch die Ich-Bildung definierte Innere-Außen. In seiner Arbeit »Die Verdrängung« (1915d) hatte Freud geschrieben: »Wir haben also Grund, eine *Urverdrängung* anzunehmen, eine erste Phase der Verdrängung, die darin besteht, daß der psychischen (Vorstellungs-) Repräsentanz des Triebs die Übernahme ins Bewußte versagt wird. Mit dieser ist eine *Fixierung* gegeben; die betreffende Repräsentanz bleibt von da an unveränderlich bestehen und der Trieb an sie gebunden« (a. a. O., S. 250. Hervorhebung im Text).

Zu Freuds Eingeschränkter Verführungstheorie

Beachtet man diese Widersprüchlichkeiten, dann wird die Frage, wie sie, nämlich die Sexualität, ins Kind kommt, durchaus wieder relevant. Bekanntlich hatte Freud zunächst im Rahmen seiner, wie Laplanche sie nennt, e*ingeschränkten Verführungstheorie* Vorgänge dargestellt, in denen er gemeint hatte, die Ursache der Hysterie erkannt zu haben. Freud hatte in seinem Vortrag »Zur Ätiologie der Hysterie« (Freud 1896c) gesagt: »Zugrunde jedes Falles von Hysterie befinden sich – durch die analytische Arbeit reproduzierbar, trotz des Dezennien umfassenden Zeitintervalls – *ein oder mehrere Erlebnisse von vorzeitiger sexueller Erfahrung*, die der frühesten Jugend angehören. Ich halte dies für eine wichtige Enthüllung, für die Auffindung eines *caput Nili* der Neuropathologie« (a. a. O., S. 439. Hervorhebungen im Text).

Nach der ablehnenden Aufnahme seines Vortrags über die »Ätiologie der Hysterie« (Freud 1896c) durch die »Wiener Gesellschaft für Psychiatrie und Neurologie« und nach Richard von Krafft-Ebings Urteil, der Vortrag hätte wie ein wissenschaftliches Märchen geklungen, hatte er empört und enttäuscht an Wilhelm Fließ geschrieben: »Und dies, nachdem man ihnen die Lösung eines mehrtausendjährigen Problems, ein caput Nili aufgezeigt hat« (Freud 1985c, S. 193). Einige Monate später aber teilte er Fließ im Brief vom 21. September 1897 mit, dass er nun selbst seine Verführungstheorie aufgeben müsse. Er schrieb: »Hier bin ich wieder, seit gestern früh, frisch, heiter verarmt, derzeit beschäftigungslos. [...] Und nun will ich Dir sofort das große Geheimnis anvertrauen, das mir in den letzten Monaten langsam gedämmert hat. Ich glaube an meine Neurotica nicht mehr« (a. a. O., S. 283).

Als Gründe für seinen Widerruf gab Freud seine Enttäuschung auf dem Gebiet der Therapie an, ein voller Erfolg sei ausgeblieben, seine Überraschung, dass immer der Vater als pervers beschuldigt worden sei, sein eigener nicht ausgeschlossen, und sein Erstaunen über die nicht erwartete Häufigkeit der Hysterie, während solche Verbreitung der Perversion Kindern gegenüber wenig wahrscheinlich sei. Dazu komme noch, dass es im Unbewussten kein Realitätszeichen gäbe, sodass man die Wahrheit nicht von der mit Affekt besetzten Fiktion unterscheiden könne und schließlich die Überlegung, dass die unbewusste Erinnerung auch in der durch die therapeutische Situation hergestellten Regression niemals den Widerstand des Bewussten überwinde, eine völlige Bändigung des Unbewussten durch das Bewusste daher nicht zu erreichen sei. Derart beeinflusst, wie er schrieb, sei er nun bereit, »auf zweierlei zu verzichten, auf die völlige Lösung einer Neurose und auf die sichere Kenntnis ihrer Ätiologie in der Kindheit. Nun weiß ich überhaupt nicht, woran ich bin, denn das theoretische Verständnis der Verdrängung und ihres Kräftespiels ist mir nicht gelungen. Es scheint wieder diskutierbar, daß erst spätere Erlebnisse den Anstoß zu Phantasien geben, die auf die Kindheit zurückgreifen und damit gewinnt der Faktor einer hereditären Disposition einen Machtbereich zurück, aus dem (ihn) zu verdrängen ich mir zur Aufgabe gestellt hatte – im Interesse der Durchleuchtung der Neurose« (a. a. O., S. 284).

Freud bekräftige seinen Widerruf in späteren Veröffentlichungen immer wieder. So z. B. in »Zur Geschichte der Psychoanalytischen Bewegung« (Freud 1914d): »Man merkte zuerst nur, daß man die Wirkung aktueller Eindrücke auf Vergangenes zurückführen müßte. Allein, ›der Sucher fand oft mehr, als er zu finden wünschte‹. Man wurde immer weiter zurück in diese Vergangenheit gelockt und endlich hoffte man in der Pubertätszeit verweilen zu dürfen, in der Epoche des traditionellen Erwachens der Sexualregungen. Vergeblich, die Spuren wiesen noch weiter nach rückwärts, in die Kindheit und in frühe Jahre derselben. Auf dem Wege dahin galt es, einen Irrtum zu überwinden, der für die junge Forschung fast verhängnisvoll geworden wäre. Unter dem Einfluß der an Charcot anknüpfenden traumatischen Theorie der Hysterie war man leicht geneigt, Berichte der Kranken für real und ätiologisch bedeutsam zu halten, welche ihre Symptome auf passive sexuelle Erlebnisse in den ersten Kinderjahren, also grob ausgedrückt: auf Verführung zurückleiteten. Als diese Ätiologie an ihrer eigenen Unwahrscheinlichkeit und an dem Widerspruche gegen sicher festzustellende Verhältnisse zusammenbrach, war ein Stadium völliger Ratlosigkeit das nächste Ergebnis. Die Analyse hatte auf korrektem Wege bis zu solchen infantilen Sexualtraumen geführt und doch waren diese unwahr. Man hatte also den Boden der Realität verloren« (a. a. O., S. 55). Führen die Hysteriker ihre Symptome auf erfundene Traumen zurück, so Freud weiter, dann müsse man eben die neue Tatsache würdigen, nämlich, dass sie solche Szenen phantasieren. Freud schrieb: »Die psychische Realität verlangt neben der praktischen Realität gewürdigt zu werden. Es folgte bald die Einsicht, daß diese Phantasien dazu bestimmt seien, die autoerotische Betätigung der ersten Kinderjahre zu verdecken, zu beschönigen und auf eine höhere Stufe zu heben, und nun kam hinter diesen Phantasien das Sexualleben des Kindes in seinem ganzen Umfange zum Vorschein. In dieser Sexualtätigkeit der ersten Kinderjahre konnte endlich auch die mitgebrachte Konstitution zu ihrem Rechte kommen. Anlage und Erleben verknüpften sich hier zu einer unlösbaren ätiologischen Einheit, indem die Anlage Eindrücke zu anregenden und fixierenden Traumen erhob, welche sonst, durchaus banal, wirkungslos geblieben wären, und indem die Erlebnisse Faktoren aus der Disposition wachriefen, welche ohne sie lange geschlummert hätten und vielleicht unentwickelt geblieben wären« (a. a. O., S. 56).

Gemäß der offiziellen Geschichtsschreibung der Psychoanalyse hatte Freud mit der Entdeckung und Formulierung des *Ödipuskomplexes* seine *Verführungstheorie* dann endgültig aufgegeben und damit erst die Psychoanalyse begründet[14]: An die Stelle der *Verführungstheorie* sei nun der *Biologismus des Triebs* und die *Phylogenese der Phantasie*, bzw. des *Ödipuskomplexes*, getreten.[15] Nun meine ich aber, dass aus dem Wortlaut des

14 Vgl. Aichhorn 2017.

15 Nach der in der Psychoanalyse üblichen, traditionellen Lesart fand die Entwicklung der Theorie Freuds in voneinander mehr oder weniger getrennten, in sich abgeschlossenen, aufeinander nachfolgenden Phasen statt. Folgt man der Darstellung, die Treurniet in seiner Arbeit »Zur Einführung des Narzissmus« (Treurniet 1991) vorgelegt hat, ergibt sich in etwa folgendes: Freuds *Verführungs- oder Traumatheorie*, diese Phase habe bis 1897 gedauert, beruhte auf der Annahme, dass die unterdrückten, unbewussten Kräfte, die die Symptome der Neurose bedingen, Affekte oder Emotionen sind, die durch traumatische Erlebnisse hervorgerufen wurden. Der Einfluss der äußeren Realität, eine von außen einwirkende Erregung, habe demnach das *Ich*, das mit dem *Bewusstsein* gleichgesetzt wurde, bedroht, auf schmerzhafte Art überwältigt zu werden. Das habe ein Gefühl der *Hilflosigkeit*, also ein Trauma, bedingt. Das *Ich* wurde dabei als das Zentrum der Erfahrung und als die Instanz aufgefasst, die die *Abwehr*

Briefs an Fließ vom 21. September 1897 keineswegs eindeutig hervorgeht, dass er seine Theorie ganz und gar verworfen hatte. Er schrieb nämlich

---

gegen die durch das *Trauma* erzeugte *Affektmenge* in Gang setzt. Man könne erkennen, so Treurniet, dass diese Darstellung dem, was Freud im Rahmen der Phänomene der *Nachträglichkeit* bereits erarbeitet hatte, in keiner Weise entspricht. Diese Darstellung würde weit eher Freuds Beschreibung der normalen als der pathologischen Abwehr entsprechen.
Freud habe, so Treurniet, seine *Verführungstheorie* vor allem deswegen aufgegeben, weil er entdeckt hatte, dass das *Unbewusste* nicht in der Lage sei, zwischen Wahrheit/Realität und emotional geladener Fiktion zu unterscheiden. Er habe erkannte, dass er die Erinnerungen, in denen Wünsche in der Phantasie erfüllt worden waren, nicht von der Erinnerung an Erlebnisse, in denen es tatsächlich zu traumatisierenden Übergriffen der Außenwelt gekommen war, unterschieden hatte.
In der auf die *Verführungstheorie* nachfolgenden Phase, erst sie werde gewöhnlich als die eigentliche Geburt der Psychoanalyse verstanden – sie habe von 1897 bis 1926, bis zur Einführung von Freuds so genannter zweiter Angsttheorie, gedauert –, habe Freud dann das Konzept einer zur Entladung drängenden Energiemenge von der äußeren auf die innere Welt und von den *verdrängenden* auf die *verdrängten* Kräfte übertragen. Seine Aufmerksamkeit habe sich nach der Entdeckung der *Triebe* und der *infantilen Sexualität* vom Konflikt mit einer überwältigenden äußeren Realität zum Konflikt mit überwältigenden *Triebregungen* verlagert. Als die wesentlichste Aufgabe des psychischen Apparats habe er die Bändigung von angeborenen *Primärtrieben* angesehen, die zur Abfuhr drängen und keine kommunikative Funktion haben. Die Entdeckung der Bedeutung der *Übertragung* habe ihn anschließend dazu veranlasst, seine Aufmerksamkeit wieder mehr auf das Verhältnis zwischen *Selbst* und *Objekt* zu richten. In seiner Arbeit *Zur Einführung des Narzißmus* (1914c) sei dann der Gegensatz zwischen den *Ich-* oder *Selbsterhaltungstrieben* und den *Sexualtrieben* durch den Gegensatz zwischen der *Selbstliebe*, dem *Narzissmus*, und der *Objektliebe* ersetzt worden, wobei die *libidinöse Besetzung von Objekten als Objektliebe, die libidinöse Besetzung des Ich als Narzissmus bezeichnet* wurde.
Nach Laplanche sind hier deutlich narzisstische Züge in der Tradierung von Freuds Theorie zu bemerken, nämlich die übliche Verwechslung des Begriffs *Selbst*, wenn das *Subjekt* gemeint ist, mit dem *Ich*, eine Verwechslung, die die Erkenntnis Freuds ignoriert, dass das *libidinös besetzte, den Idealinstanzen nachgeformte Ich* eine *Verkennungsinstanz* ist, die nur *stellvertretend* die Vertretung der Lebensinteressen des *Subjekts* im psychischen Apparat übernimmt: Der Gegensatz zwischen der *instinktbestimmten Ich- oder Selbsterhaltung* und der *triebbestimmten Sexualität, die instinktbestimmte Sexualität* tritt, wie Laplanche immer wieder betonte, erst mit der Pubertät auf, sei durch die *Einführung des Narzissmus* keineswegs aufgehoben worden. Für Laplanches Auffassung der psychoanalytischen Theorie wird daher folgerichtig bestimmend sein, dass die *zweite Strukturtheorie*, die Unterteilung des psychischen Apparats in *Über-Ich*, *Ich* und *Es*, und auch die zweite *Triebtheorie*, der Gegensatz von *Lebens- und Todestrieb*, nur in dem Bereich der Psyche gültig ist, der vom *sexuellen Trieb* beherrscht wird.
In der Folgezeit habe, so wieder Treurniet, der Prozess der Verinnerlichung immer mehr an Gewicht gewonnen: Nur mittels *Identifizierung* könne das *Ich* Macht über das *zum Organischen hin offene, triebbestimmte Es* erlangen. Erst während seiner letzten Lebensjahre habe Freud dann sein Interesse vornehmlich auf die *orale Phase* gerichtet, auf die frühen *Mutter-Kind-Interaktionen*, auf die *Trennungsangst*, auf die *Rekonstruktion prä-ödipaler traumatischer Erlebnisse*, auf die Phänomene der *Verleugnung* und der *Spaltung*, also auf bestimmte Formen der *Abwehr* der *Realität*, die bedingen, dass ein Teil der Psyche bewusst im Glauben an die Erreichbarkeit eines Lebens nach dem *Lustprinzips* verharrt, während ein anderer Teil der Psyche die Realität durchaus voll anerkennt.

auch: »Noch etwas muß ich anfügen. In diesem Sturz aller Werte ist allein das Psychologische unberührt geblieben. Der Traum steht ganz sicher da, und meine Anfänge metapsychologischer Arbeit haben an Schätzung nur gewonnen. Schade, daß man vom Traumdeuten z. B. nicht leben kann« (Freud 1985c, S. 286).

Freud leugnete mit der Zurücknahme seiner Verführungstheorie auch weder die Häufigkeit noch die Schädlichkeit von sexuellen Übergriffen Erwachsener auf Kinder, wie ihm oftmals – in durchaus polemischer Absicht – vorgeworfen wurde (vgl. u. a. Masson 1995). So schrieb er etwa in den »Vorlesungen zur Einführung in die Psychoanalyse« (Freud 1916–17a [1915–17]): »Die Verführung durch ältere oder gleichaltrige Kinder ist immer noch häufiger als die durch Erwachsene, und wenn bei den Mädchen, welche diese Begebenheit in ihrer Kindergeschichte vorbringen, ziemlich regelmäßig der Vater als Verführer auftritt, so leidet weder die phantastische Natur dieser Beschuldigung noch das zu ihr drängende Motiv einen Zweifel. Mit der Verführungsphantasie, wo keine Verführung stattgehabt hat, deckt das Kind in der Regel die autoerotische Periode seiner Sexualbetätigung. Es erspart sich die Beschämung über die Masturbation, indem es ein begehrtes Objekt in diese frühesten Zeiten zurückphantasiert. Glauben Sie übrigens nicht, daß sexueller Mißbrauch des Kindes durch die nächsten männlichen Verwandten durchaus dem Reiche der Phantasie angehört. Die meisten Analytiker werden Fälle behandelt haben, in denen solche Beziehungen real waren und einwandfrei festgestellt werden konnten; nur gehörten sie auch dann späteren Kindheitsjahren an und waren in frühere eingetragen worden. Man empfängt keinen anderen Eindruck, als daß solche Kinderbegebenheiten irgendwie notwendig verlangt werden, zum eisernen Bestand der Neurose gehören. Sind sie in der Realität enthalten, dann ist es gut; hat sie die Realität verweigert, so werden sie aus Andeutungen hergestellt und durch die Phantasie ergänzt. Das Ergebnis ist das gleiche, und es ist uns bis heute nicht gelungen, einen Unterschied in den Folgen nachzuweisen, wenn die Phantasie oder die Realität den größeren Anteil an diesen Kinderbegebenheiten hat« (a. a. O., S. 385).

Nicht nur in vielen Fallberichte Freuds sondern auch in seinen theoretischen Arbeiten kann man zahlreiche diesbezügliche Hinweise finden. Ich zitiere als Beispiel aus der im Londoner Exil geschriebenen, 1940 posthum veröffentlichten Arbeit »Abriss der Psychoanalyse« (1940a): »Unsere Aufmerksamkeit wird zunächst von den Wirkungen gewisser Einflüsse angezogen, die nicht alle Kinder betreffen, obwohl sie häufig genug vorkommen, wie der sexuelle Missbrauch von Kindern durch Erwachsene, ihre Verführung durch andere wenig ältere Kinder (Geschwister) und, unerwartet genug, ihr Ergriffensein durch die Teilnahme als Ohren- und Augenzeugen an sexuellen Vorgängen zwischen Erwachsenen (den Eltern) meist zu einer Zeit, da man ihnen weder Interesse noch Verständnis für solche Eindrücke zutraut, noch die Fähigkeit, sich später an sie zu erinnern. Es ist leicht festzustellen, in welchem Ausmass die sexuelle Empfänglichkeit des Kindes durch solche Erlebnisse geweckt und sein eigenes Sexualstreben in bestimmte Bahnen gedrängt wird, die es nicht wieder verlassen kann. Da diese Eindrücke entweder sofort oder sobald sie als Erinnerung wiederkehren wollen, der Verdrängung verfallen, stellen sie die Bedingung für den neurotischen Zwang her, der es dem Ich später unmöglich machen wird, die Sexualfunktion zu beherrschen und es wahrscheinlich veranlassen wird, sich dauernd von ihr abzuwenden. Die letztere Reaktion wird eine Neurose zur Folge haben, wenn sie ausbleibt, werden sich mannigfache Perversionen entwickeln oder eine volle Unbotmässigkeit der nicht nur für die Fortpflanzung, sondern auch für die ganze Lebensgestaltung so unermesslich wichtigen Funktion« (a. a. O., S. 113f.).

Trauma und/oder Trieb

Freuds Werk ist bekanntlich von Widersprüchlichkeiten und Spannungen, vom Gegensatz zwischen einer genetisch angelegten, spontan auftretenden oder einer von außen her bedingten Ursache, vom Gegensatz Trieb oder Trauma, wie man sagen wird, durchzogen. Man könnte behaupten, dass in der Tradierung der Psychoanalyse u. a. Karl Abraham (Abraham 1907a, 1907b) den ersteren Standpunkt vertreten hat, Sandor Ferenczi (Ferenczi 1932) den zweiten. Friedl Früh (2010) wies nach, dass für Abraham die Frage der Konstitution und die Bedeutung der Wechselwirkung zwischen Angeborenem und akzidentell Bedingtem ein wichtiges und wiederkehrendes Thema gewesen sei, dass Freud aber den zweifellos genetisch angelegten Selbsterhaltungstrieb und den Sexualtrieb als das jeweils andere bezeichnet habe, sie also klar voneinander unterschieden habe. Auch wenn die beiden Triebe – Selbsterhaltungs- und Sexualtrieb – in ihren Ursprüngen kaum voneinander zu trennen sein mögen, schrieb Früh, verstehe Freud den Sexualtrieb höchstens *analog* zum deutlicher sichtbaren Selbsterhaltungstrieb. In seinem Verständnis seien also die beiden Triebarten niemals gleichbedeutend. Ferenczi habe in diesem Zusammenhang bekanntlich vom Gegensatz zwischen der kindlichen *Sprache der Zärtlichkeit* und der

Sprache der Leidenschaft des Erwachsenen gesprochen (Ferenczi 1932), Abraham aber habe die orale Libido ganz mit dem Essen, dem Verschlingen und kannibalischen Zerstören gleichgesetzt. Den Vorgang des Essens/Fressens/Zerstörens bezeichne Abraham als sadistisch, wodurch eine theoretische Vermischung zwischen Selbsterhaltung/Hunger und Sexualität/Libido eintrete. Die für das Essen, für die Selbsterhaltung, notwendige und einzig sinnvolle Aggression werde dadurch der libidinösen Position des Individuums aufgepfropft.

Ilse Grubrich-Simitis hatte in einem Artikel, der die Verbindung zwischen Trieb und Trauma zum Thema hatte, geschrieben: »Wir haben uns daran gewöhnt, aus den Fließdokumenten, den Briefen wie den beigefügten Manuskripten, zwei nacheinander entwickelte ätiologische Grundmodelle herauszulesen: Das Trauma-Modell und das Trieb-Modell. Das Trauma-Modell entspricht in seiner pointiertesten Fassung der sogenannten Verführungstheorie, das Trieb-Modell der eigentlich psychoanalytischen ätiologischen Theorie« (Grubrich-Simitis 1987, S. 997). Es stehe allerdings im klaren Gegensatz zu Freuds Ansichten, schrieb Grubrich-Simitis im selben Artikel, wenn manche Psychoanalytiker die pathogene Wirkung realer Traumen zugunsten einer ausschließlichen Betonung der intrapsychischen kausalen Faktoren gänzlich ausblenden. Und: »Wir sollten fortfahren, die traumatischen Momente in die genuin psychoanalytische ätiologische Formel, das Trieb-Modell, einzuarbeiten« (a. a. O., S. 1020). Grubrich-Simitis machte damals den Vorschlag, dass Freuds *phylogenetische Phantasien* den Weg dazu weisen könnten. Dies stehe aber, so bemerkte Friedl Früh, im Gegensatz zu den Erkenntnissen Laplanches, der solche Ideen als einen vollkommen unvertretbaren Irrweg abgelehnt habe (Früh 2008).

In seinem Brief an Fließ hatte Freud gemeint, dass nun die hereditäre Disposition einen Machtbereich zurückbekommen müsse, aus dem er sie hatte verdrängen wollen. Hereditäres sollte, das war es, worauf Grubrich-Simits aufmerksam machte, tatsächlich in der Folge einen gewichtigen Platz in der psychoanalytischen Theorie einnehmen. Dazu zählt eben das Konzept der *vererbten phylogenetischen Urphantasien*, zu denen bekanntlich auch der *Ödipuskomplex* zählt. Freud entwickelte seine Ideen über die *Phylogenese* u. a. in »Totem und Tabu« (Freud 1912–13a), in der 1915 geschriebenen, von Ilse Grubrich-Simitis gefundenen und 1985 veröffentlichten »Übersicht der Übertragungsneurosen« (Freud 1985a[1915]) oder in »Der Mann Moses und die monotheistische Religion« (Freud 1939a[1934–38]). Auch das *Es* fasste Freud als eine vererbte, vorgängige, mehr oder weniger stabile und identisch gedachte Größe auf, die jene phylogenetisch vererbten Spuren und ein Reservoir von ungeordneten infantilsexuellen Trieben enthält, die – wie manche Richtungen in der Psychoanalyse lehren – zudem mit einem dem Trieb oder der Libido – inhärenten Entwicklungsprogrammen ausgestattet sind (vgl. Laplanche & Pontalis 1985).

Laplanche machte darauf aufmerksam, dass Freud, nachdem er die Verführungstheorie aufgegeben und durch die phylogenetische Theorie angeborener Urphantasien ersetzt hatte, infantile Theorien, die er bei Analysanden gefunden hatte, in die Theorie der Analyse aufgenommen hatte. Die Psychoanalyse enthüllt ja tatsächlich die infantilen Theorien der Analysanden, sie dürfen aber nicht fälschlicherweise für psychoanalytische Theorien gehalten werden. Scarfone (2019) schreibt dazu: »Es ist offenkundig, dass Freud die von den Patienten – speziell dem Kleinen Hans (Freud 1909b) – gesammelten infantilen Theorien mit der eigentlichen psychoanalytischen Theorie verschmolz« (a.a.O., S. 139). Nun sind aber die infantilen Theorien Beispiele dafür, dass Kinder trotz ihrer bestmöglichen Leistungen nur unvollkommen verstehen – oder, wie Laplanche sagte, *übersetzen* – können. Scarfone: »Das Problem, das sich hier zeigt, besteht darin, dass Freud, indem er sich auf die Idee der phylogenetischen Weitergabe stützte, dachte, die infantilen Theorien seien ein Abbild – wenn auch unvollkommener Natur – von tatsächlichen archaischen Ereignisse« (a.a.O., S. 140). Während Freud die infantilen Theorien noch 1908 (Freud 1908c) als »falsche sexuelle Theorien« (a.a.O., S. 177) und als »irrige Meinungen« (a.a.O.). bezeichnet hatte, waren sie Jahre später zu *Urphantasien*, d.h. zu einer phylogenetischen Ausstattung geworden, die die Macht übernimmt, wenn das Theoretisieren des Kindes ungenügend geworden ist. Freud: »Ich meine, diese Urphantasien – so möchte ich sie und gewiß noch einige andere nennen – sind phylogenetischer Besitz. Das Individuum greift in ihnen über sein eigenes Erleben hinaus in das Erleben der Vorzeit, wo sein eigenes Erleben allzu rudimentär geworden ist. Es scheint mir sehr wohl möglich, daß alles, was uns heute in der Analyse als Phantasie erzählt wird, die Kinderverführung, die Entzündung der Sexualerregung an der Beobachtung des elterlichen Verkehrs, die Kastrationsdrohung – oder vielmehr die Kastration –, in den Urzeiten der menschlichen Familie einmal Realität war, und daß das phantasierende Kind einfach die Lücken der individuellen Wahrheit mit prähistorischer Wahrheit ausgefüllt hat. Wir sind wiederholt auf den Verdacht gekommen, daß uns die Neurosenpsychologie mehr von den Altertümern der menschlichen Entwicklung aufbewahrt hat als alle anderen Quellen« (Freud 1916–17a, S. 386).

Auch wenn wir, so schrieb Scarfone, der Theorie von der phylogenetischen Übertragung von Phantasien keinen Glauben schenken, so droht noch immer die *Linearität*: »Wir laufen immer noch Gefahr, den Fehler zu begehen, das, was durch direkte Beobachtung von Kindern gesammelt worden ist, *als solches* in die Psychoanalyse einzuführen. Hier besteht die Versuchung, ein gegebenes Verhalten von Kindern als ›natürliches‹ Vorkommnis zu interpretieren, das innerhalb eines normativen, linearen Entwicklungspfades abzubilden ist« (Scarfone 2019, S. 141. Hervorhebung im Text).

Zu Laplanches Kritik an Freuds Zurücknahme der Verführungstheorie

Laplanche war der Ansicht, dass Freud gerade mit der Aufgabe der Verführungstheorie die seiner Ansicht nach entscheidenden Grundlagen der Psychoanalyse wieder verdeckt hatte, dass die Aufgabe der Verführungstheorie weniger, wie allgemein angenommen wird, Fortschritt als Rückschritt gewesen sei. Mit der *Allgemeinen Verführungstheorie*, die Laplanche 1987 in den »Neuen Grundlagen für die Psychoanalyse« (Laplanche 1987) erstmals ausführlich vorgestellt hatte, wollte er aufzeigen, wie von neuem, »aber dieses Mal radikal«, wie er schrieb (Laplanche 1986, S. 199), das wiederbegründet werden könne, was Freud schon weitgehend entworfen hatte, bevor er es wieder auslöschte. Laplanche entwickelte seine Theorie also ausgehend von den Funden – und deren Theoretisierung –, wie sie bereits in Freuds Verführungstheorie vorzufinden sind.

Ein entscheidende Schwäche von Freuds Theorie, die Laplanche daher als *Eingeschränkte Verführungstheorie* bezeichnete, liegt seiner Meinung nach in ihrer Beschränkung auf die Psychopathologie. Freud habe, so Laplanches Kritik, das Moment der Verführung nur unter dem Blickwinkel einer offenkundigen sexuellen Perversion im Verhältnis des Erwachsenen zum Kinde aufgefasst, habe dabei aber die Irr- und Abwege außer Acht gelassen, von denen die menschliche Sexualität als solche gekennzeichnet sei. Er war der Überzeugung, dass in den Phänomenen, die Freud im speziellen Fall entdeckt hatte, die grundlegenden Bedingungen menschlichen Werdens, der *Normalfall* oder das *Allgemeine* stecken. Er nannte seine Verführungstheorie daher *Allgemeine Verführungstheorie*.

Ein Argument Freuds gegen seine eigene Theorie war, dass er es sich nicht vorstellen könne, dass Perversionen so weit verbreitet seien, wie es im Sinne seiner Annahmen zu erwarten gewesen wäre. Im Vortrag

»Zur Ätiologie der Hysterie« (1896c) hatte er gesagt: »Die infantilen Sexualszenen sind nämlich arge Zumutungen für das Gefühl eines sexuell normalen Menschen; sie enthalten alle Ausschreitungen, die von Wüstlingen und Impotenten bekannt sind, bei denen Mundhöhle und Darmausgang mißbräuchlich zu sexueller Verwendung gelangen. Die Verwunderung darüber weicht beim Arzte alsbald einem völligen Verständnis. Von Personen, die kein Bedenken tragen, ihre sexuellen Bedürfnisse an Kindern zu befriedigen, kann man nicht erwarten, daß sie an Nuancen in der Weise dieser Befriedigung Anstoß nehmen, und die dem Kindesalter anhaftende sexuelle Impotenz drängt unausbleiblich zu denselben Surrogathandlungen, zu denen sich der Erwachsene im Falle erworbener Impotenz erniedrigt« (a. a. O., S. 451f.).

Laplanche wies darauf hin, dass zu dieser Zeit die »Drei Abhandlungen zur Sexualtheorie« (1905d) noch nicht in Sicht waren, nämlich, dass regelmäßig auch beim Erwachsenen infantile, perverse Organisationsformen der Sexualität weiter bestehen bleiben. Freud schrieb in den »Drei Abhandlungen«: »Sadismus und Masochismus nehmen unter den Perversionen eine besondere Stellung ein, da der ihnen zugrunde liegende Gegensatz von Aktivität und Passivität zu den allgemeinen Charakteren des Sexuallebens gehört« (a. a. O., S. 58) und: »Bei keinem Gesunden dürfte irgendein pervers zu nennender Zusatz zum normalen Sexualziel fehlen und diese Allgemeinheit genügt für sich allein, um die Unzweckmäßigkeit einer vorwurfsvollen Verwendung des Namens Perversion darzutun. Gerade auf dem Gebiet des Sexuallebens stößt man auf besondere, eigentlich unlösbare Schwierigkeiten, wenn man eine scharfe Grenze zwischen bloßer Variation innerhalb der physiologischen Breite und krankhaften Symptomen ziehen will« (a. a. O., S. 60).

Laplanche erinnerte daran, dass Sexualität, wie Freud in den »Drei Abhandlungen« gezeigt habe, sich durchaus im Allgemeinen zwar nicht im Sinne einer klinischen Perversion entwickle, aber doch unter dem Zeichen des Fehlens eines vorgegebenen Objekts und Zieles, »das heißt auf einer Irrfahrt, die erst am Ende zur sogenannten genitalen Sexualität finden wird. Unsicherheit und Austauschbarkeit der Ziele, Fremdheit und Unerreichbarkeit des ›verlorenen‹ Objekts, das ist das eigentliche Thema der *Drei Abhandlungen*, doch unglücklicherweise (die Geschichte des Denkens ist so gestrickt) kommt dem ›Vater der Hysterischen‹ diese Sichtweise, die ihn in die Allgemeinheit der menschlichen Entwicklung eingereiht hätte, nicht zugute« (Laplanche 1987, S. 140. Hervorhebung im Text).

Ein weiteres Argument Freuds gegen seine Theorie war, dass es im Unbewussten kein Realitätszeichen gebe oder, anders gesagt, dass die innerpsychische Realität nicht zwischen unterschiedlichen Vorstellungskategorien unterscheiden könne. Es sei daher sowohl für den Erzählenden wie auch für den Zuhörer nicht möglich, mit letzter Sicherheit unterscheiden zu können, ob es sich beim Berichteten um tatsächlich Erlebtes oder um Fiktionen handle.[16] Freud schrieb an Karl Abraham: »Ihnen ist natürlich der Irrtum erspart geblieben, durch den ich passieren mußte, die sexuellen Traumen für die eigentliche Ätiologie der Neurosen zu halten« (Freud 2009, S. 56). Weiter unten aber fügte er eine Bemerkung an, die fast wie eine zumindest teilweise Zurücknahme der Zurücknahme der Verführungstheorie anmutet: »Ein Teil der sexuellen Traumen, von denen die Kranken berichten, sind Phantasien, oder können es sein; die Unterscheidung von den so häufigen echten ist nicht leicht, und die Schwierigkeit dieser Verhältnisse sowie die Beziehung der sexuellen Traumen zum Vergessen und Erinnern ist einer der großen Gründe, weshalb ich mich zu einer abschließenden Darstellung nicht bewegen kann« (a. a. O., S. 56f.).

Mit Laplanche hebt sich dieser scheinbar unlösbare Widerspruch auf, hatte er doch gezeigt, dass sich die Phantasie notwendig im Zusammenhang mit der Einwirkung von außen entwickelt. Der von Freud betonte, scheinbar unlösbare Gegensatz zwischen der äußeren oder inneren Bedingtheit erstaunt, hatte er doch bereits im »Entwurf« (Freud 1950c[1895]) geschrieben, dass nicht je gegenwärtige reale, erinnerte Erlebnisse allein traumatisch wirken, sondern die durch ein je gegenwärtiges Erleben aktualisierten unbewussten Phantasien, Erinnerungen und Erwartungen an früher Vorgefallenes. Obwohl Freud manchmal auch schon die erste Szene traumatisch genannt hatte, wird ihr diese Bedeutung in Wahrheit erst *nachträglich* verliehen. Bereits Freud hatte nämlich herausgefunden, dass das erste, zunächst nicht erinnerte Erlebnis erst durch ein zweites, bewusstes Erlebnis aktualisiert wird und erst dann als eine *wiederauflebende Erinnerung nachträglich pathogen wirkt*, weil sie eine innere Reizanflutung bewirkt, die wegen der unterdessen eingetretenen sexuellen

16 Jahre später, in »Formulierungen über die zwei Prinzipien des psychischen Geschehens« wird Freud schreiben (Freud 1911b): »Der befremdendste Charakter der unbewußten (verdrängten) Vorgänge, an den sich jeder Untersucher nur mit großer Selbstüberwindung gewöhnt, ergibt sich daraus, daß bei ihnen die Realitätsprüfung nichts gilt, die Denkrealität gleichgesetzt wird der äußeren Wirklichkeit, der Wunsch der Erfüllung, dem Ereignis, wie es sich aus der Herrschaft des alten Lustprinzips ohneweiters ableitet. Darum wird es auch so schwer, unbewußte Phantasien von unbewußt gewordenen Erinnerungen zu unterscheiden. Man lasse sich aber nie dazu verleiten, die Realitätswertung in die verdrängten psychischen Bildungen einzutragen und etwa Phantasien darum für die Symptombildung gering zu schätzen, weil sie eben keine Wirklichkeiten sind, oder ein neurotisches Schuldgefühl anderswoher abzuleiten, weil sich kein wirklich ausgeführtes Verbrechen nachweisen läßt. Man hat die Verpflichtung, sich jener Währung zu bedienen, die in dem Lande, das man durchforscht, eben die herrschende ist, in unserem Falle der neurotischen Währung« (a. a. O., S. 237f.).

Reifung verstärkt wird und weil damals kein hinreichendes Durcharbeiten möglich war.

So verstanden ist übrigens auch die psychoanalytische Kur eine *Wiederholung*, die allerdings durch einen wesentlichen Unterschied, durch eine *Differenz*, gekennzeichnet ist: Sie provoziert die *nachträgliche Wiederbelebung früherer Erlebnisse*, also die *Wiederbelebung, Übertragung*, von scheinbar längst vergangenen Erlebnissen, die damals auf Grund der Mechanismen, durch die die *Nachträglichkeit* gekennzeichnet ist, verdrängt werden mussten, jetzt aber, *nachträglich*, kann der Analysand sein gegenwärtiges Ich in die längst vergangene Situation einsetzen und sie mit bewusster Denktätigkeit erfassen. Erst Jahre später wird Freud in »Aus der Geschichte einer infantilen Neurose« (Freud 1918b[1914]), dem *Wolfsmann*, schreiben: »Wir wollen [...] die wirkliche Situation nicht außer Acht lassen, daß der Analysierte im Alter nach 25 Jahren Eindrücken und Regungen aus seinem vierten Jahr Worte verleiht, die er damals nicht gefunden hätte. [...] Es ist einfach ein zweiter Fall von *Nachträglichkeit*. Das Kind empfängt mit 1 ½ Jahren einen Eindruck, auf den es nicht genügend reagieren kann, versteht ihn erst, wird von ihm ergriffen bei der Wiederbelebung des Eindrucks mit vier Jahren, und kann erst zwei Dezennien später in der Analyse mit bewußter Denktätigkeit erfassen, was damals in ihm vorgegangen. Der Analysierte setzt sich dann mit Recht über die drei Zeitphasen hinweg und setzt sein gegenwärtiges Ich in die längstvergangene Situation ein« (a.a.O., S. 72). Die traumatische Realität liegt also weder in der analytischen Situation noch im Kindheitserlebnis, *sondern das Trauma kann sich in der Übertragung enthüllen, in einem Prozess, der zwei Erlebnisse miteinander verschränkt*. Das Spätere löst Früheres durch scheinbar gleichgültige Ähnlichkeiten aus und mit Hilfe von Deutung und Rekonstruktion kann der Sinn, den das Subjekt dem Erlebnis zunächst gegeben hatte und der Sinn, den es nun hat, *nachträglich* herausgefunden werden: *Der Patient kann sein gegenwärtiges Ich einsetzen und bewusst verstehen.*

Dazu kommt, dass sich Freud damals offensichtlich einen *vollen Erfolg*, eine vollkommene Heilung also, als zu erreichendes Ziel gesetzt hatte, aber erkennen hatte müssen, dass die Idee, eine völlige Beherrschung des Unbewussten durch das Bewusstsein erreichen zu können, zu einer Enttäuschung führen musste. Die Erkenntnis, dass das Unbewusste grundsätzlich unreduzierbar ist, war damals noch nicht in Sichtweite. Das Konzept des Unbewussten macht auf die unvollkommene Selbsttransparenz und die unvollständige Verfügbarkeit des Subjekts über sich selbst aufmerksam und sucht, die Auswirkungen von nicht bewussten und dennoch psychisch wirksamen – und nicht etwa nur körperlich bedingten – Mächten zu erfassen.

Es tritt etwas in Erscheinung, das sich gleichzeitig entzieht und sich nicht in den Zusammenhang einordnet, etwas, das nicht unmittelbar verstehbar ist und den dominanten Strukturen der öffentlich sichtbaren und sich ihrer selbst scheinbar bewussten Person zuwiderläuft. Der Deutungsprozess, der das Sinngefüge so modifiziert, dass sich dieses Sich-Entziehende als etwas Bestimmtes erweist, ist aber prinzipiell nicht letztgültig begrenzbar, da sich vom Verdrängten her etwas Unhemmbares und Unidentifizierbares weiterhin drängend bemerkbar machen wird. So verstanden ist das Unbewusste als ein Moment des Überschusses und der Unverfügbarkeit zu verstehen, das sich im Fortschreiten des Bewusstseins zeigt.

Erst viele Jahre später wird Freud – etwa in »Zeitgemäßes über Krieg und Tod« (1915b) – schreiben, dass im Seelenleben neben den höher entwickelten Stufen die alten, aus denen sie hervorgegangen sind, erhalten bleiben. So könne ein Zustand, der jahrelang verborgen geblieben war, unter bestimmten Bedingungen plötzlich wieder erscheinen und alle späteren Errungenschaften quasi annullieren. Freud: »Man kann den nicht zu vergleichenden Sachverhalt nicht anders beschreiben als durch die Behauptung, daß jede frühere Entwicklungsstufe neben der späteren, die aus ihr geworden ist, erhalten bleibt; die Sukzession bedingt eine Koexistenz mit, obwohl es doch die selben Materialen sind, an denen die ganze Reihenfolge von Veränderungen abgelaufen ist. Der frühere seelische Zustand mag sich jahrelang nicht geäußert haben, er bleibt doch soweit bestehen, daß er eines Tages wiederum die Äußerungsform der seelischen Kräfte werden kann, und zwar die einzige, als ob alle späteren Entwicklungen annulliert, rückgängig gemacht worden wären« (a. a. O., S. 337). Durch diese Rückbildung – *Regression* – können spätere und höhere Entwicklungsstufen nicht wieder erreicht werden –, »aber die primitiven Zustände können immer wieder hergestellt werden; das primitive Seelische ist im vollsten Sinne unvergänglich« (a. a. O., S. 337).

Die Stärke von Freuds Theorie, so Laplanche, bestehe in der Verflechtung zwischen der Theorie und den Gegebenheiten der psychoanalytischen Erfahrung: »Sie besteht darin, dass die drei Faktoren der analytischen Rationalität bereits eine entschiedene und fortan unüberschreitbare Rolle spielen: die Zeitlichkeit der Nachträglichkeit, die Topik des Subjekts und die übersetzerische oder interpretative Verbindung zwischen den Szenarien oder Szenen« (Laplanche 1987, S. 146).

Unter dem *zeitlichen Aspekt* der Verführungstheorie ist die Theorie der *Nachträglichkeit* oder des *Traumas in zwei Zweiten* zu verstehen. Wenn Freud an Fließ schrieb, dass er nun doch annehmen müsse, dass erst spätere Erlebnisse den Anstoß zu Phantasien geben, die auf die Kindheit zurückgreifen, dann meinte er wohl das *Zurückphantasieren*, das im Zusammenhang mit dem Konzept der *Nachträglichkeit*, auf das er in der Folge immer wieder zurückgegriffen hatte, zu verstehen ist. Freud entwickelte zwar keine zusammenhängende Theorie der Nachträglichkeit, aber an der Erkenntnis vom nachträglichen Wirksamwerden von infantilen Wünschen und Phantasien hielt er fest. Assoziativ geweckte, aktualisierte unbewusste Erinnerungen an frühere Erlebnisse sind die Voraussetzung für die Symptombildung und sie sind auch die Bedingung der Möglichkeit der psychoanalytischen Kur, davon ist Freud an vielen, über sein ganzes Werk hin verstreuten Stellen, ausgegangen.

Laplanche schrieb zur *Nachträglichkeit*: »Diese Theorie postuliert, dass sich nichts ins menschliche Unbewusste einschreibt, was nicht zumindest zu zwei voneinander in der Zeit durch ein Moment des Wandels getrennten Erlebnissen Bezug hat, wodurch das Subjekt anders als beim ersten Erlebnis oder vielmehr anders auf die Erinnerung des ersten Erlebnisses reagieren kann, als es auf das Erlebnis selbst reagiert hat« (Laplanche 1987, S. 143f.). Die erste Zeit konfrontiere das unvorbereitete Kind mit einer hochbedeutsamen sexuellen Aktion von Seiten des Erwachsenen, deren Bedeutung es nicht assimilieren könne. Im Wartezustand belassen sei die Erinnerung an diese Aktion weder pathogen noch traumatisierend, sie werde es erst durch ihre Wiederbelebung anlässlich einer zweiten Szene, die mit der ersten in eine assoziative Resonanz trete. Aufgrund neuer Reaktionsmöglichkeiten des Subjekts werde nun die Erinnerung selbst und nicht etwa die neue Szene zur Quelle traumatisierender Energie, zur autotraumatisierende Quelle: »Somit zeigt diese zweizeitige Theorie, dass jedes Trauma nur eine pathogene Wirkung […] hat, weil es *auto-traumatisch* wird« (a. a. O., S. 144. Hervorhebung im Text).

Die *auto-traumatische Zeit* finde, so Laplanche weiter, ihren Ausgang nicht in einer Erledigung oder einer normalen Verarbeitung, sondern in einer *pathologischen Abwehr* oder *Verdrängung*. Dies hänge mit dem *topischen Aspekt* des Vorgangs zusammen. Das Subjekt werde durch diese Abfolge von Erlebnissen von zwei Arten von Not, Verzweiflung oder Entwaffnung heimgesucht: »Während der erste Attacke, der von Erwachsenen kommenden externen Attacke, der ersten sexuellen Szene, hat es nicht die Mittel zu einer adäquaten Abwehr, hat es keine Waffen, keine Schlagfertigkeit, und kann bestenfalls den Feind an Ort und Stelle blockieren, die Erinnerung einkapseln, sie aber nicht verdrängen. Dagegen hat es in der zweiten Zeit durchaus die Mittel, dem zu trotzen, das heißt zu verstehen, was geschieht, aber es findet sich in einen wahren strategischen Krieg verwickelt, auf seiner unbewaffneten Front, das heißt von innen angegriffen, attackiert von einer Erinnerung, nicht von einem Erlebnis« (a.a.O., S. 144). Man müsse, so Laplanche, zwischen beiden Zeiten das Erscheinen des *Ichs* ansetzen. »Dieses Schwanken zur inneren Schranke lässt sich erst von dem Moment an erfassen, in dem sich das Subjekt als Totalität, das Individuum als Totalität durch sein entstehendes Ich vertreten findet: Als inneren Reizschutz gibt es nur den des Ichs« (a.a.O, S. 144f.). Hier sei alles exogen und endogen zugleich, da die gesamte Wirkung der Zeit der endogenen Reaktivierung einer Erinnerung entstamme, einer Erinnerung, die offensichtlich vom realen, äußeren Ereignis herrühre.

Neben den *zeitlichen* und *topischen* Gesichtspunkten, so Laplanche, entwickle sich Freuds Verführungstheorie auf einer *sprachlichen* und *übersetzerischen* Ebene. Freud hatte dieses Moment vor allem im Brief an Fließ vom 6. Dezember 1896 eingeführt (Freud 1985c, S. 217ff.), der die Abfolge der Szenen ordnet und ihre Beziehungen untereinander einer *Umschrift* und einer *Übersetzung* gleichsetzt, der die Verdrängung an die Schranke setzt, die zwei psychische Epochen voneinander trennt. Diese Verdrängung setzte Freud mit einem partiellen Ausfall von Übersetzung gleich (vgl. Laplanche 2006).

Zu Freuds Frühzeitiger Verführungstheorie

Freud habe, so Laplanche, seine Verführungstheorie zwar aufgegeben, er habe sie aber im Sinne einer *frühzeitigen Verfrühung* weitergeführt: »Wenn also bei Freud die Verführung jenes von uns bedauerte Schicksal der Verdrängung und Verstümmelung erfährt, so setzt im Gegenteil, auf der anderen Gedankenlinie, jener der Faktizität, eine wichtige Vertiefung an, und zwar aufgrund der Einführung einer zweiten Ebene, die man *frühzeitige Verführung* nennen kann. Der Vater, hauptsächliche Figur der ›infantilen‹ Verführung, überläßt seinen Platz, vor allem in der sogenannten ›vor-ödipalen‹ Beziehung, der Mutter. Die Verführung wird hier über die körperliche Pflege des Kindes vermittelt« (Laplanche 1986, S. 216. Hervorhebung im Text).

Was Laplanche hier meinte, sind Beobachtungen, über die Freud u.a. in »Neue Folge der Vorlesungen zur Einführung in die Psychoanalyse« (Freud 1933a[1932]) schrieb: »Hier aber berührt die Phantasie den Boden der Wirklichkeit, denn es war wirklich die Mutter, die bei den Verrichtungen der Körperpflege Lustempfindungen am Genitale hervorrufen, vielleicht sogar zuerst erwecken musste« (a.a.O., S. 129). Oder schließlich im »Abriss der Psychoanalyse« (Freud 1940a), wo er schrieb: »Das erste erotische Objekt des Kindes ist die ernährende Mutterbrust, die Liebe entsteht in Anlehnung an das befriedigte Nahrungsbedürfnis. Die Brust wird anfangs gewiss nicht von dem eigenen Körper unterschieden, wenn sie vom Körper abgetrennt, nach ›*aussen*‹ verlegt werden muss, weil sie so häufig vom Kind vermisst wird, nimmt sie als ›*Objekt*‹ einen Teil der ursprünglich narzisstischen Libidobesetzung mit sich. Dies erste Objekt vervollständigt sich später zur Person der Mutter, die nicht nur nährt, sondern auch pflegt und so manche andere, lustvolle wie unlustige, Körperempfindungen beim Kind hervorruft. In der Körperpflege wird sie zur ersten Verführerin des Kindes. In diesen beiden Reaktionen wurzelt die einzigartige, unvergleichliche, fürs ganze Leben unabänderlich festgelegte Bedeutung der Mutter als erstes und stärkstes Liebesobjekt, als Vorbild aller späteren Liebesbeziehungen – bei beiden Geschlechtern« (a. a. O., S. 115. Hervorhebungen im Text). Es mache keinen Unterschied, ob ein Kind wirklich an der Brust gesaugt hat oder mit der Flasche ernährt wurde, seine Entwicklung gehe in beiden Fällen die gleichen Wege, vielleicht wachse im letzteren Fall die spätere Sehnsucht umso höher: »Und solange auch das Kind an der Mutterbrust genährt wurde, es wird immer nach der Entwöhnung die Überzeugung mit sich nehmen, es sei zu kurz und zu wenig gewesen« (a. a. O., S. 115).

Die Stärke von Freuds *infantiler* oder *frühzeitiger Verführungstheorie* beruhe, so Laplanche, auf der Verwobenheit zwischen der Faktizität der Verführung und den Komplexitäten der Theorie. Die Faktizität konkretisiere sich in *Szenen*, die dank der analytischen Methode wiedergefunden, rekonstruiert, wiedererinnert werden können. Es seien Szenen, in denen ein mehr oder weniger junges Kind passiv mit dem Hereinbrechen der Erwachsenensexualität konfrontiert werde. Das Kind sei stets in einem Zustand sogenannter Unreife, Unfähigkeit, einem Ungenügen, dem gegenüber, was ihm wiederfährt: »Das Kind kann das, was ihm widerfährt, in seiner psycho-somato-affektiven Ganzheit adäquat integrieren – oder es kann dies nicht. Als Vorbild für diese Schwellen, als Hauptschwelle, fungiert die pubertäre Schwelle, also eine späte Etappe im Verhältnis zu dem, was in der Psychoanalyse später beschrieben werden wird, die aber dennoch andere Schwellen und offenkundig den späteren Grundbegriff Phase vorzeichnet. Folglich ist das ›Präsexuelle‹, um das es geht, ein ›Prä-‹, ein ebenso absolutes wie relatives ›Vor‹: das was ›vor‹ einem gewissen möglichen Verstehenstypus kommt; und es gibt mehrere möglich ›Präsexuelle‹, die den verschiedenen Etappen der kindlichen Entwicklung entsprechen« (Laplanche 1987, S. 138f.).

Das *Passivitätsverhältnis*, die Passivität des Kindes dem Erwachsenen gegenüber, sei demnach ein wesentliches Merkmal der Faktizität der *infantilen Verführung*, so Laplanche: »Der Erwachsene ist es, der in den von Freud beschriebenen Szenen die Initiative ergreift; er unternimmt die Vorstöße in Worten oder Gesten: Die Verführung wird als Aggression, Einbruch, Eindringen, Gewalt beschrieben« (Laplanche 1987, S. 141). Es lasse sich aber an mehr als nur einer Erinnerung, in der das Subjekt vorgibt, passiv verführt worden zu sein, zeigen, dass es von seiner Seite eine Provokation gab. Die Frage, wer nun wen verführt habe, laufe Gefahr, wie Laplanche schreibt, »in den Mäandern gegenseitiger oder gar sich spiegelnder Interaktionen verloren zu gehe. Und ist es nicht das Hauptargument, welches gegen die Verführungstheorie angeführt werden wird, dass es sich dabei um vom Kind geschmiedete Phantasien handelt mit dem Ziel, seine eigenen ödipalen Wünsche, also seine eigenen aktiven Triebe zu verbergen?« (a. a. O., S. 142) In Freuds Denken zu jener Zeit würden die aktiven Wiederholungen zwar durchaus erkannt werden, sie seien aber stets sekundär im Verhältnis zu einer Erfahrung, in welcher das Zufällige, das Unerwartete, der traumatisierende Aspekt und die Passivität dominieren. Laplanche: »Genauso wie das von einer Unfallneurose betroffene Subjekt anschließend in seinen Träumen das Trauma wiederholt, genauso wird das Kind, in der Auffassung der Verführung, veranlasst, die Szenen aktiv zu wiederholen, sogar zu den Orten der ersten Kränkung zurückzukehren« (a. a. O., S. 143).

Zum von der vorzeitigen Erfahrung betroffenen Kind

Das von der vorzeitigen Erfahrung betroffene Kind sei, wie Laplanche meinte, ein bio-psychisches Individuum und nicht nur ein bloßer Organismus, eine Maschine, worauf sich eine Seele, ein Psyche aufpfropfe. Bereits das neugeborene Kind zeige nämlich Verhaltensweisen, die einen Sinn hätten und die kommunikativ seien. Die Frage, die man sich stellen müsse, um von einem bio- oder somatopsychischen Individuum sprechen zu können sei: Von welchem Moment an gibt es Kommunikation? Dass es für das Kind ein Problem sei, sich zur Welt hin zu öffnen, bezeichnete Laplanche als ein Scheinproblem. Die Problematik bestehe eher darin, sich zu einem Ich oder Selbst zu schließen, zum »ersten Erwerb von etwas einem selbst Vorbehaltenen« (a. a. O., S. 124). Die subjektive Welt könne letztlich nur durch eine Hemmung vom Ganzen der Wahrnehmungsrealität abgehoben werde. Die Annahme, dass das, was am Ursprung sei, unbewusst sei, dass der Säugling in etwas lebe, was das Unbewusste ist oder später das Unbewusste sein werde, weist Laplanche nachdrücklich zurück. Seiner Ansicht nach steht am Anfang etwas von der Ordnung eines Bewusstseins, einer Gegenwart in der Welt oder einer Art von Bewusstsein-Vorbewusstsein.

Der Säugling verfüge, so Laplanche weiter, zudem über *Vorrichtungen* zur Aufrechterhaltung von Gleichgewichtszuständen – Homöostasen – oder zur Rückkehr zu diesen. Es handle sich um eine Homöostase, bei der man zwei unterschiedliche Niveaus unterscheiden müsse, nämlich ein unmittelbar physiologisches und ein psychophysiologisches oder instinkthaftes. Das erste Niveau entspräche der Aufrechterhaltung der biologischen Konstanten (wie z. B. Blutspiegel). Diese physiologischen Konstanten seien anfänglich noch unvollkommen, sie stabilisieren sich erst nach und nach. Auch im Bereich der psychobiologischen oder instinkthaften Vorrichtungen gäbe es beim Säugling angepasste Verhaltensweisen. Auf dieser Verhaltensebene könne man perzeptiv-motorische Schemata feststellen, eine Entwicklung von dem, was man als Aufmerksamkeit, Gewohnheit oder Memorisierung bezeichnen könne (a. a. O., S. 126f.).

Der Säugling sei aber auch mit Aufgaben konfrontiert, die seine psychobiologische Reife übersteigen. Er sei insofern auch zutiefst *fehlangepasst* – oder *frühreif*. Es seien dabei zwei Ebenen der Vorzeitigkeit zu unterscheiden, nämlich die Ebene der *Selbsterhaltung* und die des *Sexuellen*. Im Sinne der *Selbsterhaltung* – oder *Anpassung* – gehe es um das Überleben, im Bereich der *Sexualität* um die *Konfrontation mit der Sexualität der Erwachsenen*, der gegenüber das Kind über keine adäquaten Reaktionen verfüge. Das sei der Zustand, den Freud als *präsexuell* bezeichnet habe (a. a. O., S. 127).

Den Zustand, in dem sich der hilfsbedürftige Säugling im *Bereich der Anpassung* – des *Überlebens* – befinde, habe Freud als *Hilflosigkeit* bezeichnet. *Hilflosigkeit* bezeichne, so Laplanche, den Zustand eines Wesens, das, bleibt es sich selbst überlassen, unfähig dazu ist, sich selbst helfen zu können, es bedarf dazu fremder Hilfe. *Hilflosigkeit* habe aber nichts von Panik, Verzweiflung oder Verlassenheit an sich, das Kind sei ursprünglich ohne Furcht, es brauche aber fremde Hilfe, um das Gefährliche vermeiden zu lernen, weil es keine angeborene Kenntnis, keine instinkthafte Intuition für Gefahren, besitze. Die Art, in der der Säugling nach Hilfe rufe, sei aber gerade nicht ein Ruf oder eine Botschaft, sondern sie sei ein *objektives Zeichen*, das die Mutter als Ruf nach Hilfe zu erkennen lerne. Auf der Ebene der Selbsterhaltung verlaufe die Kommunikation in Richtung

Kind – Erwachsener, während sie im Bereich der Sexualität in umgekehrter Richtung erfolge.

Der von Laplanche beschriebene Säugling entspricht durchaus dem von der modernen psychologischen Säuglingsforschung entdeckten *kompetenten Säugling*, der zur Welt hin offen und aktiv ist. Es sei, so Laplanche, dank der neueren Beobachtungen viel nachzutragen, vor allem in dem Bereich, den Freud *Selbsterhaltung* – oder modern *Bindung* – genannt hatte (Laplanche 2004, S. 899). *Bindung* besage, dass sich auf einer eindeutig instinkthaften, genetischen Grundlage von Anfang an ein Dialog, eine Kommunikation zwischen dem Erwachsenen und dem Säugling entwickle. Aufgrund der Beobachtung von differenzierten, organisierten und von Anfang an wechselseitigen frühen Beziehungen, verschwinde die alte Theorie der *Symbiose*, einem Zustand, von dem unklar bleibe, wie man sich daraus jemals lösen können sollte. Was aber der *Bindungstheorie* und ihren Beobachtungen fehle, sei die Berücksichtigung der Asymmetrie auf der sexuellen Ebene. Laplanche: »Was fehlt, ist das Beharren darauf, daß der Dialog zwischen Erwachsenem und Infans, so wechselseitig er auch sein mag, nichtsdestotrotz von Anbeginn durch etwas anderes gestört ist. Die Botschaft ist undeutlich. Von seiten des Erwachsenen findet, unilateral, eine Einmischung des Unbewußten statt. Sagen wir sogar: des infantilen Unbewußten des Erwachsenen, insofern die Situation Erwachsener-Infans eine ist, die jene infantilen unbewußten Triebe reaktiviert (a. a. O.).

Die entwicklungspsychologischen Darstellungen seien zwar, so Laplanche, durchaus beachtenswert, sie vertreten seiner Ansicht nach aber einen psychophysiologischen Idealismus, der nur eine isolierte, virtuelle Entwicklungsgeschichte beschreiben könne. Übernimmt man die Ergebnisse der empirischen Forschung, dann scheint der idealen Norm nur jeweils im speziellen Einzelfall ein psychischer Apparat im eigentlich psychoanalytischen Sinn wie eine Missgeburt aufgepfropft worden zu sein. Laplanches Erkenntnis aber besteht eben gerade darin, dass dieser neuropsychologische Seelenapparat unumgänglich, eben im *Allgemeinen*, durch den Einbruch der Sexualität kontaminiert werden muss, sodass jede idealisierende, isolierte Darstellung der Bildung des psychischen Apparats äußerst problematisch und ungenügend sein muss: Es ist die *verführende*, *traumatisierende* Wirkung der *rätselhaften Botschaft* auf das Kind, die immer wieder von Neuem und im *Allgemeinen*, zur Neogenese des Sexuellen führt. Sexualität entspringt im Moment der *Urverführung-Urverdrängung* als *Triebgeschehen* und wird zur Ursache der psychischen Bildungen, die Freud entdeckte.

Jean Laplanches Allgemeine Verführungstheorie

Laplanche war der Ansicht, dass es sich in Bezug auf die *Frühzeitige Verführungstheorie* Freuds um einen entscheidenden Schritt auf dem Weg zu einer *Allgemeinen Verführungstheorie* handle. Die *Frühzeitige Verführungstheorie* sei im Verhältnis zur *Eingeschränkten Verführungstheorie* nicht nur in der Zeit zurückgegangen, es handle sich um die allerersten Monate, sondern es handle sich bei ihr um die Kategorie der Realität, in die die Verführungstatsachen einzuordnen seien. Es gehe nun nicht mehr nur um eine bloß faktische Realität, sondern um die Wirklichkeit, um eine Kategorie, die über Kontingenz und Zufälligkeiten hinausführe, da es sich bei den mütterlichen Tätigkeiten um eine unumgänglich notwendige Verführung handle, die in der Situation selbst enthalten sei. Freud habe es versäumt, setzte Laplanche fort, das zu analysieren, was diese Universalität ausmache und sie als grundsätzliche und grundlegende menschliche Tatsache kennzeichnen würde; er habe es versäumt – aber das sei in seiner Analyse der Eltern-Kind-Beziehungen Gewohnheit –, das elterliche Unbewusste einzuführen; er habe es aber vor allem versäumt, diese frühzeitige Verführung in das theoretische Gesamtgefüge, das ihr ihren ganzen Wert verleihen würde, einzuordnen. »Eine Theorie der allgemeinen Verführung kann sich erst entwickeln«, folgerte Laplanche, »wenn man die Wirksamkeit der *Urverführung* genau bestimmt; Freud konnte auf dem Boden einer Theorie, die einen Trieb-Biologismus mit einer Anthropo-Phylogenese der Phantasie verbindet, seine Neueinschätzung der Verführungstatsache nicht zu einem guten Ende bringen« (Laplanche 1986, S. 217. Hervorhebung im Text). Damit stellt sich auch die Frage, wie die Sexualität ins Kind kommt, von neuem.

Hatte Freud, wie schon anfänglich ausgeführt, im Wesentlichen auch angenommen, dass die Sexualität des Menschen *genetisch-organisch* zu begründen sei, so finden sich aber auch schon bei ihm Überlegungen, wie man sich ihr *psychisches* Wirksamwerden vorstellen könnte. Zur Entwicklung des Modells der Psyche im »Entwurf einer Psychologie« (Freud 1950c[1895]) hatte er sich auf die Ausbildung bestimmter *Bahnungen* innerhalb eines *neuronalen Systems* berufen, die das Zustandekommen eines *primären Ich-Kerns* bedingen, von dem aus sich dann *primäre Abwehren* installieren. Damit werde die Verarbeitung von Wahrnehmung möglich, das soll heißen, dass sich das Gedächtnis und die Fähigkeit Wahrnehmungen von Halluzinationen zu unterscheiden ausbilde. Der Mechanismus dieser Ausbildung kreist um einen zentralen Begriff, nämlich den der *spezifischen*

Aktion. Freud erklärte im »Entwurf«: »Der menschliche Organismus ist zunächst unfähig, die spezifische Aktion herbeizuführen. Sie erfolgt durch *fremde Hilfe*, indem durch die Abfuhr auf dem Wege der inneren Veränderung ein erfahrenes Individuum auf den Zustand des Kindes aufmerksam gemacht [wird]. Diese Abfuhrbahn gewinnt so die höchst wichtige Sekundärfunktion der *Verständigung*, und die anfängliche Hilflosigkeit des Menschen ist die *Urquelle* aller *moralischen Motive*. Wenn das hilfreiche Individuum die Arbeit der spezifischen Aktion in der Außenwelt für das hilflose geleistet hat, so ist dieses durch reflektorische Einrichtungen imstande, die zur endogenen Reizaufhebung nötige Leistung in seinem Körperinneren ohne weiteres zu vollziehen. Das Ganze stellt dann ein *Befriedigungserlebnis* dar, welches die eingreifendsten Folgen für die Funktionsentwicklung des Individuums hat« (a.a.O., S. 410f. Hervorhebungen im Text). *Spezifische Aktion* meint demnach, dass ein *Bescheidwissender*, ein Erwachsener, das hilflosen Kind bei seiner *Selbst- oder Lebenserhaltung* unterstützt und, gelingt die *spezifische Aktion*, dann kommt es zum *Befriedigungserlebnis*. Es kann also nur dann zu einem *Befriedigungserlebnis* kommen, wenn eine Aktion des Säuglings – das Schreien des hungrigen Säuglings etwa – als ein Schrei nach Hilfe, als eine *Provokation* der *spezifischen Antwort* eines *erfahrenen Individuums* verstanden wird. Freud wird in der »Traumdeutung« (Freud 1900a) schreiben: »Das hungrige Kind wird hilflos schreien oder zappeln. Die Situation bleibt aber unverändert. [...] Eine Wendung kann erst eintreten, wenn [...] durch fremde Hilfeleistung die Erfahrung des *Befriedigungserlebnisses* gemacht wird, das den inneren Reiz aufhebt. Ein wesentlicher Bestandteil dieses Erlebnisses ist das Erscheinen einer gewissen Wahrnehmung (der Nahrung zum Beispiel), deren Erinnerungsbild von jetzt an mit der Gedächtnisspur der Bedürfniserregung assoziiert bleibt. Sobald dies Bedürfnis ein nächstes mal auftritt, wird sich, dank der hergestellten Verknüpfung, eine psychische Regung ergeben, welche das Erinnerungsbild jener Wahrnehmung wieder besetzen und die Wahrnehmung selbst wieder hervorrufen, also eigentlich die Situation der ersten Befriedigung wiederherstellen will. Eine solche Regung ist das, was wir einen Wunsch heißen. [...] Diese erste psychische Tätigkeit zielt also auf eine *Wahrnehmungsidentität,* nämlich auf die Wiederholung jener Wahrnehmung, welche mit der Befriedigung des Bedürfnisses verknüpft ist« (a.a.O., S. 571).

Es wäre in diesem Zusammenhang vollkommen sinnlos, die Aktion des Säuglings ohne die Aktion, die Antwort des Erwachsenen zu denken. Also muss man dem Begriff der *spezifischen Aktion* hinzufügen, und gerade diesen Umstand betonte Laplanche, dass es sich hierbei um eine *zwi-*

schenmenschliche Situation handelt, die nicht im Sinne einer *mechanistischen Theorie*, sondern vielmehr im Sinn einer *Theorie von Signifikanten* – oder im Sinn einer *Informationstheorie* – aufzufassen ist. Laplanches weiterführende Überlegungen gehen davon aus, dass die durch die *spezifischen Aktionen* ermöglichten *Befriedigungserlebnisse* nicht nur der Selbsterhaltung des Kindes dienen, sondern dass in ihnen – im Sinne der *Anlehnung* – *Bedürfnis* und *sexuelles Begehren* miteinander verlötet sind. Diese erste Kommunikation zwischen dem Kind und dem Erwachsenen, die er als *Anthropologische Grundsituation*, als *situation anthropologique fondamentale*, bezeichnet, ist nämlich, wie er meinte, durch eine *sexuelle Verführung* – oder die *Urverführung* – gekennzeichnet (Laplanche 2002).[17]

Das ist so zu verstehen: Die *Bedürfnisbefriedigung*, die vordringliche Aufgabe, die diese *grundlegende Beziehung* erfüllen soll, beruht auf einer wechselseitigen, *symmetrischen Kommunikation* mit einem Befriedigung vermittelnden Objekt. Das ist das Register der durch den *Instinkt* geregelten Beziehung zwischen dem Erwachsenen und dem Kind, die Freud mit dem Begriff *Zärtlichkeit* bezeichnete, das Register, das heute *Attachment* genannt wird. Die Funktionen der *Selbsterhaltung* sind ohne Objekt nicht möglich, der so genannte *Selbsterhaltungstrieb* kann daher nie autoerotisch befriedigt werden, er ist auf ein adäquates Objekt hin orientiert und kann genau aus diesem Grund dem *Sexualtrieb* den Weg weisen. Nun merkt Laplanche aber an, dass sich das *Sexuelle* zwar im Sinne der *Anlehnung aus einem Bezug zur Selbsterhaltung* entwickeln könne, dass es aber, im Gegensatz zur Annahme Freuds im *Befriedigungserlebnis*, nicht möglich sei, dass aus einem *Selbsterhaltungstrieb* – Laplanche spricht hier vom *Instinkt zur Selbst- oder Lebenserhaltung* – Sexualität hervorgehen könne, wenn nicht bereits von Anfang an Sexualität darin enthalten sei. Aus einer *Bedürfnisbefriedigung* könne, so meint er, höchstens eine *halluzinatorische Reproduktion der Bedürfnisbefriedigung* hervorgehen. Ist das Sexuelle aber nicht nur das in die Vorstellung beförderte oder halluzinatorische Alimentäre, dann ist das Konzept der *Anlehnung* nicht dazu geeignet, um zu erklären, wie eine Sache aus einer anderen Sache, wie der *Wunsch* – das *Begehren* – aus dem *Bedürfnis* entstehen könne. In den Gesten und Berührungen, in den Antworten, die der Erwachsene dem Kind im Rahmen der lebenserhaltenden *Befriedigungserlebnisse* gibt, so Laplanche, stecken

17 »Um die Dinge auf den Punkt zu bringen, lassen Sie uns folgende Frage stellen: Warum spreche ich vom Erwachsenen und von der Anthropologischen Grundsituation? Warum nicht von der familiären, ja sogar ödipalen Grundsituation? Weil das Verhältnis Erwachsener-Infans in seiner Allgemeingültigkeit und Universalität das Verhältnis Eltern-Kind übersteigt. Eine Anthropologische Grundsituation liegt auch vor zwischen einem Kind ohne Familie und einer es aufziehenden Umgebung, die nicht im geringsten familiär ist« (Laplanche 2004, S. 900).

unumgänglich Mitteilungen, *rätselhafte Botschaften* des Erwachsenen an das Kind. Laplanche meinte nun, in diesen *rätselhaften Botschaften* die Sexualität entdeckt zu haben, die von Anfang an im *Befriedigungserlebnis* enthalten sein müsse. Das ist jenes Register, in dem er die *Urverführung* aufgedeckte, aus der seiner Ansicht nach das *Unbewusste* und der *Trieb der infantilen Sexualität* hervorgehen.

Laplanche wies darauf hin, dass nicht die Brust sondern die Milch nährt. Die Brust sei aber nicht nur ein Organ, das dazu bestimmt sei, Nahrung zu spenden, sondern sie sei auch eine *erogene* Zone, ein *sexuelles Organ* der Frau, das von *sexuellen Bedeutungen* durchdrungen sei, die der Mutter selbst *nicht bewußt* seien. In ihrer Arbeit »Die sexuelle Brust« (Früh 2003) schrieb Friedl Früh: »Verleugnung und Verdrängung [der *sexuellen* Bedeutung der Brust] sind offensichtlich in der Konfrontation zwischen Mütterlichkeit und weiblicher Sexualität unvermeidbar und stellen die entsprechenden Abwehrmechanismen dar, nicht nur in der psychischen Realität der Frauen, sondern auch in der psychoanalytischen Theoriebildung über weibliche Sexualität« (a.a.O., S. 397). Würde die Brust nur nähren, dann wäre sie eine *Objekt-Brust*, die für das Kind nur Befriedigung durch Nahrung, *Nahrungseinfuhr,* wie Freud schrieb (1950a, S. 410), bedeuten würde. Führt aber die Mutter dem Kind ihre Brust in den Mund ein, dann ist ihr zwar die Notwenigkeit, ihr Kind zu ernähren, bewusst, es ist ihr aber nicht bewusst, dass sie ihm dabei unausweichlich *rätselhafte Botschaften* vermittelt: »Ein Zeichen, dem Kind vom Erwachsenen unterbreitet, von ihm in der Situation hervorgehoben, bevor das Kind überhaupt zu dieser Entnahme fähig ist. So und nur so kann man aber das Eingreifen des Sexuellen in das Befriedigungserlebnis erfassen. In diesem Punkt gehe ich augenscheinlich über Freud hinaus« (Laplanche, 1992, S. 30). Die Sexualität der Mutter, die des Anderen, ihre *Intromission* in das Kind und nicht die *Anlehnung* sei daher als Ursache dafür anzusehen, dass Sexualität von Anfang an in im *Befriedigungserlebnis* anwesend ist und unausweichlich eine *traumatisierende Rolle* in der Mutter-Kind-Beziehung spielen müsse. Die einzige Wahrheit der *Anlehnung* sei die *Urverführung*, stellte Laplanche fest.

Urszene/Urverführung

Natürlich stecken in allen Gesten, in allen Verhaltensweisen der Erwachsenen in durchaus vergleichbarer Art Zeichen, Botschaften, an das Kind.

So versteht Laplanche etwa die Wirkung der *Urszene* nach dem selben Modell: Es handle sich nicht um zwei Welten, die nicht miteinander kommunizieren, einerseits um ein elterliches Verhalten, dessen Erlebnisstruktur und Kontext außerhalb der Aufnahmemöglichkeiten des Kindes liege und andererseits, auf der Seite des Kindes, um ein traumatisierendes Schauspiel, das das Kind ergänzen, deuten, symbolisieren müsse. Die *Urszene* übe seiner Ansicht nach ihre durchschlagende Wirkung deswegen aus, weil sie eine Botschaft transportiere, ein seitens der Eltern Zu-sehen- oder Zuhören-Gegebenes. Er schrieb: »Es gibt nicht nur den realen Anderen an sich, der für immer unerreichbar ist, die Eltern und ihr Genießen, und andererseits den Anderen für mich, von mir lediglich imaginiert: Es gibt vorrangig den Anderen, der sich an mich richtet, mich anredet, den Anderen, der etwas ›von mir will‹, auch dann, wenn er nur diesen Koitus nicht vor mir verbergen will« (Laplanche, 1992, S. 31).

Das *Ursprüngliche* ist demnach ein Kind, dessen noch schwach ausgebildeten adaptiven Verhaltensweisen bereit sind, sich ablenken zu lassen, und ein es ablenkender Erwachsener, ablenkend in Bezug auf jede die Sexualität betreffende Norm. Der Erwachsene wird zudem in der Gegenwart eines Kindes besonders ablenkend sein, er wird zur Fehlleistung und zum Symptom neigen, wenn er mit diesem Anderen, dem Kind, der er selbst gewesen ist, konfrontiert ist: »Die Gegenwart des Kindes ruft das Infantile in ihm hervor« (Laplanche 1987, S. 134). Und: »Nicht alle Botschaften sind gleich rätselhaft, sondern besonders diejenigen, die unter bestimmten Bedingungen der Reaktivierung ausgesandt werden« (Laplanche 1993, S. 1222).

Das ist ein Gedanke, der Freud durchaus nicht fremd war. »Die Hauptwirkung, die der Anblick des Kindes hervorruft, besteht in der Erweckung der eigenen infantilen Sexualität der Mutter«, sagte er nach dem Vortrag »Zur Grundlage der Mutterlieb«, den Margarethe Hilferding am 11. Jänner 1911 in der Wiener Vereinigung gehalten hatte (Nunberg & Federn 1974, S. 112ff.). Er setzte fort: »Es erwacht einerseits ein Stück Sexualneid, andererseits spielt sich die oft genug mühsam durchgesetzte und aufrechterhaltene Sexualverdrängung von neuem ab. Und so können auch die feindseligen Impulse, die sich in den Kindesmisshandlungen äußern, mit der Erweckung der eigenen Kindersexualität zusammenhängen« (a. a. O., S. 118f.). Zu erinnern ist auch an Freuds »Eine Kindheitserinnerung des Leonardo da Vinci« (1910c), worin auf die Tatsache angespielt werde, dass die Mutter ihrem Kind gegenüber mit allen ihren verdrängten Wünschen auftritt: »Die Liebe der Mutter zum Säugling, den sie nährt und pflegt, ist etwas weit tiefgreifenderes als ihre spätere Affektion für das heranwachsende Kind. Sie ist von der Natur eines vollbefriedigenden Liebesverhältnisses, das nicht nur alle seelischen Wünsche, sondern auch alle körperlichen Bedürfnisse erfüllt, und wenn sie eine der Formen des dem Menschen erreichbaren Glückes darstellt, so rührt dies nicht zum mindesten von der Möglichkeit her, auch längst verdrängte und pervers zu nennende Wunschregungen ohne Vorwurf zu befriedigen« (a. a. O., S. 187).

Die *Urbeziehung* spielt sich demnach gleichzeitig auf zwei Ebenen ab. Es handelt sich um »eine vitale, offene reziproke Beziehung, die man zu Recht als interaktiv bezeichnen kann, und eine Beziehung, in der das Sexuelle einbezogen ist, in der die Interaktion keine Gültigkeit mehr hat, weil die Waagschalen ungleich sind; beim Menschen sind Aktion und Reaktion nicht immer gleich [...]; hier gibt es einen Verführer und einen Verführten, einen Ablenker und einen Abgelenkten, von den natürlichen Wegen abgebracht« (Laplanche 1987, S. 134f.). Die in der *anthropologischen Grundsituation* steckende Dissymmetrie ist jedoch um nichts weniger wichtig als die Gegenseitigkeit.

Die Welt der Erwachsenen, schrieb Laplanche, sei eben keine nur *objektive Welt*, die das Kind zu entdecken und zu erlernen hätte, so wie es gehen oder Dinge handzuhaben lernt, sondern sie werde durch Botschaften charakterisiert, die das Kind befragen, bevor es sie verstehe und denen es Sinn und Antwort geben müsse, was ein und das selbe sei (a. a. O., S. 157). Würde sich der Austausch von *Botschaften* nur auf die *Selbsterhaltung* bezieht, würde er, da er weitgehend genetisch vorherbestimmt ist, für das Kind durchaus *verständlich* sein. Insofern ist diese erste Beziehung ein fruchtbarer Austausch, der voll ist von Mitteilungen und Affekten verschiedenster Art. Die *rätselhaften Botschaften* aber spielen eine traumatisierende Rolle in der Erwachsenen-Kind Beziehung, weil sie durch die im Kontakt mit dem Kind mobilisierte, von ihm nicht integrierbare *Sexualität des helfenden Erwachsenen kompromittiert* sind.[18]

So gesehen ist also das Kind von allem Anfang an mit *Botschaften* konfrontiert, die von der Sexualität eines Erwachsenen durchdrungen sind, von

18 In »Die rätselhaften Botschaften des Anderen und ihre Konsequenzen für den Begriff des ›Unbewussten‹ im Rahmen der Allgemeinen Verführungstheorie« (Laplanche 2004) schrieb Laplanche: »Wenn ich von Erwachsenenbotschaften spreche, bedeutet das nicht unbewußte Botschaften. Jede Botschaft ereignet sich auf einer bewußt-vorbewußten Ebene; wenn ich von rätselhafter Botschaft spreche, meine ich eine durch das Unbewußte beeinträchtigte, ›kompromißhaft gebildete‹ Botschaft. Es gibt also die Kompromißhaftigkeit der Botschaft, und zwar anfangs in eine einzige Richtung, selbst wenn sich in der Folge sehr schnell eine Wechselseitigkeit einstellt, auch auf der sexuellen Ebene. Was letztlich in dieser Situation zählt, ist das, was der Empfänger daraus macht, das heißt eben genau, der Versuch der Übersetzung und das notwendige Scheitern dieses Versuchs« (a. a. O., S. 900).

Botschaften, die vom *sexuellen, dynamisch wirksamen* und dem Erwachsenen selbst daher *rätselhaften Unbewussten* bestimmt sind. *Rätselhaft* sind diese Botschaften nicht nur wegen der mangelhaften Ausstattung und Entwicklung des Kindes, sondern sie müssen vor allem deswegen *rätselhaft* sein, weil sie vom *Unbewussten des Erwachsenen*, für das es keine endgültige Lösung oder Erklärung geben kann, gekennzeichnet sind. Und, es handelt sich um eine *Verführung*, weil das Kind insofern *weniger* als der Erwachsene ist, weil es im Gegensatz zum Erwachsenen noch über kein *Unbewusstes* verfügt. Wobei daran zu erinnern ist, dass nach Laplanche das *Unbewusste des Erwachsenen* im Sinne Freuds vor allem anderen *sexuell* ist und zwar *triebhaft, infantil, prä-, para-* oder *infantil-genital*. Auf der Basis dieser grundsätzlich *ungleichen, dissymmetrischen Kommunikation* wird der Erwachsene also unvermeidlich zum *Verführer* und zieht – ob er das will oder nicht – das Kind in seine Welt konflikthaften Begehrens mit hinein. Mag auch das Kind verführerisch sein, dann verführt es aber höchstens im Sinne der Zärtlichkeit, also im Dienste seiner Selbsterhaltung und eben nicht sexuell.

Im Versuch des Kindes, das *Nicht-Assimilierbare* dennoch zu assimilieren, entsteht die *Urverdrängung* – und mit ihr das *dynamische, sexuelle Unbewusste*. Im *Unbewussten* werden die *rätselhaften Botschaften* aber nicht nur einfach unverändert angesammelt, sondern sie werden in einer Umschrift gespeichert, die wiedergibt, wie das Subjekt das ihm Unverständliche verstanden hat. Wie Laplanche diese Vorgänge konzeptualisierte, hat er ihm Rahmen seines *Übersetzungsmodells* ausgeführt. Es ist das eine Beschreibung, was *die ins Kind gekommene Sexualität* in ihm bewirkt, welchen Anteil sie an den Phänomenen hat, die der Arbeitsbereich der Psychoanalyse sind.

Laplanches Übersetzungsmodell

Laplanches *Übersetzungsmodell* geht davon aus, dass es einer angeborenen körperlichen Reaktivität bedarf, einer spezifischen somatischen Reizbarkeit, um auf den Kontakt mit einer anderen Person antworten zu können. Wenn diese Reizbarkeit auch noch kein Trieb ist, so ist sie doch die angeborene notwendige Bedingung dafür, dass sich später daraus der Trieb entwickeln wird können.

Die *Urverführung* bedingt zunächst die *Sexualisierung des kindlichen Körpers*. Das ist in dem durchaus handfesten Sinn zu verstehen, dass die *rätselhaften Botschaften*, die aus der für den Menschen einzigen Realität, nämlich *der Realität des Anderen* stammen, dem Körper des Kindes an den Stellen, an denen es in helfender Absicht berührt wird, *erogene Zonen* einschreiben. Zu einer *erogenen Zone* kann jede Stelle am Körper werden, vorzüglich sind es aber die Körperstellen, die sich sowohl für den Austausch zwischen dem Erwachsenen und dem Kind als auch zwischen innen und außen besonders gut eignen, also Mund und Anus. Die Berührungen des Erwachsenen legen dem Drang nach Abfuhr *Spuren*, der *Angriff* von außen wird zu einem von innen her: Vorstellungen und Phantasien entstehen, die von *autoerotischen, masturbatorischen Handlungen* begleitet werden, die wie ein Vorgriff wirken, wie die Vorwegnahme der Zukunft in eine Gegenwart, die zur Vergangenheit geworden sein wird.

Die *Sprache*, in der Erwachsene mit Kindern sprechen, um ihnen ihr Überleben zu sichern, ist die *Sprache der Zärtlichkeit.*[19] Diese aber ist durch die *Sprache der Leidenschaft*, durch die vom *Unbewussten gezeichnete Sexualität des Erwachsenen, kompromittierte* (vgl. Ferenczi 1932). Berührt zu werden ist für das Kind *Sprache, Mitteilung, Botschaft.* Seine Versuche zu verstehen, zu übersetzen, *der Trieb zu übersetzen*, wird durch die Spannung, die *Widersprüchlichkeit* im Erwachsenen zwischen der ab der Pubertät aufgetretenen *biologisch gereiften Instinktsexualität* und dem *Trieb* der *infantilen Sexualität* ausgelöst. Da durch den Erwachsenen die Sexualität in die allerersten intersubjektiven Erfahrungen eingeführt worden ist, spielen sich die Aktivitäten des Kindes von Anfang an im Rahmen der vom Sexuellen *kompromittierten Botschaften* des Erwachsenen ab. Ein Kind, das die *Implantation* der *rätselhaften Botschaften passiv* – d.h. als eine *Verführung* – erlebt, wird danach trachten, diese aktiv zu überwinden, in dem es versucht, die *rätselhaften Botschaften* zu *übersetzen*, also sie seinen Möglichkeiten gemäß zu verstehen, zu *identifizieren.* Eine vollständige Übersetzung der *rätselhaften Signifikanten* muss aber nicht nur misslingen, weil das Kind den Code für sie nicht besitzt und es ihn erst zu erwerben hätte (das Kind beginnt sich in der verbalen Sprache zu Hause zu fühlen und sie zu beherrschen, ohne dass man ihm im Voraus einen Code dafür geliefert hätte), sondern weil eben der Erwachsene den Code für die

19 Entscheidend für das Verständnis der Bedeutung von Sprache in der Psychoanalyse ist, dass Sprache nicht auf das Verbale reduziert werden darf: Es wird alles das als Sprache aufgefasst, was Bedeutung gebend und Informationen vermittelnd sein kann. In diesem Sinne schreibt Freud in »Das sprachwissenschaftliche Interesse an der Psychoanalyse« (1913j): »Unter Sprache muß hier nicht bloß der Ausdruck von Gedanken in Worten, sondern auch die Gebärdensprache und jede andere Art von Ausdruck seelischer Tätigkeit, wie die Schrift verstanden werden. Dann darf man geltend machen, daß die Deutungen der Psychoanalyse zunächst Übersetzungen aus einer uns fremden Ausdrucksweise in die unserem Denken vertraute sind« (a.a.O., S.403).

aus seiner Welt einsickernden *unbewussten, sexuellen Sinngehalte* selbst nicht besitzt. Laplanche schrieb: »Das Unübersetzbare, das Verdrängte, das sich in jedem späteren Stadium ablagern wird, ist nur das Echo, der Restbestand des der Botschaft selbst innewohnenden Unübersetzbaren. Das, was mit mehr oder weniger Restbeständen übersetzt, über-gesetzt, übertragen, aber niemals aufgelöst werden wird, das ist *die Transzendenz der Ursituation – dieses Verhältnis des Kindes zu einem Erwachsenen, der etwas wissen lässt, um das er selbst nicht weiß*« (Laplanche 1986, S. 172f. Hervorhebungen in Text).

Übersetzung/Verdrängung/Unbewusstes

Die *Übersetzungsbewegung* umfasst die *eigentliche Übersetzung* und die *Verdrängung*, die die *Reste*, die bei jedem neuen Übersetzungsversuch wieder ausfallen müssen, ins Innere zurückwirft. Sie stellt sich demnach als eine *Identifizierung* mit *nachträglicher Verdrängung* dar. Das Ich integriert, was von den sexuellen Botschaften des Anderen jeweils übersetzt (oder verstanden) werden kann, der *Rückstand* der *Übersetzung*, das, was sich der Bindung entzieht, bildet das *Es*, das zum Pol der Entbindung und der Wiederholung wird.

Die Übersetzung kann prinzipiell nie vollständig, nie ohne ausfallende, *nicht symbolisierbare Reste* gelingen, *Reste*, die in ihrer Gegensätzlichkeit zum *Vorbewussten-Ich* das *Unbewusste* im eigentlichen, Freud'schen Sinn des Wortes bilden. Laplanche dazu: »Mein Schema wäre fehlerhaft, wenn es glauben machte, daß das, was sich auf der unbewußten Ebene befindet, nichts anderes sei als der anfängliche ›rätselhafte Signifikant‹. Tatsächlich muß man nachdrücklich darauf bestehen, daß die rätselhaften Botschaften der Erwachsenen eine Umarbeitung, eine Veränderung erfahren. Bestimmte Aspekte werden übersetzt, bestimmte ›anamorphotische‹ Elemente hingegen von der Übersetzung ausgeschlossen und unbewußt. Deshalb ist übrigens der Begriff ›rätselhafter Signifikant‹ — trotz des Erfolgs, den er erfahren hat — ungeeignet, um die komplexe und kompromißhafte Botschaft des Erwachsenen zu bezeichnen. Dagegen erscheint mir auf der unbewußten Ebene der Begriff entsignifizierter Signifikant richtiger« (Laplanche 1993, S. 1225).[20]

20 Anamorphotisch bezeichnet den gegenüber dem Original verzerrten Zustand eines Bildes. Anm. Th. A.

Der Rückstand der Übersetzung, die *Reste*, die *entsignifizierten Signifikanten*, die *Sachvorstellungen* oder genauer, wie Laplanche schrieb, die Vorstellungen, *die zu Sachen geworden sind*, weil ihnen *das Bedeuten* entzogen wurde, bilden das Unbewusste, sie werden in ihm eingeschlossen und vom Ich durch kontinuierliche Gegenbesetzungen im Unbewussten mehr oder weniger erfolgreich festgehalten. Von nun an spielt sich der Konflikt innerhalb des psychischen Apparates ab: Das Ich steht nicht mehr, wie in der ursprünglichen Situation, den zu übersetzenden Botschaften, sondern den bei der Übersetzung ausgefallenen *Resten* gegenüber. Diese *Reste* bilden, so Laplanche, die ersten *Quell-Objekte*, die *Quellen* des *sexuellen Triebs*, die, ausgeschlossen von Kommunikation und Bedeutungsabsicht, einen isolierten Status in dem, was man das *Es* nennt, annehmen. Sie sind eingeschlossen in das *sexuelle, dynamisch wirksame Unbewusste*, sie stellen einen *inneren, attackierenden Fremdkörper* dar, ein *dynamisch drängendes inneres Anderes,* das andauernd versucht, in die bewusste Existenz einzudringen (vgl. Laplanche 1993). Laplanche: »Das Rätsel führt also zur Alterität des Anderen zurück; und die Alterität des Anderen ist seine Reaktion auf sein Unbewusstes, das heißt auf die ihm eigene Alterität.« Und: »Andererseits [...] kann das Unbewusste in keiner Weise als der *Kern unseres Wesens* angesehen werden [...] es (ist) der in mich implantierte Andere, der Metabolit des Anderen in mir: für immer ein innerer Fremdkörper« (Laplanche 1991, S 134f.).

Die von den *Quell-Objekten* ausgehenden *Triebe* der *infantilen Sexualität* bewirken eine ständige Arbeitsaufgabe an den psychischen Apparat, einen Anspruch, der trotz aller Gegenbesetzung, nie endgültig aufgegeben werden kann. Freud hatte bereits in »Jenseits des Lustprinzips« (1920g) geschrieben: »Der verdrängte Trieb gibt es nie auf, nach seiner vollen Befriedigung zu streben, die in der Wiederholung eines primären Befriedigungserlebnisses bestünde; alle Ersatz-, Reaktionsbildungen und Sublimierungen sind ungenügend, um seine anhaltende Spannung aufzuheben, und aus der Differenz zwischen der gefundenen und der geforderten Befriedigungslust ergibt sich das treibende Moment, welches bei keiner der hergestellten Situationen zu verharren gestattet, sondern nach des Dichters Worten ›ungebändigt immer vorwärts dringt‹ (Mephisto im ›Faust‹, I, Studierzimmer). Der Weg nach rückwärts, zur vollen Befriedigung, ist in der Regel durch die Widerstände, welche die Verdrängung aufrecht erhalten, verlegt, und somit bleibt nichts anderes übrig, als in der anderen, noch freien Entwicklungsrichtung fortzuschreiten, allerdings ohne Aussicht, den Prozess abschließen und das Ziel erreichen zu können« (a.a.O., S. 44f.).

Da *Reste* entstanden sind, die etwas anderes als Erinnerungen sonst bedingen, kann die *Urverführung* später nicht als eine äußere Wirklichkeit, als eine intersubjektive Erfahrung erinnert werden. Die *Reste* haben, da sie von ihrem Kontext, von ihren zeitlichen wie örtlichen kontextuellen Beziehungen losgelöst wurden, eine dinghafte Konsistenz angenommen und drängen sich ganz selbstverständlich als etwas auf, was den Wert von psychischer Realität besitzt, ohne aber Erinnerung an Erfahrungen in der äußeren Wirklichkeit zu sein. Sie selbst be-deuten nichts mehr, sie weisen nicht auf etwas anderes hin, sie haben nur mehr Bedeutung als sie selbst. Sie sind daher auch keine gespeicherten Vorstellungen, sondern sie sind als eine Art Abfall zu betrachten, der bei bestimmten Speicherungsprozessen entstanden ist. Sie sind als *dynamisch drängende Objekte* aufzufassen, als *innere, attackierende Fremdkörper*, von denen das sich bildende Ich angegriffen wird. Dieser Angriff des *sexuell dynamisch wirksamen Unbewussten* (oder des *Es*) auf das Ich wird in den Aspekten, die nicht symbolisiert (oder gebunden) werden können, vom psychischen Apparat als Affekt empfunden.

Im Versuch, die *attackierenden Reste* zu verstehen und erneut zu übersetzen, bildet das Ich in einem kreativen Akt *Selbst-Theoretisierungen*. Der Analytiker, so Laplanche, müsse über die Funktion des kindlichen Theoretisierens bei der Entstehung des psychischen Apparats Bescheid wissen, er müsse wissen, dass die Theorie der Psychoanalyse im Verhältnis zu diesem, vom jeweiligen Menschen selbst vollzogenen, grundlegenden und grundsätzlichen Theoretisieren, eine Metatheorie sei: »Der Analytiker selbst hat […] keine Schemata oder Entwürfe für die Wiederübersetzung vorzuschlagen, weder die klassischen psychoanalytischen Schemata noch irgendwelche anderen. Insofern bleibt die Psychoanalyse im Wesentlichen eine ›Antihermeneutik‹, während der einzige Hermeneutiker, nämlich derjenige, der seiner dem Anderen ausgesetzten Existenz einen mehr oder weniger angemessenen, aber immer auch unangemessenen Sinn gibt, immer noch das menschliche Individuum selbst bleibt« (Laplanche 1997, S. 108f.).

Die Technik der Psychoanalyse, ihre assoziative, dissoziative und deutende Methode, bestehe vielmehr darin, so Laplanche, die *früheren Übersetzungen*, zu erkennen. Bei den früheren Antworten und Erklärungsversuche handle es sich um Trug, Maske und Fixierung, um Täuschungen, die *ent-übersetzt* werden müssen. Dadurch werde eine prinzipiell unabschließbare Dynamik von *Übersetzung*, *Ent-Übersetzung*, neuerlicher *Übersetzung* – man könnte auch sagen *Erkennen von Täuschungen*, damit *Ent-Täuschungen* und wieder neuen *Täuschungen* – in Gang gesetzt, um neue, prinzipiell unabschließbare Möglichkeiten des Erlebens und Denkens zu eröffnen. Der bei jeder neuen, späteren Übersetzung wiederum ausfallende *Rest* aber ist der Niederschlag eines zumindest teilweisen Versagens von Symbolisierung und Theoretisierung, eines Scheiterns von Verzeitlichung, das zu neuerlicher Verdrängung führt. Das jeweils nachträglich ausgebildete Wissen um sich selbst, das die Vergangenheit von der Gegenwart aus umarbeitet und auf die Zukunft zielt, hat die *rätselhafte* Anrede durch den konkreten äußeren Anderen zum Ursprung.

In dem, was immer wieder ausfällt, was ungebunden bleibt und von innen her attackiert, hatte Laplanche die Ursache dessen erkannt, was in der Psychoanalyse mit dem Begriff *Todestrieb* bezeichnet wird, den er als einen *sexuellen Trieb* auffasste. Die den *Trieb* bestimmende *infantile Sexualität* sei mit sich selbst unverträglich, da sie ihrem ungebundenen, anarchischen Funktionieren, in ihrer Suche nach Erregung und nicht nach Befriedigung, selbstzerstörerisch sei. Da sie einzig den Gesetzen des Primärprozesses folge, könne sie aus sich selbst heraus, nachdem sie sich erschöpft habe, nur nach dem »Niveau 0« streben, also nach der psychischen und womöglich auch physischen Zerstörung des Individuums (Laplanche 2006a, S. 254). Genau das aber entspricht Laplanches Deutung des *Todestriebs* als eines *sexuellen Todestriebs*, der demnach nichts anderes ist, als die am meisten destrukturierende und destrukturierte Form der Sexualität: »De facto sollte man schließlich soweit kommen zu sagen, dass ›das Tier im Menschen‹ nicht das reale, angepasste Tier ist, das wir kennen, sondern das wilde Tier, die sexuelle Bestie. Und diese sexuelle Bestie steht nicht am Anfang, sie ist nicht das ›wirkliche‹ Tier. Wir halten nicht von Beginn an ein prähistorisches Tier in uns versteckt. Wir haben dieses Tier geschaffen. […] So wie das Unbewusste und das Es nicht von Anfang an da sind, und die perversen Fantasien nicht das eigentliche Resultat der Verdrängung darstellen« (Laplanche 2003, S. 134f.). Allerdings bleiben, wie Laplanche schrieb, der *prägenitalen Sexualität* die Wege der immer nur teilweisen Verdrängung und der Übersetzung offen, der Historisierung und Umsetzung ins Werk, was nichts anderes sei als die Sublimierung, wenn man ihr ihren sublimen Aspekt entziehe und darin die Bewegung der Symbolisierung – Übersetzung erkenne, die den meisten Menschen offenstehe. Als erster Zweck der Sublimierungen stehe ganz einfach die genitale Sexualität, insofern sie in der Lage sei, die infantilen perversen Komponenten zu integrieren (Laplanche 2006a, S. 254).

Die Allgemeine Verführungstheorie und die einheitliche Theorie des Seelenapparats[21]

Laplanche nahm an, dass die *Übersetzung* der *rätselhaften Botschaften* und anschließend ihre *Verdrängung*, oder genauer ihre *Urverdrängung*, nicht auf einmal sondern zweizeitig vor sich geht. Er schrieb: »Das zweizeitige Schema ist das gleiche wie das des Traumas: Zum ersten Zeitpunkt wird die Botschaft einfach nur eingeschrieben oder implantiert, ohne verstanden zu werden. Sie wird gleichsam unter der dünnen Schicht des Bewußtseins oder ›unter der Haut‹ gehalten. Zu einem zweiten Zeitpunkt wird die Botschaft von innen neu belebt. Sie wirkt wie ein innerer Fremdkörper, der integriert, beherrscht werden muß, koste es, was es wolle« (Laplanche 2004, S. 902).

Während der ersten, passiven Etappe, ihrem ersten *Eindruck*, haben die *rätselhaften Signifikanten* einen Abwartestatus, einen Status des Innen-Außen, den Laplanche als das *eingeklemmte* oder *eingeschlossene Unbewusste* bezeichnete (a. a. O., S. 903). In der zweiten Etappe, in der sie reaktiviert werden, in der sie von innen her attackieren, muss das Kind versuchen, sie zu binden – zu *übersetzen*. Sie werden wieder aufgenommen, übersetzt und aufgeteilt zwischen einer *vorbewussten Übersetzung* und *unbewussten Überresten*: »Die (versuchte) Übersetzung hat die Aufgabe, im psychischen Apparat eine *vorbewußte* Ebene einzurichten. Das Vorbewußte – wesentlich das Ich – gibt die Art und Weise wieder, wie das Subjekt sich seine Geschichte aufbaut und vorstellt. Die Übersetzung der Botschaften des erwachsenen Anderen stellt im wesentlichen eine mehr oder weniger zusammenhängende Vergeschichtlichung dar« (a. a. O., S. 902. Hervorhebung im Text).

Die *Zweizeitigkeit der Übersetzung* wurde zum Ausgangspunkt für eine wesentliche Erweiterung des ursprünglichen Konzepts, die Laplanche im Jänner 2004 in Frankfurt am Main anlässlich eines Symposions über die *Allgemeine Verführungstheorie* vortrug. Der Vortrag wurde mit dem Titel »Die rätselhaften Botschaften des Anderen und ihr Konsequenzen für den Begriff des ›Unbewußten‹ im Rahmen der Allgemeinen Verführungstheorie« (Laplanche 2004) noch im gleichen Jahr veröffentlicht. Es war Laplan-

21 Vgl. »Le concept d'inconscient selon Jean Laplanche«, Psychiatrie Française, Vol. XXXVII, 3/06, Novembre 2006. In diesem Heft findet sich Laplanches Artikel »Trois acceptions du mot ›inconscient‹ dans le cadre de la Théorie de la Séduction Généralisée« (Laplanche 2006d), sowie eine Diskussion dieses Artikels, an der sich u. a. Jean-Louis Brenot, Martin Dornes, Bernard Golse, Florence Guignard, Alberto Luchetti, Francis Martens und Ruth Stein beteiligten.

ches Absicht, mit den in diesem Vortrag entwickelten Ideen, eine einheitliche Theorie des Seelenapparats vorzulegen. Laplanche: »Freuds Modell vom Seelenapparat ist ein neurotisch-normales Modell. Nachdem sie sich in ihrer Praxis mehr und mehr Fällen gegenübersahen, die aus diesem Modell herausfielen (Borderline – Psychosen – Psychopathien – Perversionen), hat eine beträchtliche Anzahl von Theoretikern die Freudsche Auffassung, die auf der Verdrängung und dem Unbewußten basierte, ad acta gelegt, mit der Begründung, sie gelte nur für eine sehr begrenzte Anzahl von Fällen. Sie haben dann neben dem Freudschen Gebäude andere Modelle konstruiert, ohne daß sie versucht hätten, die Einheit mit dem Freudschen Denken aufrechtzuerhalten. Außerdem sind diese Modelle meistens desexualisiert, und sie beziehen sich kaum noch auf den Begriff des Unbewußten. Es ist, als ob man, auf einer anderen Ebene, angesichts zweier unterschiedlicher Aspekte der Welt zwei völlig verschiedene Kosmologien vorlegen würde, ohne irgendwelche Kommunikation untereinander« (a.a.O., S. 905). Er meinte nun, dass die *Allgemeine Verführungstheorie* einen einheitlichen Blick ermögliche, der die vermeintlich getrennten Modelle, sowohl das neurotische/normale wie auch das psychotische/Borderline-Modell umfasse, weil sie auf eine gemeinsame Grundlage beruhe, nämlich auf der *Anthropologischen Grundsituation* und auf der *Übersetzungshypothese*.

Um verständlich zu machen, was er damit meinte, fasste Laplanche schon vorher Gesagtes noch einmal kurz zusammen: Die *Allgemeine Verführungstheorie* habe ihren Ursprung in der Freud'schen *Verführungstheorie*, die sie verallgemeinere. Freuds Theorie der Jahre 1896/97 habe zwar über die *Verdrängung* – oder *Abwehr*, wie Freud damals schrieb – Aufschluss gegeben, aber eben nur innerhalb der Grenzen der Psychopathologie, also einer eingeschränkten Situation. Er wiederholte seine Kritik an Freud, der seine Theorie nicht weiterentwickeln und verallgemeinern habe können, weil er die *polymorphe Perversion*, die er erst 1905 in den in den »Drei Abhandlungen« (1905d) beschrieben habe, noch nicht entdeckt hatte, und ihm auch der Begriff der *vorzeitigen Kommunikation*, der *Botschaft* und die *Übersetzung* als Triebfeder der Verdrängung gefehlt habe. Die *Übersetzung*, so wie sie von der *Allgemeinen Verführungstheorie* aufgefasst werde, hänge eng mit der Auffassung vom Menschen als Sprach- und Kommunikationswesen zusammen und sei an die Stelle der in der klassischen Theorie der Verdrängung angewandten mechanischen Schemata getreten. Laplanche sagte: »Die Allgemeine Verführungstheorie gibt Aufschluss über die Entstehung des sexuellen psychischen Apparats des menschlichen Wesens, ausgehend von der zwischenmenschlichen Beziehung und nicht von biologischen Ursprüngen. Der psychische Apparat des menschlichen Wesens ist vor allem vom Trieb beherrscht, dem sexuellen (Lebens- und Todes-) Trieb. Damit soll nicht bestritten werden, daß es somatische instinkthafte Anlagen gibt, doch spielen sie weder am Ursprung der infantilen Sexualität noch bei der Entstehung des verdrängten Unbewußten eine Rolle« (Laplanche 2004, S. 899). So gesehen sei die Verführung eben keine kontingente oder pathologische, sondern sie basiere auf der so genannten *Anthropologischen Grundsituation*: »Sie besteht aus der Beziehung zwischen dem Erwachsenen und dem Kleinkind, zwischen dem Erwachsenen und dem Infans. Dem Erwachsenen, der ein Unbewußtes hat, so wie es die Psychoanalyse entdeckt hat, ein sexuelles Unbewußtes, das im wesentlichen aus infantilen Rückständen besteht, ein perverses Unbewußtes im Sinne der Drei Abhandlungen. Und dem Kind, das keine hormonellen Auslöser der Sexualität und ursprünglich keine sexuellen Phantasien hat. Die Vorstellung von einer endogenen infantilen Sexualität wurde – nicht nur von mir — eingehend kritisiert, doch darf eine solche Kritik nicht dazu führen, die infantile Sexualität im allgemeinen zu leugnen oder sie in einer vage umrissenen Theorie aufgehen zu lassen« (a. a. O.).

Im Folgenden wiederholte Laplanche, was er in Bezug auf die *Urverdrängung*, die *Übersetzung*, die *Ausbildung des Unbewussten* und des *psychischen Apparats* unter, wie er nun sagte, normalem und neurotischem Gesichtspunkt entwickelt hatte (a. a. O., S. 901f.): Die *Anthropologische Grundsituation* stelle in einem *symmetrischen/asymmetrischen Dialog* einen Erwachsenen, der ein sexuelles (wesentlich prägenitales) Unbewusstes besitze, und ein Infans, das noch kein Unbewusstes und auch nicht den Gegensatz unbewusst/vorbewusst ausgebildet habe, gegenüber. Das sexuelle Unbewusste des Erwachsenen werde in der Beziehung zum Kleinkind, zum Infans, reaktiviert. Die Botschaften des Erwachsenen seien vorbewusst-bewusste Botschaften, die notwendigerweise kompromisshaft – im Sinne einer Wiederkehr des Verdrängten –, durch die Präsenz des unbewussten *Störgeräuschs* – gebildet seien. Diese Botschaften seien daher sowohl für den Sender, den Erwachsenen, als auch für den Empfänger, das Infans, *rätselhaft*. Während in einem normalen (verbalen oder non-verbalen) Dialog ein gemeinsamer Code existiere und es keiner Übersetzung bedürfe oder sie augenblicklich verlaufe, könne in der ursprünglichen Kommunikation die Erwachsenenbotschaft in ihrer widersprüchlichen Totalität nicht erfasst werden. Die angeborenen oder erworbenen Codes, über die das Infans verfüge, seien nicht ausreichend, um der rätselhaften Botschaft zu begegnen. Die Übersetzung der rätselhaften Erwachsenenbotschaft gehe, wie oben bereits ausgeführt, zweizeitig, gemäß dem zweizeitigen Schema des Traumas, vor sich. Sie habe die Aufgabe, im psychischen Apparat eine vorbewusste Ebene einzurichten. Weil aber die Botschaft kompromisshaft und unzusammenhängend und auf zwei miteinander unvereinbaren Ebenen angesiedelt sei, sei sie immer unvollkommen und hinterlasse Überreste, die in ihrer Gegensätzlichkeit zum Vorbewussten-Ich, das Unbewusste im eigentlichen Sinne bilden. Das Unbewusste sei offensichtlich vom Sexuellen gekennzeichnet, habe es doch seinen Ursprung in der durch das Sexuelle kompromisshaft gebildeten Erwachsenenbotschaft. Laplanche: »Freilich ist es in keiner Weise die Kopie des Erwachsenen-Unbewußten, und dies aufgrund des doppelten ›Metabolismus‹, dem das Sexuelle auf diesem Weg unterworfen war: der Entstellung in der kompromißhaften Botschaft beim Erwachsenen, und dann beim empfangenden Kind der Arbeit der Übersetzung, die die implantierte Botschaft völlig umgestaltet« (a. a. O., S. 902f.).

Das eingeklemmte oder eingeschlossene Unbewusste[22]

Nun meinte Laplanche aber, dass das teilweise Scheitern der Übersetzung nur Aufschluss über das klassische, neurotisch-normale Unbewusste geben könne, dass es aber nötig sei, auch dem völligen Scheitern der Übersetzung den ihm gebührenden Platz einzuräumen. Laplanche: »Nichts ist übersetzt, die ursprüngliche Botschaft bleibt als solche im psychischen Apparat, implantiert oder intromittiert. Sie bildet dann das aus, was man ›das eingeklemmte Unbewußte‹ nennen könnte« (Laplanche 2004, S. 903).[23] Es sei dies ein Unbewusstes, das in keinem Wechselverhältnis zu einem Vorbewussten stehe, so wie es beim Psychotiker wenig oder gar keine Vergeschichtlichung gebe. Es bleibe, wie Laplanche sagte, »auf gleicher Höhe mit dem Bewußtsein« (a. a. O., S. 904) und werde von einer dünnen bewussten Abwehrschicht, die nach einem scheinbar logischen, operativen Modus funktionierte, gehalten. Laplanche: »Die Hauptmodalität dieser Abwehr ist nicht die Verdrängung/Übersetzung, sondern die Verleugnung. Häufig läßt sich feststellen, daß die Abwehr (das bewußte Denken) wie ein umgekehrtes Abbild dessen ist, was verleugnet wird. Einzig das ›Verneinungszeichen‹ trennt sie voneinander« (a. a. O.). Unter den unübersetzten Botschaften, die dieses Unbewusste bilden, finde man nicht zuletzt überichhafte Botschaften. So sei etwa der kategorische Imperativ

22 Vgl. Dejours 2001, 2012.

23 Statt vom *eingeklemmten Unbewussten* könnte man auch vom *eingeschlossenen Unbewussten* sprechen. Anm. Th. A.

nicht in etwas anders als ihn selbst übersetzbar: »Du sollst, weil Du sollst.« Über die Gründe für ein völliges Scheitern der Übersetzung sagte Laplanche: »Die Bedingungen sind wahrscheinlich vielfältig. Ich habe hier einen Forschungsweg eröffnet, den ich nicht allein erforschen kann, und dem weiter zu folgen ich anderen überlasse, falls er sich als gangbar herausstellt. Das Scheitern der Übersetzung kann insbesondere zu einer unbearbeiteten, intergenerationellen Übertragung ohne Metabolisierung führen. Das Problem des ›Intergenerationellen‹ wäre neu aufzugreifen und zu fragen, welche Bedingungen dafür hinsichtlich der Kommunikation, der Struktur der Botschaft selbst oder des Empfängers dieser Übermittlung erfüllt sein müssen. [...] Gibt es ›Botschaft‹, wenn diese nicht mehr vom Unbewußten kompromißhaft gebildet, sondern von ihm vollkommen in Beschlag genommen ist? Ist das überhaupt möglich? Gibt es ›Botschaft‹, wenn diese ihren Code mittransportiert und ihn aufzwingt, also eine Übersetzung aufzwingt, die nichts weiter ist als die Botschaft selbst? Vielleicht auch, wenn die Botschaft paradox ist? Welcher Gebrauch des Begriffs ›Paradox‹ ist möglich, wenn dieser im strengen Sinn angewandt wird? [...] Wie kann der Mensch von Botschaften ›besessen‹ sein, deren Übersetzung ihm nicht gelingt? Das ist für mich eine der wichtigsten Fragen, die sich der psychoanalytischen Psychopathologie stellt« (a. a. O., S. 904f.).[24]

Nun sei aber der Zustand des *Nicht-übersetzt-seins*, das *eingeklemmte* oder *eingeschlossene Unbewusste*, nicht nur dem völligen Scheitern der Übersetzung vorbehalten, sondern es sei daran zu erinnern, so Laplanche, dass der Übersetzungsvorgang im neurotischen Modell immer zweizeitig ablaufe, wobei der erste Zeitpunkt der einer Latenz der Botschaft des Anderen in einem nicht-übersetzten Zustand, in *einem Zustand der Erwartung sei*, einem wahrhaft unterbewussten Zustand der Einschreibung. So verstanden würden nicht nur beim Kind, sondern bei jedem menschlichen Lebewesen eine Art Bestand an nicht übersetzten Botschaften vorliegen. Laplanche: »Einige wären praktisch unmöglich zu übersetzen, andere befänden sich in vorläufiger Erwartung auf eine Übersetzung. Diese Übersetzung kann nur durch eine Reaktualisierung, eine Reaktivierung in Gang gebracht werden. Das sogenannte eingeklemmte Unbewußte kann folglich ein Ort des Stillstands sein, aber auch ein Ort der Erwartung, eine Art ›Fegefeuer‹ für die Botschaften im Wartezustand« (a. a. O., S 905). Er setzte fort: »An dieser Stelle sollten wir uns an das erinnern, was Freud in seinem Artikel über die Ich-Spaltung beschreibt,[25] nämlich das Nebeneinander von zwei Mechanismen in ein und demselben Individuum: des

24 Vgl. Tarelho 1999.
25 Freud 1940e[1938]. Anm. Th. A.

neurotischen Mechanismus der Verdrängung und des perversen oder psychotischen Mechanismus der Verleugnung. Was Freud als nur bei einigen Individuen vorhanden beschreibt, schlagen wir vor, [...] auf jeden Menschen zu verallgemeinern« (a. a. O., S. 906).

Zur Verdeutlichung folgende Skizze Laplanches.

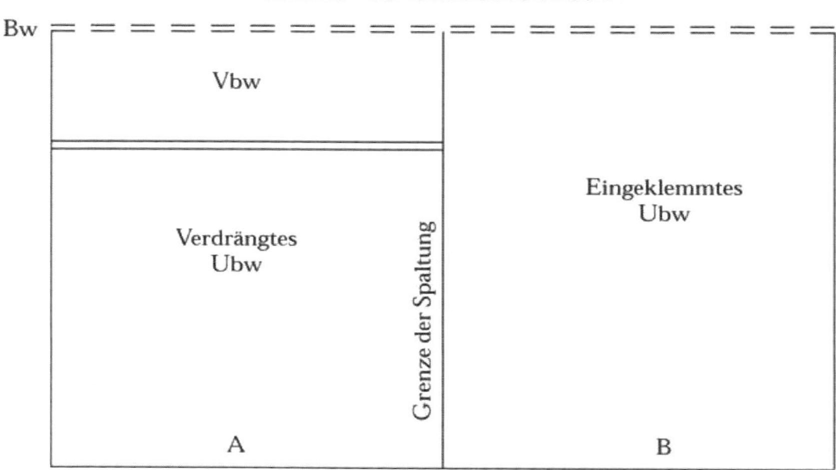

Abb. 1 (Laplanche 2004, S. 906):

Die Psyche jedes Menschen umfasse demnach zwei Teile, die sich zwar gegenseitig nicht zur Kenntnis nehmen, die aber nicht ohne Übergang untereinander seien. Die Grenze zwischen den beiden Teilen sei von einem Individuum zum anderen und, je nach Lebenszeitpunkten, beim selben Individuum schwankend. Die Grenze der Spaltung, die vertikale Grenze im Verhältnis zur horizontalen Schranke der Verdrängung, sei keine Konfliktschranke, sondern die Trennung von zwei unterschiedlichen *Abwehrvorgängen*. Diese Grenze könne, zum Beispiel wenn ein neuer Übersetzungsprozess in Gang gesetzt werde, überschritten werden. Beim Neurotikers oder dem sogenannten Normalen sei der Teil A weit größer als B, beim Nicht-Neurotiker treffe das Gegenteil zu. Dennoch könne aber bei jedem unter bestimmten Umständen der rechte Teil – B – die Oberhand gewinnen.

Im Rahmen der *Urverdrängung* werden die Botschaften des Anderen im Sinne der *Nachträglichkeit* zu einem ersten Zeitpunkt in das *eingeklemmte* oder *eingeschlossene Unbewusste* oder *Unterbewusste* eingeschrieben. Sie werden später wiederaufgenommen, übersetzt und aufgeteilt zwischen der vor-bewussten Übersetzung und den unbewussten Überresten.

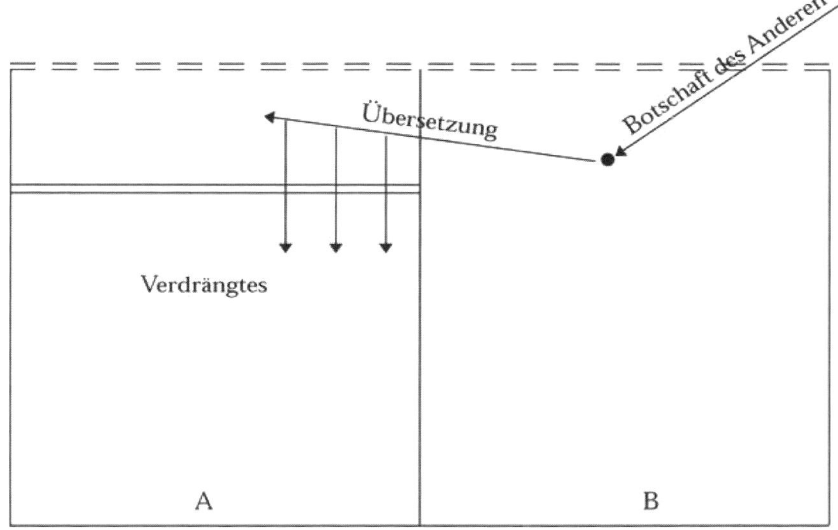

Abb. 2 (Laplanche 2004, S. 907):

Dieses für die Neurose und die Psychose gemeinsame topische Modell gäbe, so Laplanche weiter, einen Bezugsrahmen vor, folgendes Problem zu verorten: »Die Möglichkeit einer neuen Übersetzung der eingeklemmten Botschaften, insbesondere in der Psychotherapie der Borderline- und psychotischen Fälle, und im Gegenzug die Möglichkeit (selbst wenn sie gering ist) einer wahnhaften Dekompensation bei jedem Menschen. Merken wir noch an, in einem anderen Bereich, daß die klassische Kur der Neurotiker durch ihre hauptsächliche Tätigkeit der Entübersetzung die Wirkung erzielt, zeitweise den Bestand an neu zu übersetzenden, neu zu symbolisierenden Botschaften zu vergrößern. Was gedeutet wird, sollte folglich wieder über den Teil B des Schemas führen, bevor es in ein weiterentwickeltes Vorbewußtes integriert wird« (a. a. O., S. 908).

Das Mytho-Symbolische

Als weiteren Begriff führte Laplanche in diesem Vortrag das *Mytho-Symbolische* ein. Wird das Kind mit den rätselhaften Botschaften des Erwachsenen konfrontiert, die es mit Hilfe der allein ihm zur Verfügung stehenden *Beziehungscodes der Selbsterhaltung* nicht übersetzen kann, dann muss es neue Codes zu Hilfe nehmen, die es allerdings nicht aus dem Nichts erfindet. Laplanche: »Es stehen ihm schon sehr früh durch seine allgemeine kulturelle und nicht nur familiäre Umgebung Codes oder vorgefertigte narrative Schemata zur Verfügung. Man könnte hier von einer regelrechten ›Übersetzungshilfe‹ sprechen, die ihm von der umgebenden Kultur dargeboten wird« (a. a. O., S. 908). Es greife hier ein *mytho-symbolisches Universum* ein, das sowohl klassische Codes wie *Ödipuskomplex*, *Vatermord* oder *Kastrationskomplex* einschließe, wie auch modernere narrative Schemata.

Laplanche hob im Folgenden einen zweifachen Irrtum der Psychoanalyse in Bezug auf das *Mytho-Symbolische* hervor: Die Psychoanalyse habe diese kulturell vorgegebenen Erzählschemata, die dem Menschen dazu dienen, sein Schicksal einzuordnen, es zu historisieren, in jene Wahrheiten eingefügt, die sie tatsächlich entdeckte – in Bezug auf den Seelenapparat und die intersubjektive Situation zwischen Erwachsenem und Kind – Wahrheiten, die *metapsychologische* Wahrheiten seien. Die Psychoanalyse habe zudem die Mythen anhand der psycho-sexuellen Entwicklung des Individuums klassifizieren wollen. Mythen seien aber keine Produkte der individuellen Entwicklung, sondern sie seien Teil des kulturellen Universums, innerhalb dessen sie zu beobachten, zu beschreiben und zu erklären seien. Umgekehrt dürfe die Psychoanalyse nicht davor kapitulieren, Aufschluss über die Rolle des *Mytho-Symbolischen* bei der Bildung des menschlichen psychischen Apparats, d. h. beim Übersetzungsmodell zu bekommen. Entscheidend sei, wie sich die kollektiven Erzählstrukturen in das Schema des psychischen Apparats einschreiben. Laplanche: »Entgegen der weitverbreiteten Meinung und auch derjenigen Freuds, der in der ödipalen Beziehung den ›Kern‹ des Unbewußten sieht, müssen wir solche Strukturen nicht auf seiten des Verdrängten, sondern des Verdrängenden ansiedeln; nicht auf seiten des primären Sexuellen, sondern auf seiten dessen, das es einer Ordnung unterwirft und letztlich desexualisiert, im Namen von Gesetzen der Verschwägerung, der Zeugung usw. Nichts ist weniger sexuell (im ursprünglichen Sinn der Drei Abhandlungen) als der Ödipusmythos und die Tragödie von Sophokles. Nichts erzählt uns weniger vom sexuellen

Genießen, von der Suche nach sexueller Erregung ganz zu schweigen. Die großen von der Kultur übertragenen und veränderten narrativen Schemata helfen dem kleinen Menschensubjekt, mit den vom erwachsenen Anderen zu ihm kommenden traumatisierenden rätselhaften Botschaften umzugehen, das heißt, sie zu binden und zu symbolisieren oder auch zu übersetzen. Fraglos handelt es sich dabei um eine Bindung, die für die Menschwerdung des Menschen unverzichtbar ist« (a. a. O., S. 911).

Laplanche fasste zusammen: »Sich auf die Anthropologische Grundsituation zu beziehen bedeutet in erster Linie, die rätselhafte Botschaft des Anderen und ihre Übersetzung in den Blick zu nehmen« (a. a. O., S. 912). Geht man davon aus, dann könne *unbewusst* drei Geltungsbereichen entsprechen:

1.: Das im eigentlichen Sinn Freud'sche Unbewusste könne nur das Verdrängte sein, d. h. im Sinne der *Allgemeinen Verführungstheorie* der Rückstand der immer nur unvollständigen Übersetzung der rätselhaften Botschaft. Es stehe einem vorbewussten Ich gegenüber, einem Bereich, in dem sich eine Persönlichkeit herausbilde, die das Unbewusste in der Unterdrückung belasse und gleichzeitig von ihm durchdrungen werde.
2.: Das *eingeklemmte oder eingeschlossene Unbewusste* könne auch *Unter-Bewusstes* genannt werden, weil es nur durch die dünne Schicht des Bewusstseins in der Latenz gehalten werde. Es sei aus nicht übersetzten Botschaften gebildet und werde — fälschlicherweise — als ident mit einem psychotischen Teil des Menschenwesens angesehen. Genauer betrachtet stelle sich aber heraus, dass von dem, was wirklich ein Scheitern der Übersetzung erfahren habe und nicht-assimiliert und daher prä-psychotisch wäre, noch nicht übersetzte Elemente der Botschaft zu unterscheiden seien, die entweder noch auf eine Übersetzung warten oder auch ent-übersetzte Botschaften, die auf eine neuerliche Übersetzung warten. Wie eine Zone des Stillstands sei es auch eine Zone des Über- und Durchgangs.
3.: Das *Pseudo-Unbewusste* des *Mythisch-Symbolischen* schließlich habe im Innern des psychischen Apparats nichts zu suchen. Man könne es implizit nennen, eher struktural als im eigentlichen Sinn kollektiv. Seine psychische Funktion sei von seinem Wesen und seiner historisch-sozialen Genese zu unterscheiden. Laplanche: »Diese Funktion, die ganz entscheidend ist für das kleine Menschenwesen, besteht darin, ihm frühzeitig eine ›Übersetzungshilfe‹ zu liefern und es nicht in der Hilflosigkeit zu belassen angesichts der Aufgabe, die

unaufhörlich auf es hereinbrechenden Erwachsenenbotschaften in sich aufzunehmen, sie zu symbolisieren und zu ›behandeln‹, der Aufgabe, sich dank ihrer und gegen sie zu vergeschichtlichen« (a. a. O., S. 912).

Der Primat des Anderen/ Die Kopernikanische Revolution der Psychoanalyse

Der Primat des Anderen in der Bildung des sexuellen Unbewussten bedeutet, dass der Mensch unter sexuellem Gesichtspunkt, dem von Befriedigung und Lust, auf den Anderen ausgerichtet ist. Er wird unaufhörlich versuchen, eine Situation von Beherrschung zu finden, um sich selbst für das Zentrum und den Ursprung halten zu können und sich, von einem ursprünglich *kopernikanischen System,* von der Gravitation des Neugeborenen um den sexuellen Erwachsenen ausgehend, zu einem *ptolemäischen System* verschließen (vgl. Laplanche 1992). Dieser Vorgang korreliert mit einer stetigen *Übersetzungsbewegung*. Die *Übersetzung* wird zur Ideologie jenes *Ichs*, das als *Instanz*, als Bestandteil des psychischen Apparats, im Einklang mit den Zielen der Lebenserhaltung, den *Interessen*, den Kontakt mit der Außenwelt steuert. Sobald das Ich seine Bedeutung durch seine Leistung, eben seine Fähigkeit zu übersetzen, bewiesen hat, wird es als verkanntes und verkennendes, *grandios-narzisstisches Idealich* zum Bild des Ganzen geworden sein und *nach dem Vorbild des Objekts als Ich-Ideal mit Libido besetzt werden.* Das sind Vorgänge, wie sie Freud bereits in »Zur Einführung des Narzißmus« (1914c) und in »Trauer und Melancholie« (1916–1917g) beschrieben hatte.[26]

Laplanche war der Auffassung, dass die *kopernikanische Revolution der Psychoanalyse* unvollendet geblieben sei, weil Freud hinter seine ursprünglichen Erkenntnisse zurückgefallen war und es bei ihm scheine, als entwickle sich der Mensch quasi aus sich heraus. Nun habe sich aber

26 Es ist wesentlich für die Theorie Laplanches, dass er den Gegensatz zwischen den *Ich-* oder *Selbsterhaltungstrieben* – seiner Ansicht nach geht es hier eher um *Instinkte* als um Triebe – und den *Sexualtrieben* nicht durch den Gegensatz zwischen der Selbstliebe, dem Narzissmus, und der Objektliebe ersetzte. Er hielt daran fest, dass das libidinös besetzte, den Idealinstanzen nachgeformte Ich, eine Verkennungsinstanz ist, die nur stellvertretend die Vertretung der Lebensinteressen des Subjekts im psychischen Apparat übernimmt und in diesem Sinn eben nur vorgeben kann, Selbst zu sein.

herausgestellt, dass sich die ersten psychischen Mechanismen im Rahmen der *situation anthropologique fondamentale*, der *Anthropologischen Grundsituation*, nicht nur aufgrund *lebenserhaltender Hilfeleistungen des fremden Anderen* sondern vor allem in Reaktion auf dessen *rätselhafte Botschaften* ausbilden. So gesehen besagt der Begriff des *Primats des Anderen*, dass sich der Mensch selber im Grunde fremd bleiben muss, weil er in seinem Zentrum dieses *Andere – nach Laplanche das sexuelle Unbewusste* – trage, das durch den Einfluss des Anderen (des Erwachsenen) im Rahmen des *Befriedigungserlebnisses* oder der *Urverführung* entstanden sei. War Freud mit seiner *Verführungstheorie* von *kontingenten* Verführungs- und Missbrauchserlebnissen ausgegangen, so löste Laplanche die *Verführungstheorie* von der Einschränkung auf den Bereich der Psychopathologie und entwickelte einen Begriff von *Verführung* als einer *allgemeinen, anthropologischen Grundsituation*.

»Was bei Freud fehlt«, schrieb Laplanche, »und ihm nicht erlaubt, die Alterität des Anderen (des Verführers) durchzuhalten, die wiederum die Alterität des Anderen (Dinges) (des Unbewußten) gebietet – kann man auf verschiedene, gleichwohl ähnliche Weise benennen: Anrede, Botschaft, Zeichen, das ›Zeichen gibt‹, oder auch Signifikant« (Laplanche 1992, S. 31) – wobei der *Signifikant* den Anderen repräsentiert, der Zeichen gibt, der dem Ego im Sinne einer Botschaft ›be-deutet‹.

Laplanche machte mit seiner Theorie keine Aussagen über den Ursprung des psychischen Lebens an sich, Psychoanalyse ist seiner Ansicht nach keine Entwicklungspsychologie, sondern er beschrieb den überraschenden, durch nichts vorbereiteten und daher *traumatischen* Einbruch der Sexualität des Erwachsenen in das auf *Selbsterhaltung* ausgerichtete Seelenleben des Säuglings am Beginn des extrauterinen Lebens, der das Arbeitsfeld der Psychoanalyse konstituiert.

4. Über Nachträglichkeit / Übersetzung

Die von Laplanche beschriebenen Vorgänge der Übersetzung sind freilich nicht als einmalige sondern als kontinuierlich fortgesetzte zu verstehen. Bedingt durch das zumindest teilweise Scheitern der Übersetzung ist ein innerer Fremdkörper entstanden, der das psychische System immer wieder zu neuer Bedeutungsproduktion drängt. Kam allerdings der Anstoß zur Übersetzung ursprünglich von außen, dann wirkt nun der Anstoß von innen her, aus dem Unbewussten kommend. Dies kann die Blockierung der Mechanismen bewirken, die Laplanche mit dem *Übersetzungsmodell* beschrieben hatte. Laplanches Überlegungen zur *Nachträglichkeit* sind unter diesem Aspekt zu verstehen. Unter der Überschrift: *Zeitlicher Aspekt, die Nachträglichkeit*, schrieb er in »Neue Grundlagen für die Psychoanalyse« (Laplanche 1987): »Der *zeitliche Aspekt* der Theorie der Verführung ist – zumindest hoffen wir das – eine Errungenschaft der Psychoanalyse geblieben« (a. a. O., S. 143. Hervorhebung im Text).

Obwohl der Ausdruck *nachträglich* und auch die substantivische Form *Nachträglichkeit* von Freud oftmals verwendet wurden, war der Begriff – und die mit ihm verbundene *Übersetzung* – für lange Zeit in Vergessenheit geraten.

Erst von Lacan wurde die *Nachträglichkeit* – im Rahmen seiner Beschäftigung mit Freuds Arbeit über den Wolfsmann (Freud 1918b[1914]) – wiedergefunden (Lacan 1966). Lacan schrieb dort: »Freud fordert einen vollkommen objektiven Beweis, die Urszene zu datieren, aber er setzt ohne weiteres alle Wiederbelebungen des Eindrucks dieses Ereignisses voraus, die ihm nötig erscheinen, um dessen Wirkung an jedem der Wendepunkte zu erklären, an denen das Subjekt sich umstrukturiert. Es handelt sich dabei um ebenso viele Umstrukturierungen des Ereignisses, die sich, wie er sagt, *nachträglich* vollziehen. Darüberhinaus erklärt er mit einer Kühnheit, die an Dreistigkeit grenzt, es sei legitim, in der Analyse psychischer Prozesse die Zeitphasen auszulassen, in denen ein Ereignis im Subjekt latent bleibt. Das heißt, er setzt sich über die *Zeiten des Verstehens* hinweg zugunsten der *Augenblicke des Schließens*, die das Nachdenken des Subjekts über eine Entscheidung des Sinnes jenes ursprünglichen Ereignisses beschleunigt« (a. a. O., S. 95. Hervorhebungen im Text).

In der französischen Psychoanalyse hat der Begriff seither einen hervorragenden Platz, vor allem Laplanche beschäftige sich in zahlreichen Arbeiten mit seiner Bedeutung für die Psychoanalyse (vgl. Laplanche & Pontalis 1967, S. 313ff., Laplanche 1970, S. 63ff., 1987, S. 143ff und 2006c). Unterdessen gibt es zahlreiche – auch deutschsprachige – Arbeiten zu und über den Begriff. Wie Friedrich-Wilhelm Eickhoff erst kürzlich feststellte, ist Freuds Werk ohne das *Nachträglichkeitskonzept* überhaupt nicht verständlich (Eickhoff 2009, S. 23).

Ich werde nun – auf Laplanches Spuren – nachzuzeichnen versuchen, wie Freud *Nachträglichkeit* und *Übersetzung* entdeckte und konzeptualisierte (vgl. Aichhorn, Th. 1995).

Nachträglichkeit in Freuds »Entwurf einer Psychologie«

Ein erstes Mal hatte Freud das *Konzept der Nachträglichkeit* in den »Studien über Hysterie« (Freud 1895d[1893–95]) im Zusammenhang mit *Katharina* (a. a. O., S. 184ff.) verwendet: »Die Ähnlichkeit liegt darin, daß in den ersteren [Szenen] ein Bewußtseinsinhalt geschaffen wurde, welcher, von der Denktätigkeit des Ich ausgeschlossen, aufbewahrt blieb, während in der letzteren Szene ein neuer Eindruck die assoziative Vereinigung dieser abseits befindlichen Gruppe mit dem Ich erzwang. Anderseits finden sich auch Abweichungen, die nicht vernachlässigt werden können. Die Ursache der Isolierung ist nicht [...] der Wille des Ich, sondern die Ignoranz des Ich, das mit sexuellen Erfahrungen noch nichts anzufangen weiß. In dieser Hinsicht ist der Fall Katharina ein typischer; man findet bei der Analyse jeder auf sexuelle Traumen begründeten Hysterie, daß Eindrücke aus der vorsexuellen Zeit, die auf das Kind wirkungslos geblieben sind, später als Erinnerung traumatische Gewalt erhalten, wenn sich der Jungfrau oder Frau das Verständnis des sexuellen Lebens erschlossen hat. Die Abspaltung psychischer Gruppen ist sozusagen ein normaler Vorgang in der Entwicklung der Adoleszenten, und es wird begreiflich, daß deren spätere Aufnahme in das Ich einen häufig genug ausgenützten Anlaß zu psychischen Störungen gibt« (a. a. O., S. 184).

Das Problem, mit dem Freud zur Zeit der Niederschrift der »Studien über Hysterie« beschäftigt war, war das der *pathologischen Abwehr* – oder *Verdrängung*. Es ging ihm darum, sie nicht nur nachweisen und in ihrer Wirkung beschreiben zu können, sondern auch ihre Entstehungsbedingungen erklären zu könne. Solch eine Erklärung ist ihm 1895, im »Entwurf einer Psychologie« (Freud 1950c[1895]), gelungen.

Zunächst stellte Freud fest, dass die *normalen Formen der Abwehr* die Abwehr von peinlichen Wahrnehmungen sind. Wenn durch peinliche Wahrnehmungen Unlust ausgelöst wird, dann kommt es vom ersten Augenblick an zu einem Prozess – dem so genannten *Ausarbeiten* –, der zu einer fortschreitenden Verminderung von Erregung führt. Erinnerungen und Erlebnisse können dann in einen inneren Strom einmünden, in dem ihre Besetzung immer mehr aufgeteilt und schließlich aufgelöst wird. Damit es dazu kommen kann, muss allerdings die *Aufmerksamkeitsfunktion* des Ich tätig werden, eines Ichs, das zu Beginn des Vorganges schon gebildet sein muss. Das Ich wird, kommt es zu peinlichen oder schmerzlichen Wahrnehmungen, partielle Abfuhrvorgänge einleiten. Seitenbesetzungen und assoziative Verbindungen werden verhindern, dass sich allzu stark besetzte Erinnerungen mit anderen Erinnerungen und Vorstellungen verbinden. Das Ich setzt also *Hemmungsvorgänge* in Bewegung, die eine *unkontrollierte Abfuhr* verhindern. Freud schreibt: »Allein, es kommt doch auch sonst vor, daß Erinnerungen Unlust entbinden. Gewiß, bei frischen Erinnerungen ist dies ganz normalerweise der Fall. Zunächst, wenn das Trauma (Schmerzerlebnis) kommt – die allerersten entgehen überhaupt dem Ich – zur Zeit, da es schon ein Ich gibt, geschieht eine Unlustentbindung, aber gleichzeitig ist auch das Ich tätig, Seitenbesetzungen zu schaffen. Wiederholt sich die Erinnerungsbesetzung, so wiederholt sich auch die Unlust, allein, auch die Ichbahnungen sind schon vorhanden, die Erfahrung zeigt, daß zum zweiten Mal die Entbindung geringer ausfällt, bis sie mit weiterer Wiederholung auf die dem Ich genehme Intensität eines Signals einschrumpft. Es handelt sich also nur darum, daß bei der ersten Unlustentbindung die Ich Hemmung nicht ausfällt, der Vorgang nicht als posthumes primäres Affekterlebnis verläuft, und gerade das wird erfüllt, wenn wie im Fall des hysterischen proton pseudos die Erinnerung zuerst die Unlustentbindung veranlasst. Eine der angeführten, von der klinischen Erfahrung gelieferten Bedingungen wäre hiemit in ihrer Bedeutung gewürdigt. Die Pubertätsverspätung ermöglicht posthume Primärvorgänge« (a. a. O., S. 450f.).

Nun wollte Freud aber das Phänomen der *hysterischer Abwehr*, der *Verdrängung* erklären können, also jene Vorgänge, bei denen das Subjekt eben nicht in der Lage ist, sich solcher *Ausarbeitung* zu bedienen. Er hatte herausgefunden, dass Hysteriker einem Zwang unterliegen, der von überstarken Vorstellungen ausgelöst wird, die durch Denkarbeit nicht aufzulösen sind. Es ist dies ein Zwang, der aus den je gegenwärtigen Lebenszusammenhängen allein nicht erklärbar ist, der nicht unterdrückt werden kann und der absurd und inkongruent zu sein scheint. Es war für den Hysteriker im Zusammenhang mit bestimmten Erinnerungen offenbar nicht möglich, sich der normalen Abwehr mit Hilfe von Verminderung und Verknüpfung zu bedienen. Diese Erinnerungen konnten nicht bearbeitet werden, es verbindet sie kein Netz von Assoziationen.

Freuds klinische Erfahrung hatte ergeben, dass der hysterische Zwang sofort gelöst ist, wenn es gelingt, ihn verständlich zu machen, d. h. wenn die Folge der Szenen oder Erlebnisse, die ihn hervorgerufen haben, aufgeklärt werden konnte. Es hatte sich weiter herausgestellt, dass in solchen Fällen eine *Erinnerung* zum *Symbol* der *Primärszene* geworden war. Es war eine bewusste Erinnerung an etwas zurückgeblieben, das beim ursprünglichen Erlebnis nur ein *Nebenumstand* gewesen war – die *Primärszene* selbst aber hatte sich als verdrängt erwiesen. Jede neue Wahrnehmung, die an das verdrängte, ursprüngliche Erlebnis anrührt – es *aktualisiert* – lässt im Bewusstsein dann nicht das ursprüngliche Erlebnis auftauchen, sondern ihr *Symbol*, also die *Erinnerung an einen Nebenumstand.* Diese Erinnerung scheint nun Folgen auszulösen, die nicht zu ihr passen.

Freud stellt fest, dass *Symbolbildungen* auch normalerweise vorkommen, dass sich das *hysterische Symbol* aber in einer ganz besonderen Weise benimmt: Das *Symbolisierte* – die *Primärszene* – spielt nämlich im bewussten psychischen Leben des Hysterikers überhaupt kein Rolle mehr, da ihr Symbol – der ursprüngliche *Nebenumstand* – das *Symbolisierte – die Primärszene* nämlich – restlos ersetzt hat: *Das Symbolisierte hat seine ganze Besetzung, das ganze Quantum des von ihm hervorgerufenen Affekts, in das Symbol entleert.* Dieser pathologische Vorgang entspricht dem einer *Verschiebung*, einem Mechanismus des *Primärvorgangs*, den Freud in seiner Arbeit mit Träumen entdeckt hatte. Der Träumer empfindet Angst, Begierde oder Schmerz Vorstellungen gegenüber, die ungeeignet sind, solche Reaktionen zu motivieren. Die Analyse von Träumen hatte aber aufgedeckt, dass es hinter dem *manifesten Trauminhalt* Vorstellungen gibt, die weitab liegen, latent und unbesetzt, so dass es scheinen mag, dass der mainfeste Trauminhalt der einzige Grund für einen absurden, irrational scheinenden Affekt ist. Es hat eine vollständige *Affektverschiebung* stattgefunden, die dazu führt, dass eine Vorstellung, die mit einer anderen verbunden ist, nichts von dem psychischen Interesse bewahrt, das an sie ursprünglich geheftet gewesen war. Solche Mechanismen hatte Freud als *Primärvorgang* bezeichnet. Hier aber, im Fall der *pathologischen Abwehr*, handelt es sich um einen *Primärvorgang*, der paradoxerweise nicht den *Wunsch* – das *Begehren* –, sondern den *Abwehrmechanismus* beherrscht, um einen *Primärvorgang* also, der von der Instanz, dem *Ich* nämlich, in Gang gesetzt wird, dessen Funktion es normalerweise ist, gerade jenen ungehinderten Kreislauf des Affekts zu bremsen.

Nun hatte die klinische Erfahrung Freud zweierlei gelehrt: Wo *Verdrängung* anzunehmen ist, geht es zunächst durchwegs um *Vorstellungen*, d. h. *Erinnerungen an Erlebnisse*, die einen dem Ich *peinlichen Affekt* (Unlust) weckten, und es handelt sich um eine Erinnerung an ein Erlebnis, *das dem sexuellen Leben angehört*. Überdies hatte es sich gezeigt, dass diese Vorstellung leicht aufzufinden und ins Bewusstsein zu bringen ist – sie war nie wirklich vergessen worden, ihre Erinnerungsspur war im vorbewussten psychischen Leben erhalten geblieben. Gegen die Denkarbeit aber, durch die die wahre Bedeutung, die die erinnerten Erlebnisse für das Subjekt haben, erschlossen werden sollte, erhebt sich regelmäßig ein heftiger, schwer überwindbarer Widerstand. Dieser Widerstand ist als das Maß des Zwanges zu verstehen, den die durch die *Symbolbildung* entstandene, zugängliche Erinnerung ausübt. Die Kraft, die seinerzeit zur Verdrängung führte, ist hier neuerlich am Werk. Die ursprüngliche Szene, das ursprüngliche Ereignis, das hinter dem erinnerten Erlebnis liegt, *ist vom Denkvorgang durch einen vom Ich ausgehenden Abwehrvorgang ausgeschlossen*. Der Erfolg der *hysterischen Abwehr* der normalen gegenüber besteht also darin, dass jede neue Wahrnehmung, die an die *Primärszene* erinnert – sie *aktualisiert* – dazu führt, dass nicht die ursprüngliche Szene, sondern immer nur deren Symbol bewusst werden kann. In dieser *Symbolbildung* liegt die Mehrleistung, die nicht durch eine größere Heftigkeit des Abwehraffekts erklärt werden kann. Es sei, so Freud, ja durchaus der Fall, dass auch überaus peinliche und peinigende Erinnerungen nicht verdrängt und durch Symbole ersetzt werden. Die zweite für das Zustandekommen einer *pathologischen Abwehr* notwendige Bedingung, nämlich, dass es hier um Vorstellungen geht, die dem sexuellen Leben angehören, weist darauf hin, dass eine andere Erklärung gefunden werden muss. Da aber nicht anzunehmen ist, dass sexuelle Affekte in ihrer Heftigkeit allen anderen Unlustaffekten überlegen sind, muss es einen anderen Grund geben, der verständlich machen kann, warum einzig sexuelle Vorstellungen der *pathologischen Abwehr* oder *Verdrängung* unterliegen.

Freud folgert, dass die *Primärszene*, das Urerlebnis, die zeitlich erste Szene, nicht nur das Gebiet des Sexuellen berührt haben muss, sondern dass sich darüber hinaus um Szenen, bzw. Erlebnisse, handeln muss, die in *unterschiedlichen Lebens- und Entwicklungsepochen erlebt wurden*. Durch die versetzte, verschobene Anordnung der Szenen zueinander und durch die Art, in der sie aufeinander bezogen sind, entstehe, so Freud, die objektive Lüge, das *proton pseudos*, der *Ur-Trug* = eine falsche Behauptung, die das Ergebnis einer vorhergehenden Unrichtigkeit, einer falschen Voraussetzung sei – nämlich, dass die zunächst bewusst erinnerte Szene – der *symbolisierende Nebenumstand* – die Ursache der hysterischen Zustände sei. Es gehe dabei nicht um Unaufrichtigkeit, Lüge oder Simulation, sondern um eine grundsätzliche Täuschung, um eine Verwirrung, die in den Tatsachen begründet sei, die durch die Phänomene der *Nachträglichkeit* bedingt seien. Die Realität, die Wahrheit, liege in keiner der beiden Szenen verborgen, sondern sie stecke im Verhältnis der Szenen zueinander, das Reale könne daher erst *nachträglich* erschlossen werden.

Zusammenfassend kann man also sagen, dass der *hysterische Zwang* auf einer *Symbolbildung* beruht, die sich analog dem *Primärvorgang* benimmt, wobei in diesem Fall die *Abwehr des Ichs* die bewegende Kraft ist. Da sich solche Vorgänge, wie die Klinik erwiesen hat, immer nur auf sexuellem Gebiet abspielen, ist anzunehmen, dass sich diese psychischen Zusammenhänge aus dem *natürlichen Charakter der Sexualität und ihrer Entwicklung ableiten lassen*. Wie das zu verstehen ist, erläuterte Freud im Folgenden an einem Fallbeispiel. Es ist darauf hinzuweisen, dass es Freud hier um das Schema des Ablaufes geht und nicht so sehr um die Lebensalter, auf die sich die berichteten Szenen beziehen.

Die Patientin Emma, schrieb Freud, steht unter einem Zwang: Sie kann nicht allein in ein Geschäft gehen. Dieses Symptom begründet sie mit einer Erinnerung: Als sie zwölf Jahre alt war, ist sie, um sich etwas zu kaufen, in einen Laden gegangen. Sie sah die beiden Verkäufer, an den einen kann sie sich noch erinnern, und sah, wie die beiden lachten. Sie lief in einem *Schreckaffekt* weg und kann seither nicht mehr allein in ein Geschäft gehen. Sie meint, dass die beiden Verkäufer über ihr Kleid gelacht hätten und dass der eine von ihnen ihr zudem sexuell gefallen hätte. Diese Erinnerung allein ergibt für das Symptom aber keine hinlängliche Erklärung. Weitere Nachforschung deckt eine zweite Erinnerung an ein Erlebnis auf, an das sie zunächst nicht gedacht hatte. Freud berichtet: »Als Kind von acht Jahren ging sie zweimal in den Laden eines Greißlers[27], allein, um Näschereien zu kaufen. Der Edle kniff sie dabei durch die Kleider in die Genitalien. Trotz der ersten Erfahrung ging sie ein zweites Mal hin. Nach dem zweiten Mal blieb sie aus. Sie macht sich nun Vorwürfe, daß sie zum zweiten Mal hingegangen, als ob sie damit das Attentat provozieren hätte wollen. Tatsächlich ist ein Zustand des ›drückenden bösen Gewissens‹ auf dieses Erlebnis zurückzuführen« (Freud 1950c[1895], S. 445).

Die Auswirkung der zuerst erinnerten Szene, die mit den lachenden Verkäufern, lässt sich nun mit Hilfe der zweiten, ihr zeitlich vorausgegangenen Szene, das ist die mit dem Greißler, verstehen. *Die assoziative Verbindung ist durch das Lachen gegeben.* Das Lachen der Verkäufer erinnerte sie – ohne dass ihr das bewusst gewesen wäre – an das Lachen, mit dem der Greißler sein Attentat begleitet hatte. Außerdem: Sie war auch wiederum

27 Verkäufer in einem Laden. Anm. Th. A.

allein im Laden. Freud rekonstruiert den Vorgang nun folgendermaßen: »Mit dem Greißler wird der Kniff durch die Kleider erinnert, sie ist seitdem pubes geworden. Die Erinnerung weckt, was sie damals gewiß nicht konnte, eine sexuelle Entbindung, die sich in Angst umsetzt. Mit dieser Angst fürchtet sie, die Kommis könnten das Attentat wiederholen, und läuft davon« (a. a. O., S. 446).

Es waren also zwei Arten von psychischen Vorgängen durcheinander geraten. Mit Hilfe einer Skizze stellt Freud das Netz von Beziehungen zwischen den beiden Szenen dar. In der zuerst erlebten Szene liegt ein sexuelles Attentat von Seiten eines Erwachsenen – des Greißlers – vor. Da sie aber ein zweites Mal ins Geschäft gegangen ist, kann man annehmen, dass auch auf Seiten des Mädchens sexuelles Begehren vorhanden war. Die Verdichtung, die Trennung, Isolierung und Aufspaltung in der Erinnerung, der Phantasie, ist durchaus im Sinne einer normalen Abwehr zu verstehen und dient dazu, sich von Schuld freizusprechen. Im Erleben der zuerst erinnerten, zweiten Szene, der mit den beiden Verkäufern, war ihr die *Sexualentbindung*, die Erregung, durchaus bewusst geworden – der eine der lachenden Verkäufer hatte ihr sexuell gefallen. Ihr Schluss – oder das Symptom, der Zwang, wegen der Attentatsgefahr nicht mehr allein in einen Laden gehen zu können – ist nur mit Rücksicht auf den gesamten Assoziationsvorgang – beide Szenen zusammengenommen – richtig gebildet. Allerdings, aus der Szene mit dem Greißler war ihr zunächst nichts bewusst geworden als *Kleider*. Das nur mit dem Bewussten arbeitende Denken hat dann aus dem vorhandenen Material (Verkäufer, Laden, Kleider, Lachen, Sexualempfindung) zwei falsche Verknüpfungen gestaltet: Sie sei wegen ihrer Kleider ausgelacht worden und einer der Verkäufer habe ihr gefallen. Der Gesamtzusammenhang ist *durch die an sich harmlose Vorstellung Kleider im Bewusstsein vertreten, die als Symbol der Greißlerszene übrig geblieben ist. Es ist also eine Verdrängung mit Symbolbildung vorgefallen – der Schluss, das Symptom, ist dann korrekt gebildet.*

Es geht im Geschilderten um zwei Szenen, die zwar durch assoziative Ketten miteinander verbunden sind, die aber zugleich durch eine zeitliche Schranke, die durch die fortgeschrittene sexuelle Entwicklung bedingt ist, deutlich voneinander geschieden sind. Es ist anzunehmen, dass sie daher zwei grundsätzlich unterschiedlichen Bedeutungssphären zuzuordnen sind. Die sie voneinander trennende Schranke ist durch die unterdessen eingetretene Pubertät bedingt, durch die ein vollkommen neues Moment aufgetreten ist. Eine radikal andere sexuelle Reaktionsmöglichkeit ist herangereift, neue physiologische Möglichkeiten, und damit verbunden auch vollkommen neue sexuelle Vorstellungsmöglichkeiten. Zu der Zeit, als das

Erlebnis mit dem Greißler stattgefunden hatte, war die kleine Emma noch nicht fähig gewesen, das, was sich ereignet hatte, als erwachsen-sexuelles Attentat zu erkennen. Zu der Zeit der zweiten Szene aber verfügte sie bereits über alle Voraussetzungen, um verstehen zu können, was ein erwachsen-sexuelles Attentat ist. Die unterdessen eingetretene Pubertät hat aber eine Umkehrung im Verhältnis der beiden Szenen zueinander verursacht. Die Szene mit dem Greißler – vor der Pubertät – hat zwar einen sexuellen Inhalt, der aber ist in seiner ganzen sexuellen Bedeutung wohl für den Greißler – oder für einen erwachsenen Zuschauer – verstehbar gewesen, nicht aber für das Kind. Für das Kind kann das Erlebnis noch nicht dieselbe sexuelle Bedeutung haben und ruft daher weder besondere, ängstigende Erregung noch hysterische Abwehr – etwa den Zwang, allein kein Geschäft mehr betreten zu können – hervor. Erst das zweite Erlebnis – nach der Pubertät – kann die unbewusst gebliebene Erinnerung an der erste Szene wecken, wobei aber nicht die Erinnerung an das sexuelle Attentat bewusst erinnert wird, sondern ein *Nebenumstand*, die *Kleider*, die zum *Symbol* für das Erlebnis geworden waren. Dennoch durchkreuzt eben diese unbewusst gebliebene Erinnerung die Denkvorgänge und setzt eine doppelte sexuelle Reaktion frei: Physiologische Erregung und sexuelle Vorstellungen, über die Emma unterdessen verfügt.

Laplanche schrieb: »Wenn das erste Ereignis nicht traumatisch ist, dann müsste es das zweite noch viel weniger sein. Diesmal handelt es sich um ein nicht-sexuelles Ereignis, um eine banale Szene aus dem Alltagsleben: In ein Geschäft gehen, wo zwei Verkäufer sind, die vielleicht von einem irren Lachzwang befallen werden. Dennoch löst eben diese zweite Szene, indem sie die Erinnerung an die erste weckt, die Erregung aus. Die Erinnerung wirkt von da an als ein veritabler ›innerer Fremdkörper‹, greift das Subjekt nun von innen her an und ruft die sexuelle Erregung hervor« (Laplanche 1970, S. 73).

Die Greißlerszene hatte in dem Augenblick, in dem sich die zweite Szene ereignete, nicht zum Objekt einer normalen Abwehr durch Verknüpfung und Abschwächung werden können, sondern sie musste eine atypische, *pathologische Abwehr* erfahren. Freud schreibt: »Man könnte sagen, es sei ganz gewöhnlich, daß eine Assoziation durch unbewußte Mittelglieder durchgeht, bis sie auf ein bewußtes kommt, wie es hier geschieht. Wahrscheinlich tritt dann jenes Glied ins Bewußtsein, welches besonderes Interesse erweckt. In unserem Beispiel ist aber gerade das bemerkenswert, daß nicht jenes Glied ins Bewußtsein tritt, welches ein Interesse weckt (Attentat), sondern ein anderes als Symbol (Kleider). Fragt man sich, was die Ursache dieses eingeschobenen pathologischen Vorganges sein mag, so ergibt sich nur eine einzige, die Sexualentbindung, die auch im Bewußtsein bezeugt ist. Diese ist an die Attentatserinnerung geknüpft, allein es ist höchst bemerkenswert, daß sie an das Attentat, als es erlebt wurde, nicht geknüpft war. Es liegt hier ein Fall vor, daß eine Erinnerung einen Affekt erweckt, den sie als Erlebnis nicht erweckt hatte, weil unterdes die Veränderung der Pubertät ein anderes Verständnis des Erinnerten ermöglicht hat. Dieser Fall ist nun typisch für die Verdrängung bei der Hysterie. Überall findet sich, daß eine Erinnerung verdrängt wird, die nur nachträglich zum Trauma geworden ist. Ursache dieses Sachverhaltes ist die Verspätung der Pubertät gegen die sonstige Entwicklung des Individuums« (a.a.O., S. 447f.).

Es hatte sich also herausgestellt, daß der gesuchte allgemeine Charakter der sexuellen Organisation durch die Eigenart ihrer Entwicklung bedingt ist, die in klar voneinander abgegrenzten Phasen vor sich geht. Im vorliegenden Fall handelt es sich um den Übergang von der infantilen zur erwachsenen Sexualorganisation. Daher also werden Vorstellungen, die den Bereich des Sexuellen betreffen, im Gegensatz zu allen anderen Erinnerungen, einen Affekt wecken, den das ursprüngliche Ereignis nicht hervorrufen konnte. Adoleszente haben Erinnerungsspuren, die erst ab dem Auftreten von erwachsen-sexuellen Eigenempfindungen in der Pubertät richtig zugeordnet werden können. Werden sie durch aktuelle Erlebnisse geweckt, dann wird die sexuelle Erregung nicht an das je gegenwärtige Erleben anknüpfen, sondern an die Erinnerung. Die rezente, aktuelle Bahnung unterliegt im Affektzustand, die Erinnerungsspur bekommt, ohne bewusst zu werden, die Oberhand. Die Logik des Vorganges wird traumähnlich, d.h. der Vorgang nähert sich einem ungehemmten *Primärvorgang* an.

Zusammenfassend lässt sich sagen: Sobald aus Wahrnehmungsbesetzungen, die das Erbe von Schmerzerlebnissen sind, ein besetztes Ich hervorgegangen ist, stellt sich in ihm ein *Aufmerksamkeitsmechanismus* neuen Wahrnehmungen gegenüber her. Etwas wahrzunehmen wird für das Ich zum Signal geworden sein, *normale Abwehrvorgänge* vorzubereiten – man könnte hier auch von normaler *Nachträglichkeit* sprechen. Das Ich lässt keine ungehemmten Affektladungen zu, weil es damit einen Primärvorgang zulassen würde, dem seine Organisation grundsätzlich widerspricht. In diesem Zusammenhang hat etwa Anna Freud immer wieder betont, dass die Triebfeindlichkeit des Ichs keine Frage der Moral, sondern eine der Struktur sei. Das Werkzeug des Ich ist also der *Aufmerksamkeitsmechanismus* neuen Wahrnehmungen gegenüber. Wenn sich aber ein Unlust entbindender Affekt diesem Mechanismus entziehen kann, dann wird das Ich zu spät kommen. Freud schreibt: »Nun liegt beim hysterischen proton-pseudos gerade dieser Fall vor. Die Aufmerksamkeit ist auf Wahrnehmungen eingestellt, welche sonst zur Unlust Entbindung Anlaß geben. Hier ist keine Wahrnehmung, sondern eine Erinnerung, die unvermuteterweise Unlust entbindet, und das Ich erfährt davon erst zu spät; es hat einen Primärvorgang zugelassen, weil es keinen erwartete« (a. a. O., S. 450).

Vom gegenwartsbezogenen, erkennenden und praktischen Denken müsse das reproduzierende, erinnernde Denken unterschieden werden, dessen Überprüfungsvorgänge die Voraussetzung für kritisches Denken sind, schrieb Freud. Das erinnernde Denken verfolgt den jeweils gegebenen Denkvorgang in umgekehrter Richtung und bedient sich dabei der Empfindungen, die während dieses Vorgangs bewusst werden. Bei dieser *Rückverfolgung* stoße das Denken auf Mittelglieder, die bis dahin unbewusst gewesen waren und daher keine verstehbaren Empfindungen hinterließen. Verstehbar seien Erinnerungen nämlich nur dann, wenn sich die Erinnerungsbilder (oder *Sachvorstellungen*) mit *Wortvorstellungen* verbunden und auf diese Weise die für das bewusste Denken typischen *Qualitätszeichen* erlangt haben. Eben diese *Qualitätszeichen – also die Erinnerungsbilder + Wortvorstellungen –* »sind«, wie Freud schreibt, »nachträglich bewusst zu machen, wenn vielleicht auch öfter das Resultat des Denkablaufes als dessen Stadien Spuren zurückgelassen hat« (a. a. O., S. 470).

Was Freud hier darstellte, ist das Aufeinanderbezogensein, die konflikthafte Verschränkung von quantitativ-affektiven und qualitativ-bedeutungsvollen Elementen im Entwicklungsprozess und deren Einfluss auf das Denken. Es ist dies der Versuch, das wortlose Zusammenspiel von Intensitäten, von Druck und Gegendruck, und die zunächst verborgene Bedeutung im Sprechen des Analysanden zu erklären.

Die *hysterische Abwehr* (oder *Verdrängung*) ist also dadurch beschrieben, dass hier eine Erinnerung an ein Erlebnis verdrängt wird, das erst *nachträglich* zum Trauma geworden sein wird. Das Modell des physischen Traumas – also eines Einbruchs von außen – ist hier nicht anwendbar, *da es sich beim psychisches Trauma um einen Einbruch vom Inneren des psychischen Systems her handelt, dessen Zustandekommen durch besondere Gesetzmäßigkeiten bedingt ist.* Will man ein Trauma zeitlich lokalisieren, dann wird der Moment, in dem ein Erleben zum Trauma geworden ist, nie eindeutig zu erfassen sein, eben weil das Trauma nur mit Hilfe eines Zwei-Phasen-Schemas verständlich zu machen ist. Das Trauma steckt im Spiel eines Trugs, der eine Art von Schaukelbewegung zwischen mehreren Ereignissen herbeiführt, wobei für sich allein genommen keines der Ereignisse ein Trauma bewirken kann. Die Erinnerung an die erste Szene überdauert, wie Freud meint, weder bewusst noch unbewusst, sondern sie überdauert – sozusagen auf Abruf bereit und unverbunden mit dem übrigen psychischen Leben – in einem Eck des Vorbewussten. Erst das zweite, für sich genommen harmlose Erlebnis löst die Erinnerung aus, die das Subjekt sozusagen von innen her angreift und erst der Zusammenhang zwischen den beiden Ereignissen bedingt das Trauma (vgl. Aichhorn 2006). Insofern werden die bis dahin dem *Ausarbeiten* oder *Durcharbeiten* entzogenen *Reminiszenzen* zur ständig anwesenden Quelle möglicher Triebangriffe.

Dieser in zwei Phasen vor sich gehende Vorgang kann sich nur im Bereich des Sexuellen abspielen, weil nur dort der komplexe Zusammenhang anzutreffen ist, dass im Laufe einer in Phasen getrennten Entwicklung Erlebnisse *zu spät* – oder *zu früh* vorfallen. Das *Zuspät* hängt mit der Eigenart der Sexualität des Menschen zusammen: Die *genetisch angelegte, genitale Sexualität* – oder *Instinkt-Sexualität*, wie Laplanche sagt – tritt erst mit der Pubertät auf und das ist insofern zu spät, als die Sexualität von Kindern die vom Trieb bestimmte *Infantile Sexualität* ist und Kinder daher während einer langen Lebenszeit noch über keine inneren, affektiven Vorstellungsmöglichkeiten verfügen, die es ihnen ermöglichen würden, erwachsen-sexuelle Szenen in ihrer vollen Bedeutung verstehen zu können. Aber die Sexualität, nämlich die der Erwachsenen, kommt für das Kind gleichzeitig auch zu früh und zwar insofern als Sexualität immer schon und vollkommen unausweichlich alle menschlichen Beziehungsformen durchdringt. Sie kommt im Sinne der *Allgemeinen Verführungstheorie* von außen, aus der Welt der Erwachsenen in die des Kindes und bedingt dort die von der *Allgemeinen Verführungstheorie* beschriebenen Vorgänge.

Auch nachdem Freud die *Verführungstheorie*, in deren Rahmen der »Entwurf« zu verstehen ist, aufgegeben hatte, spielten die Entdeckungen, die er damals gemacht hatte, weiterhin eine ausschlaggebende Rolle, nämlich, dass die Klammer, die das Vorher und Nachher verbindet, das Trauma bewirkt, jene Verklammerung, die sich notwendigerweise aus der Eigenart der menschlichen Sexualität ergibt. Freud hat auch später nicht darauf verzichtet, die Neurose auf reale Ursachen zurückzuführen, auf Erlebnisformen, in denen die Schaukelbewegung, die Dialektik des *Urtrugs*, die *Nachträglichkeit*, aufweisbar sind.

»Was das psychische Trauma definiert«, schrieb Laplanche, »ist nicht eine allgemeine Eigenschaft des Psychischen, sondern die Tatsache, dass das psychische Trauma von innen kommt. Eine Art *Außen-Innen*, eine Art ›Pfahl im Fleisch‹ hat sich gebildet oder, könnte man sagen, ein Stachel in der *Schale des Ich*« (Laplanche 1970, S. 74. Hervorhebungen im Text). Freud verschob das Reale der traumatisierenden Erlebnisse, die Patientinnen haben in Wahrheit nie gelogen, nie eine Unwahrheit berichtet, sie haben nur die Realität ihrer Erinnerungen um eine Kerbe verschoben und die Verführung einer anderen Person zugeschrieben. Das durch die Auswirkung der *pathologischen Abwehr* Realgewordene ist eben erst *nachträglich* zur Realität geworden. Im Konzept der *Nachträglichkeit*, wie Freud es im »Entwurf« entwickelte, sind es die Kleider und das Lachen, die zur absoluten Realität werden und gleichsam auf einer relativen traumatischen Realität schwimmen und daher der Symbolisierung als Angelpunkt dienen. Gerade die scheinbar harmlosesten Wahrnehmungen, die *Nebenumstände*, spielen die Rolle des Symbols. Die Struktur des Symptoms aber ist so beschaffen, dass die symbolisierten Elemente keine Rolle mehr zu spielen scheinen, weil sie durch ein Glied, das nicht mehr bewusst werden kann, vom Bewusstsein abgeschnitten bleiben.

Scheinbar längst Vergangenes wird wiederkehren und erst jetzt, *nachträglich*, traumatisch wirksam werden. Laplanche: »Die Hysterikerinnen, sagen sie [Breuer und Freud], leiden an Reminiszenzen; denn die Reminiszenzen sind so etwas wie ein inneres Objekt, von dem das Ich ständig angegriffen wird. Die Reminiszenz – oder, wie im Falle Emma, die Phantasie – ist nichts anderes als die Verinnerlichung der ersten ›Szene‹. So wie die Phantasie, jeder Abnutzung durch den Verdrängungsprozess entzogen, zur ständigen Quelle freier Erregung. […] In der Freud'schen Theorie, kann man annehmen, kommt alles von außen; doch gleichzeitig kommt alles Wirksame von innen, von einem isolierten und eingekapselten Innen« (a. a. O.).

Die Tendenz der Vergangenheit, in der Gegenwart störend in der Form von Symptomen wieder aufzuleben, gehört zu Freuds grundlegenden Entdeckungen. Den verspäteten Ausbruch hat er als den Versuch interpretiert, abgespaltene Anteile zu integrieren: »Aber ein solcher Versuch gelingt nur selten, wenn nicht die analytische Arbeit zur Hilfe kommt, auch dann nicht immer …« (Freud 1939a[1934–38], S. 183).

Zur Nachträglichkeit/Übersetzung in Freuds Briefen an Wilhelm Fließ

a) Brief vom 6. Dezember 1896:

Nachdem das Prinzip der Nachträglichkeit im »Entwurf« etabliert worden war, zieht es sich durch die zeitlich nachfolgenden Briefe Freuds an

Fließ wie ein roter Faden. Auf zwei dieser Briefe werde ich etwas genauer eingehen.

Im Brief vom 6. Dezember 1896 führte Freud den für Laplanche so bedeutungsvollen und für das Verständnis der *Nachträglichkeit* so wichtigen Begriff der *Übersetzung* ein. Er schrieb an Fließ: »Du weißt, ich arbeite mit der Annahme, daß unser psychischer Mechanismus durch Aufeinanderschichtungen entstanden ist, indem von Zeit zu Zeit das vorhandene Material von Erinnerungsspuren eine Umordnung nach neuen Beziehungen, ein Umschrift erfährt. Das wesentlich Neue an meiner Theorie ist also die Behauptung, daß das Gedächtnis nicht einfach, sondern mehrfach vorhanden ist, in verschiedenen Arten von Zeichen niedergelegt« (Freud 1985c[1887–1904], S. 217).

Freud nahm an, dass es zumindest drei solcher Niederschriften gibt. An der äußersten Schicht entstehen bewusste Wahrnehmungen – dort wird aber keine Spur des Geschehens aufbewahrt, da Bewusstsein und Gedächtnis einander ausschließen. In der nächsten Schicht, die Freud mit *Wahrnehmungszeichen* benennt, befindet sich eine erste Niederschrift der Wahrnehmungen. Diese Schicht ist *bewusstseinsunfähig* und nach *Gleichzeitigkeitsassoziationen* geordnet. In der darauffolgenden, nächsten Schicht, dem *Unbewussten*, ist eine zweite Niederschrift erhalten. Diese ist nach *Kausalitätsbeziehungen* angeordnet, die *Begriffserinnerungen* entsprechen (später wird sie Freud *Sachvorstellungen* nennen), die ebenfalls dem Bewusstsein nicht zugänglich sind. Das an *Wortvorstellungen* gebundene *Vorbewusste* – das dem Ich entspricht – stellt die dritte Umschrift dar. Das dem *Vorbewussten* entstammende sekundäre Denk-Bewusstsein, nämlich Vorstellungen und Vorstellungsgruppen, die nach den Regeln der Besetzung bewusst werden können, ist ein der Zeit nach notwendig *nachträgliches*, an die halluzinatorische Wiederbelebung von im Vorbewussten niedergeschriebenen Wortvorstellungen geknüpftes Bewusstsein. Das Bewusstsein ist, so wie die erste, aufnehmende Schicht, an sich ohne Gedächtnis.

Diese aufeinander nachfolgenden Niederschriften sind, so Freud, das Ergebnis der psychischen Leistungen von aufeinander folgenden Lebensepochen. Kommt es beim Übergang von einer Lebensepoche zur darauf folgenden zu einer mangelhaften Übersetzung, dann entstehen die für die Psychoneurosen typischen Eigentümlichkeiten. Spätere Umschriften oder Übersetzungen hemmen die mit den früheren Niederschriften verbundenen Erregungs- und Befriedigungsformen, die sie gemäß den neu entstandenen Möglichkeiten umorganisieren. Ist aber eine Übersetzung ausgeblieben, dann wird die Erregung weiter nach den Gesetzen verlaufen, die während der früheren Periode – gemäß der damals herrschenden Möglichkeiten –

Geltung hatten. Freud schreibt: »Es bleibt so ein Anachronismus bestehen, in einer gewissen Provinz gelten noch ›Fueros‹,[28] es kommen ›Überlebsel‹ zustande« (a. a. O, S. 219).

So gesehen wäre die Verdrängung eine nicht zustande gekommene Übersetzung – oder die Folge von teilweiser oder mangelhafter Übersetzung. Das Motiv dazu ist die Unlust, die durch eine Übersetzung entstehen würde, eine Unlust, die eine Denkstörung verursacht. *Pathologische Abwehr* gibt es nur, den noch nicht übersetzten Erinnerungsspuren aus früheren, durch Intervalle getrennten Lebensepochen gegenüber. Hat da ein Erlebnis Unlust verursacht und verursacht es bei seiner *Erweckung* oder *Aktualisierung* von neuem Unlust, dann ist diese nicht mit den Formen der normalen Abwehr zu hemmen – es wird zu *pathologischen Abwehrformen* kommen und die Mechanismen der *Nachträglichkeit* werden herrschen. Wenn die Erinnerung an ein Erlebnis eine sexuelle Erregung auslöst, dann wird sich das unterdessen gereifte Ich gegen die damit verbundenen primitiven, unübersetzten Abfuhrformen wehren. Nun verursachen sexuelle Erlebnisse in der Regel Lust – daher wird auch ihre Wiederbelebung mit unhemmbarer Lust verbunden sein. Wird also ein sexuelles Erlebnis mit Phasendifferenz aktualisiert, dann wird es, war es ursprünglich mit Lust verbunden, zum *Zwangsimpuls*, war es mit Unlust verbunden, führt seine Aktualisierung zur *Verdrängung*, *in jedem der beiden Fälle aber misslingt die Übersetzung in die durch die neue Lebensphase gegebenen Abfuhrmöglichkeiten*. Zur Perversion wird es dann kommen, wenn primitive sexuelle Erlebnis- und Abfuhrformen über alle Lebensepochen hinweg beibehalten werden und kein *Sexualüberschuss* zwischen einem Erlebnis und der Erinnerung daran entstehen kann, wenn *Abwehrmechanismen* erst einsetzen, wenn der psychische Mechanismus schon voll ausgebildet ist, oder wenn die Bildung von *Abwehrmechanismen* überhaupt ausbleibt und es zur *Fixierung* an die *Vorlustmechanismen* der *infantilen Sexualität* gekommen ist. So gesehen sind hysterische Anfälle nicht einfach Entladungen, sondern sie sind mit Lust verbundene Aktionen. Freud schreibt: »Alles ist auf den Anden berechnet, meist auf jenen prähistorischen unvergesslichen Anderen, den kein Späterer mehr erreicht« (a. a. O, S. 223f.).

Laplanche entnahm Freuds Modell die Idee, dass die *Abwehr/Verdrängung* ein *Versagen der Übersetzung* sei, und dass das Versagen der Übersetzung ein fortwährender Vorgang sei, der auf Seiten des Übersetzers gleichzeitig das *Ich* und – bedingt durch die jeweils nicht übersetzen oder unübersetzbaren *Reste* – das Unbewusste konstituiere. Nimmt man aber an, dass die Übersetzung ein kontinuierlicher Prozess sei, dann bedingt sie auch die *nach-*

28 Fueros: Nicht der Zentralgewalt unterworfene Gebiete Spaniens, in denen Sonderrechte Gültigkeit behalten haben. Anm. Th. A.

trägliche Struktur der psychischen Zeit und die nicht lineare Konstruktion der Psyche. Bedeutung hat dann einen retroaktiven Effekt und ist neuerlich der Übersetzung unterworfen. Dominique Scarfone schreibt: »Die Vergangenheit wird eher fortwährend re-konstruiert, als dass sie in einer geraden, chronologischen Kausalitätslinie operiert. Nebenbei bemerkt, macht dies die Analyse erst möglich, da das analytische Moment des Ungeschehenmachens der bestehenden Übersetzng den Weg frei macht für neue, umfassende *nachträgliche* Übersetzungen (oder Symbolisierungen)« (Scarfone 2019, S. 140).

c) Brief vom 14. November 1897:

Was Freud im Brief vom 14. November 1897 schrieb, wirkt auf weite Strecken wie eine Vorstufe der in den »Drei Abhandlungen zur Sexualtheorie« erstmals *veröffentlichten* Theorien – mit einem Unterschied allerdings: In diese frühe Fassung der Theorie ist das Prinzip der *Nachträglichkeit* eingearbeitet.

Freud hatte aufgelassene, ehemalige Sexualzonen als das Organische erkannt, das bei der Verdrängung mitwirkt: Afterregion, Mund- und Rachengegend, vielleicht die ganze Körperoberfläche. Dies seien Körperregionen, die beim reifen Erwachsenen keine sexuelle Entbindung mehr produzieren, die anzuschauen oder sich vorzustellen nicht mehr erregend wirke und deren Binnensensationen keinen Beitrag zur Libido liefere wie die eigentlichen Sexualorgane. Bei Tieren seien diese frühen Sexualzonen noch in Kraft, sei das auch bei einem Menschen der Fall, dann hätte dies Perversion zur Folge.

Freud nahm an, dass bei Kindern die *Sexualentbindung* nicht so lokalisiert sei wie bei Erwachsenen – verknüpft mit dem Genital nämlich –, dass aber die später aufgelassenen Zonen etwas anregen, was der späteren *Sexualentbindung* analog sei. Eine Sexualentbindung komme nämlich nicht nur durch einen peripheren Reiz an den Sexualorganen oder durch deren Binnenerregung zustande, sondern auch, wie Freud an Fließ schreibt: »(…) von den Vorstellungen, also Erinnerungsspuren aus, also auch auf dem Weg der Nachträglichkeit. (Du kennst den Gedankengang von früher her: Hat man ein Kind an den Genitalien irritiert, so entsteht Jahre später durch die Nachträglichkeit von der Erinnerung daran eine weit stärkere Sexualentbindung als damals, weil der ausschlaggebende Apparat und der Sekretionsbeitrag inzwischen gewachsen sind.) So gibt es eine nicht-neurotische Nachträglichkeit normaler Weise, und aus ihr entsteht der Zwang. (Unsere anderen Erinnerungen wirken sonst nur, weil sie als Erlebnisse gewirkt haben.) Solche Nachträglichkeit stellt sich nun auch für die Erinnerungen an die Erregung der aufgelassenen Sexualzonen her.

Aber deren Folge ist nicht Entbindung von Libido, sondern von einer Unlust, einer Binnensensation, die analog ist dem Ekel im Objektfall. Grob gesagt, die Erinnerung stinkt aktuell, wie in der Gegenwart das Objekt stinkt, und wie wir das Sinnesorgan (Kopf und Nase) im Ekel abwenden, so wendet sich das Vorbewußte und der Bewußtseinssinn von der Erinnerung ab. Dies ist die Verdrängung« (Freud 1985c[1887–1904], S. 302f.). Eine Folge der normalen Verdrängung, so Freud, sei die Angst oder, psychisch gebunden und auf Kosten untergegangener sexueller Möglichkeiten, die *Verwerfung*, die die Affektgrundlage für Entwicklungsvorgänge wie Moral und Scham sei.

Freud nahm zudem an, dass die Entwicklungsschübe bei Männern und Frauen unterschiedlich verlaufen. Der Hauptunterschied mache sich seiner Ansicht nach erst in der Pubertät bemerkbar, wenn die Klitoris, in der während der Kindheit die sexuellen Empfindungen konzentriert seien, ganz oder teilweise als Sexualzone untergehe. Zur Zeit der Pubertät entstehe ein »Überguß von Scham« – bis die Vagina dann als neue Sexualzone geweckt werde. Freuds Vorstellungen über die Funktion und die Bedeutung der Klitoris wurde in der Folge bekanntlich vielfach kritisiert. Vgl. u. a. Zachary 2019: »Vagina und Klitoris könne nicht länger, wie in der Vergangenheit geschehen, als getrennte, in unnützer Distanz voneinander befindliche Strukturen mit unterschiedlichen Funktionen betrachtet werden. [...] Das untere Drittel der Vagina ist gleichfalls Teil der Klitoris, die keineswegs ausschließlich dem Lustempfinden dient. Den anatomischen Erkenntnissen zufolge unterstützt sie vielmehr die Strukturen, die bei der Empfängnis und bei der Geburt aktiviert werden müssen. Eine Frau zu sein bedeutet, eine integrierte, substantielle und genuine Entität zu sein« (a. a. O., S. 50).

Im Unterschied zu dieser normalen Entwicklung beschreibt Freud im Folgenden die *pathologische Abwehr*: Bei Männern und bei den Frauen, die an die klitoralen Lustmöglichkeiten gebunden geblieben sind, erzeugen Kindheitserlebnisse, die nur das Genitale betroffen haben, nie eine Neurose sondern einen Masturbationszwang. Er schrieb: »Da aber die Kindheitserlebnisse in der Regel auch die beiden anderen Sexualzonen [gemeint ist die orale und die anale] betroffen haben, bleibt auch für den Mann der Fall übrig [für die Frau kommt noch die Klitoris hinzu], daß die durch Nachträglichkeit erwachende Libido zur Verdrängung und zur Neurose führt. Insoferne die Erinnerung ein Erlebnis an den Genitalien betroffen hat, erzeugt es nachträglich Libido; insoferne After, Mund usw. nachträglichen *inneren Ekel*, und daher der Endzustand, daß ein Betrag Libido nicht wie sonst zur Aktion oder zur psychischen Übersetzung durchdringen kann, sondern sich in *regressiver* Richtung (wie im Traum) durchsetzen muß« (a. a. O., S. 304).

Libido und Ekel, so Freud, hängen assoziativ aneinander, wobei die Libido bewirke, dass die Erinnerung nicht nur Unlust mit sich bringe, sondern psychisch verwertet werden könne. Der Ekel bewirke, dass Erinnerungen Symptome an Stelle von Zielvorstellungen liefern. Die Neurosenwahl hänge damit zusammen, während welcher Entwicklungsphase Verdrängung möglich geworden sei, durch die die Quelle innerer Lust in eine von innerem Ekel verwandelt worden sei. Freud schrieb abschließend: »In der Verknüpfung des neurotischen Vorganges mit dem normalen liegt der Hauptwert der Synthese« (a. a. O., S. 305).

Auch in einer ersten Anwendung der Psychoanalyse auf die Literatur bezog sich Freud auf *Nachträglichkeitsphänomene*. Er schrieb an Fließ: »C. F. Meyer lese ich mit großem Genuß. In ›Gustav Adolfs Page‹ finde ich den Gedanken der Nachträglichkeit zweimal, in der berühmten, von Dir entdeckten Stelle mit dem schlummernden Kuß und in der Episode mit dem Jesuiten, der sich als Lehrer bei der kleinen Christine einschleicht« (a. a. O., S. 345, vgl. ebendort auch Anmerkung 3).

Zum nachträglichen Schicksal der Nachträglichkeit

Mag Freuds ursprüngliche Traumatheorie auch später an Bedeutung verloren haben, so hielt er im Wesentlichen aber doch an seinen ersten Entdeckungen, d. h. an der Erkenntnis vom erst nachträglichen Wirksamwerden der infantilen Wünschen und Phantasien, fest. Sie sind die notwendige Grundlage, ohne sie könnten sich spätere Erlebnisse nicht pathogen auswirken. Assoziativ geweckte, aktualisierte unbewusste Erinnerungen an frühere Erlebnisse sind die Voraussetzung für die Symptombildung und sie sind auch die Bedingung der Möglichkeit der psychoanalytischen Kur.

Es mag auch sein, dass die wahre Bedeutung der *Nachträglichkeit* so lange unerkannt bleiben konnte, weil die entscheidenden Ideen, die zu ihrer Entwicklung geführt hatten, erst sehr viel später veröffentlicht wurden.[29] Was den Zugang zudem erschwert haben mag, ist die Tatsache, dass

29 Nach langen und oft mühsamen Vorbereitungsarbeiten wurden die Fließ-Briefe – mit einer von Ernst Kris verfassten Einleitung – auf Englisch in einer gekürzten Fassung 1950 bei Imago Publishing Co. veröffentlicht. Diese Fassung erschien auf Deutsch 1962 im S. Fischer Verlag unter dem Titel »Aus den Anfängen der Psychoanalyse 1887–1902, Briefe an Wilhelm Fließ«. In dieser Edition war auch Freuds Arbeit »Entwurf einer Psychologie« in einer gekürzten Version enthalten. Eine ungekürzte Ausgabe von Freuds Briefen an Fließ, Herausgeber Jeffrey M. Masson, wurde erst 1985 veröffentlicht. Die deutsche Fassung, die unter der Mitarbeit von Gerhard Fichtner von Michael Schröter herausgegeben wurde, erfolgte 1986 (Freud

der Begriff in einem engen Zusammenhang mit der von Freud damals vertretenen und später verworfenen *Verführungstheorie* steht. Die Arbeiten aus dieser Zeit wurden oftmals als *vorpsychoanalytisch* eingeschätzt.

Dennoch, Freud bediente sich der *Nachträglichkeit* im Kontakt mit seinen Schülern durchaus. So schrieb er etwa 1907 an Karl Abraham: »Das Kind scheint zur psychischen Bewältigung stärkerer sexueller Eindrücke nicht ausgerüstet und reagiert gegen sie zwangsartig, wie unbewußt – das ist die erste Lücke im Mechanismus; diese Eindrücke entfalten in Folge somatischer Verstärkung der Sexualentbindung später, nachträglich und als Erinnerungen stärkere Wirkungen, denn damals, als sie reale Eindrücke waren, und dies ist die zweite psychologische Lücke, weil diese Konstellation der nachträglich verstärkten Erinnerungsunlust die Verdrängung ermöglicht, die gegen Wahrnehmungen nicht gelingen würde« (Freud 2009, S. 56).

In seinen von 1896 bis 1899 erschienen Vorträgen und Artikeln veröffentlichte Freud die Entdeckungen, deren Entwicklung man an Hand der Fließ-Briefe gut nachvollziehen kann durchaus. Allerdings werden die Argumente, die zur Entwicklung des Konzepts der *Nachträglichkeit* geführt hatten, nirgendwo ausführlich beschrieben. Die *Phänomene der Nachträglichkeit* sind an den Stelle ihres ersten Erscheinens – also im »Entwurf« und in den Briefen an Fließ – weit plastischer dargestellt und damit in ihrer Bedeutung viel besser erkennbar, als bei ihrer späteren, manchmal recht unvermittelten Wiederkehr in den veröffentlichen Schriften.

So schrieb Freud etwa in der 1898 veröffentlichten Schrift »Die Sexualität in der Ätiologie der Neurosen« (Freud 1898a) zusammenfassend, dass sexuelle Erlebnisse des Kindesalter pathogen wirken müssen: »Sie entfalten ihre Wirkung aber nur zum geringen Maße zur Zeit, da sie vorfallen; weit bedeutsamer ist ihre nachträgliche Wirkung, die erst in späteren Perioden der Reifung eintreten kann« (a. a. O., S. 511). Und: »In diesen Andeutungen konnte ich nur die Hauptmomente anführen, auf welche sich die Theorie der Psychoneurosen stützt; die Nachträglichkeit, den infantilen Zustand des Geschlechtsapparates und des Seeleninstruments« (a. a. O., S. 511). Freud kündigt genauere Ausführungen in der *Traumdeutung* an – er arbeitete damals bereits an ihr – und setzte fort: »Da die Erscheinungen der Psychoneurosen vermittels der Nachträglichkeit von unbewußten psychischen Spuren aus entstehen, werden sie der Psychotherapie zugänglich« (a. a. O., S. 512).

In der »Traumdeutung« (Freud 1900a) findet sich tatsächlich eine Er-

1985c[1887–1904]). In diesen beiden Briefausgaben ist der »Entwurf« nicht enthalten. Eine ungekürzte Fassung des »Entwurfs« wurde erst 1987 im Nachtragsband zu den Gesammelten Werken Freuds veröffentlicht (Freud 1950c[1895]).

wähnung der Nachträglichkeit. Freud berichtete dort, dass er sich einer Anekdote zu bedienen pflegte, um seinen Hörern die Tragweite der Phänomene, die er mit dem Begriff *Nachträglichkeit* bezeichnet hatte, verständlich zu machen: Ein junger Mann, der zu einem großen Verehrer von Frauenschönheit geworden war, habe einmal gesagt, als die Rede auf die schöne Amme kam, die ihn als Säugling genährt hatte, es tue ihm sehr leid, die gute Gelegenheit damals nicht besser ausgenützt zu haben. »An der Frauenbrust«, schrieb Freud, »treffen sich Liebe und Hunger« (a.a.O., S.211).

Die Komik der Anekdote liegt in der offensichtlich widersinnigen Art, in der der junge Mann Zeit begreift. Es geht um zwei zeitlich aufeinander folgende Szenen: Das Kind an der Brust, dann der Verehrer von Frauenschönheit, der sich an die Brust der schönen Amme zurückwünscht und sich, wie es scheint, vorstellt, die Richtung, die Zeit nimmt, könnte umkehrbar sein.

Wie amüsant diese Anekdote auch sein mag, den Begriff *Nachträglichkeit* illustriert sie streng genommen nicht. Das, wovon der junge Mann hier träumt, wäre eher mit dem Begriff *Zurückphantasieren* zu bezeichnen. Was ausfällt und erst später wirksam geworden sein wird, das nämlich meint *Nachträglichkeit*, das sind die sehr realen sexuellen Lüste, die er als Säugling an der Mutterbrust tatsächlich bereits erlebt hatte. Das so genannte *Zurückphantasieren* ist aber von der *Nachträglichkeit* zu unterscheiden. Die Auseinandersetzung, die Freud in seiner Arbeit über den *Wolfsmann* mit Jung führte, *Nachträglichkeit* gegen *Zurückphantasieren*, ist paradigmatisch für alle späteren Auseinandersetzungen mit hermeneutisch-narrativen Richtungen in der Psychoanalyse. Jung stellte seine, wie er meinte, moderneren, fortschrittlichen Ansichten zu Theorie und Praxis der Psychoanalyse, mit denen er die *Verführungs-* oder *Traumatheorie* und damit jede Kausalität der *infantilen Sexualität* verneinte, zuerst in seiner 1913 veröffentlichen Schrift »Versuch einer Darstellung der psychoanalytischen Theorie« (Jung 1913) vor. Die in dieser Arbeit entwickelten Ideen führten bekanntlich in der Folge zu seinem endgültigen Bruch mit Freud.

Über den Gegensatz zwischen einer *rückwirkenden* Veränderung, also der Wirkung der Zukunft und Gegenwart auf die Vergangenheit, und der *aufgeschobenen* Wirkung, einem verspäteten Determinismus, versuchte Laplanche durch die Einführung zweier Elemente hinauszugehen – einerseits durch die Einführung des *Primats des Anderen* und andererseits durch die *Gleichzeitigkeit* Kind-Erwachsener. Die anderen Auffassungen seien, so meinte er, *ipsozentrisch* gewesen, sie hätten den Rahmen eines einzigen Individuums nicht überschritten und die Gegenwart des Anderen in der *Nachträglichkeit* nicht ins Spiel gebracht. In der Einführung dieser beiden Elemente sah er *den Schlüssel zum Begriff Nachträglichkeit*: »Sie nicht mehr aus der Perspektive eines einzelnen Individuums zu betrachten, innerhalb dessen man in einem unüberwindbaren Gegensatz gefangen bleibt: Man fragt sich dann, ob das Kind die Ursache des Erwachsenen sei oder ob der Erwachsene das Kind von sich aus neu deutet; also ob der Determinismus der Zeitachse folgt oder ob er im Gegenteil entgegengesetzt zur Zeitachse verläuft. Diesen Gegensatz kann man nur überwinden, wenn man das Individuum mit dem Anderen verbindet, das Kind und den Erwachsenen, insofern es von ihm Botschaften erhält, die *nicht reine Tatsachen* sind, sondern ›zu Übersetzendes‹« (Laplanche 2003a, S. 147f. Hervorhebungen im Text).

Vor allem in seinen Fallgeschichten hatte sich Freud immer wieder auf die *Phänomene der Nachträglichkeit* bezogen. So schrieb er etwa in der »Analyse der Phobie eines fünfjährigen Knaben« (Freud 1909b), dem *kleinen Hans*: »Ich ergänze da ein Stück nach meinen Erfahrungen aus den Analysen Erwachsener, aber ich hoffe, die Einschaltung wird nicht als eine gewaltsame und willkürlich beurteilt werden. ›Er ist ja angewachsen‹: wenn das zum Trutze und Troste gedacht ist, so läßt das an die alte Drohung der Mutter denken, sie werde ihm den Wiwimacher abschneiden lassen, wenn er fortfahre, sich mit ihm zu beschäftigen. Diese Drohung blieb damals, als der 3 ½ Jahre alt war, wirkungslos. Er antwortete ungerührt, dann werde er aber mit dem Popo Wiwi machen. Es wäre durchaus das typische Verhalten, wenn die Drohung mit der Kastration jetzt *nachträglich* zur Wirkung käme, und er jetzt, 1 ¼ Jahre später, unter der Angst stünde, das Teure Stück des Ichs einzubüßen. Man kann solche nachträgliche Wirkung von Geboten und Drohungen in der Kindheit bei anderen Erkrankungsfällen beobachten, wo das Intervall ebensoviel Dezennien und mehr umfaßt. Ja, ich kenne Fälle, in denen der *›nachträgliche Gehorsam‹* der Verdrängung den wesentlichen Anteil an der Determinierung der Krankheitssymptome hat« (a. a. O., S. 270f.).

Wie bereits erwähnt bediente sich Freud auch in »Aus der Geschichte einer infantilen Neurose« (Freud 1988b[1914]), dem *Wolfsmann*, der Nachträglichkeit. Er schrieb u. a.: »Wir haben die Schilderung bis in die Nähe des vierten Geburtstages geführt, zu welchem Zeitpunkt der Traum die Koitusbeobachtung von 1 ½ Jahren zur nachträglichen Wirkung bringt. Die Vorgänge, die sich nun abspielen, können wir weder vollständig erfassen, noch sie hinreichend beschreiben. Die Aktivierung des Bildes, das nun dank der vorgeschrittenen intellektuellen Entwicklung verstanden werden kann, wirkt wie ein frisches Trauma, ein fremder Eingriff analog der Verführung« (a. a. O., S. 144). Der geringere Zeitabstand zwischen den Szenen habe keine geringere Bedeutung der *Nachträglichkeitsphänomene* zur Folge, aber: »Der Betrag der Nachträglichkeit wird sehr herabgesetzt« (a.a.O., 88). Auch in den Originalnotizen zu einem Fall von Zwangsneurose, dem *Rattenmann*, taucht die Nachträglichkeit auf (1955a[1907–08]). Freud erklärte sie ihm mit einem Beispiel: »Ich erkläre ihm das Prinzip der Etsch in Verona,[30] das ihm sehr einleuchtet« (a.a.O., S. 530).[31]

Die Ausdrück *Nachträglichkeit* und *nachträglich* sind verstreut über Freud ganzes Werk zu finden; in unterschiedlichen Wortkombinationen, häufig besonders hervorgehoben und von der umgangssprachlichen Verwendung deutlich abgegrenzt, weil gesperrt gedruckt (vgl. Aichhorn, Th. 1995, S. 91f.). Schließlich fasste Freud in seiner letzten, unvollendet gebliebenen Arbeit, dem »Abriß der Psychoanalyse« (Freud 1940a) seine Ansicht zum *nachträglichen Wirksamwerden* jeder Art von infantil-sexuellem Erleben folgendermaßen zusammen: »Da diese Eindrücke entweder sofort oder sobald sie als Erinnerungen wiederkehren wollen, der Verdrängung verfallen, stellen sie die Bedingung für den neurotischen Zwang her, der

30 Der Fluss macht in Verona eine Schleife, die ihn fast wieder dorthin zurückführt, wo er in die Stadt einmündete. Anm. Th. A.

31 Vgl. auch die lange Fußnote in »Bemerkungen über einen Fall von Zwangsneurose«, dem *Rattenmann* (Freud 1909d, S. 427): »Man hat es in den Psychoanalysen häufig mit solchen Begebenheiten aus den ersten Kinderjahren zu tun, in denen die infantile Sexualtätigkeit zu gipfeln scheint und häufig durch einen Unfall oder eine Bestrafung ein katastrophales Ende findet. Sie zeigen sich schattenhaft in Träumen an, werden oft so deutlich, daß man sie greifbar zu besitzen vermeint, aber sie entziehen sich doch der endgültigen Klarstellung, und wenn man nicht mit besonderer Vorsicht und mit Geschick verfährt, muß man es unentschieden lassen, ob eine solche Szene wirklich vorgefallen ist. Auf die richtige Spur der Deutung wird man durch die Erkenntnis geführt, daß von solchen Szenen mehr als eine Version, oft sehr verschiedenartige, in der unbewußten Phantasie des Patienten aufzuspüren sind. Wenn man in der Beurteilung der Realität nicht irregehen will, muß man sich vor allem daran erinnern, daß die ›Kindheitserinnerungen‹ der Menschen erst in einem späteren Alter (meist zur Zeit der Pubertät) festgestellt und dabei einem komplizierten Umarbeitungsprozeß unterzogen werden, welcher der Sagenbildung eines Volkes über seine Urgeschichte durchaus analog ist. Es läßt sich deutlich erkennen, daß der heranwachsende Mensch in diesen Phantasiebildungen über seine erste Kindheit das Andenken an seine autoerotische Betätigung zu verwischen sucht, indem er seine Erinnerungsspuren auf die Stufe der Objektliebe hebt, also wie ein richtiger Geschichtschreiber die Vergangenheit im Lichte der Gegenwart erblicken will. Daher die Überfülle von Verführungen und Attentaten in diesen Phantasien, wo die Wirklichkeit sich auf autoerotische Betätigung und auf Anregung dazu durch Zärtlichkeiten und Strafen beschränkt. Ferner wird man gewahr, daß der über seine Kindheit Phantasierende seine Erinnerungen sexualisiert, d. h., daß er banale Erlebnisse mit seiner Sexualbetätigung in Beziehung bringt, sein Sexualinteresse über sie ausdehnt, wobei er wahrscheinlich den Spuren des wirklich vorhandenen Zusammenhanges nachfährt. Daß es nicht die Absicht dieser Bemerkungen ist, die von mir behauptete Bedeutung der infantilen Sexualität nachträglich durch die Reduktion auf das Sexualinteresse der Pubertät herabzusetzen, wird mir jeder glauben, der die von mir mitgeteilte ›Analyse der Phobie eines fünfjährigen Knaben‹ im Gedächtnis hat. Ich beabsichtige nur, technische Anweisungen zur Auflösung jener Phantasiebildungen zu geben, welche dazu bestimmt sind, das Bild jener infantilen Sexualbetätigung zu verfälschen« (a. a. O.).

es dem Ich später unmöglich machen wird, die Sexualfunktion zu beherrschen und es wahrscheinlich veranlassen wird, sich dauernd von ihr abzuwenden« (a.a.O., S. 114). Und: »Das Sexualleben umfasst die Funktion der Lustgewinnung aus Körperzonen, die nachträglich in den Dienst der Fortpflanzung gestellt werden. Beide Funktionen kommen oft nicht ganz zur Deckung« (a.a.O., S. 114).

5. Einige Bemerkungen zu einer psychoanalytischen Konzeption der Adoleszenz

»Quand l'instinct sexuel arrive, le fauteuil est déjà occupé.«
(Jean Laplanche 2000)

Meinen Überlegungen zu einer psychoanalytischen Konzeption der Adoleszenz werden Jean Laplanches »Neue Grundlagen für die Psychoanalyse« (Laplanche 1987) zugrunde liegen. Demnach liegt Freuds Originalität in seiner Erkenntnis, dass im Unbewussten des Menschen Sexualität die entscheidende Rolle spielt, dass insofern das seelische Leben des Menschen durch Sexualität bestimmt wird. Freuds *erweiterte* Auffassung von Sexualität – vor allem seine Entdeckung der *Nachträglichkeit*, der vom Trieb bestimmten, *infantilen Sexualität* und der *Zweizeitigkeit im Ansatz des Sexuallebens*, die besagt, dass die erste Phase des menschlichen Sexuallebens vom *infantilen Sexualtrieb* beherrscht wird und (noch) nicht vom endogen angelegten *Sexualinstinkt*, der erst mit der Pubertät auftreten wird – steht in einem deutlichen Gegensatz zu der vor ihm üblicherweise vertreten Auffassung, was Sexualität ist. Das wahrhaft revolutionäre seiner Erkenntnis liegt demnach darin, dass er beim Menschen, ausgehend von der Entdeckung der sexuellen Bedeutung von Symptomen und Träumen, *die durch den Trieb bestimmte infantile Sexualität entdeckt hat*, die im Es verankert, der direkten Beobachtung unzugänglich ist, und einen, wie beim Tier, vom Instinkt gesteuerten Aspekt der Sexualität, der, von den Reifungsprozessen des Organismus abhängig, erst mit der Pubertät auftritt.[32] Laplanche bestätigt Freuds Anspruch, damit die Sexualität des Menschen in ihrer Wahrheit, das heißt in ihrer Gespaltenheit, in ihrer Dualität, erkannt zu haben, und über sie Aussagen gemacht zu haben, die jedermann betreffen.

32 Hat man die Schwelle zwischen der Kindheit und dem Erwachsenenalter, die durch die Pubertät gegeben ist, einmal überschritten, dann kann man in Wahrheit in die Zeit davor nicht mehr unvermittelt zurück. Man kann die Bedeutung der infantilen Sexualität für das Kind nicht mehr verstehen, anerkennt man nicht, dass diese mit der Pubertät einen grundlegenden Bedeutungswandel erfahren hat. Aber auch den sexuell Erwachsengewordenen kann man nicht ausreichend verstehen, anerkennt man die trotz der eingetretenen sexuellen Reife fortdauernde Bedeutung der infantilen Sexualität für ihn nicht.

Hatte man vor Freud die Bedeutung, die die Sexualität für die innerpsychischen Strukturierungsvorgänge des Kindes hat, noch übersehen können, dann scheint mir ein Übersehen in Bezug auf das Leben von Adoleszenten eine veritable Verleugnung zu sein. Es ist nicht zu übersehen, dass es die vorrangige Aufgabe des Adoleszenten ist, sich die nachpubertären, neuen sexuellen Möglichkeiten anzueignen, um über sie verfügen zu können. Dass Freud die dabei auftretenden Konflikte und Störungen nicht nur in *Bezug* auf das Sexuelle verortete, d. h. nicht nur als einen Konflikt zwischen Selbsterhaltung und Sexualität, zwischen bewusst und unbewusst oder zwischen Es und Ich, sondern vor allem verursacht durch die *Spannungen, Gegensätzlichkeiten und Widersprüche die er im Bereich des Sexuellen selbst entdeckt hatte,* wird für den Gang meiner Überlegungen richtungweisend sein.

Zum zweizeitigen Ansatz des Sexuallebens

Am Ende seines Lebens, als Freud im »Abriss der Psychoanalyse« (Freud 1940a) versuchte, die wichtigsten Elemente seiner Lehre zusammenzufassen, schrieb er: »Der landläufigen Auffassung nach besteht das menschliche Sexualleben im wesentlichen aus dem Bestreben, die eigenen Genitalien mit denen einer Person des anderen Geschlechts in Kontakt zu bringen. Küssen, Beschauen und Betasten dieses fremden Körpers treten dabei als Begleiterscheinungen und einleitende Handlungen auf. Dieses Bestreben sollte mit der Pubertät, also im Alter der Geschlechtsreife auftreten und der Fortpflanzung dienen. Allerdings waren immer gewisse Tatsachen bekannt, die nicht in den engen Rahmen dieser Auffassung passen. 1) Es ist merkwürdig, dass es Personen gibt, für die nur Individuen des eigenen Geschlechts und deren Genitalien Anziehung besitzen. 2) Es ist ebenso merkwürdig, dass es Personen gibt, deren Gelüste sich ganz wie sexuelle gebärden, aber dabei von den Geschlechtsteilen oder deren normaler Verwendung ganz absehen; man heisst solche Menschen Perverse. 3) Und es ist schliesslich auffällig, dass manche deshalb für degeneriert gehaltene Kinder sehr frühzeitig Interesse für ihre Genitalien und Zeichen von Erregung derselben zeigen« (a. a. O., S. 74f.). Das Hauptergebnis der Psychoanalyse sei, so Freud weiter, dass das Sexualleben nicht erst mit der Pubertät beginne, sondern dass es bald nach der Geburt mit deutlichen Äußerungen einsetze. Es sei daher notwendig, zwischen sexuell und genital scharf zu unterscheiden. *Das Sexualleben umfasse – so verstanden – die Funktion der Lustgewinnung aus Körperzonen, die erst nachträglich in den Dienst der Fortpflanzung gestellt werden*, wobei, wie er schreibt, »beide Funktionen oft nicht ganz zur Deckung kommen« (a. a. O., S. 75). Es habe sich herausgestellt, so Freud weiter, dass die bereits in der frühen Kindheit auftauchenden sexuellen Äußerungen eine regelmäßige Steigerung durchmachen und etwa gegen Ende des fünften Lebensjahres einen Höhepunkt erreichen, dem dann eine Ruhepause folge. Nach dem Ablauf dieser sogenannten Latenzzeit setze sich mit der Pubertät das Sexualleben fort, es blühe wieder auf. Freud: »Wir stossen hier auf die Tatsache eines *zweizeitigen Ansatzes* des Sexuallebens, die ausser beim Menschen nicht bekannt und offenbar sehr wichtig für die Menschwerdung ist« (a. a. O., S. 75, Hervorhebung im Text). Es sei, so Freud weiter, nicht gleichgültig, »dass die Ereignisse dieser Frühzeit der Sexualität der *infantilen Amnesie* zum Opfer fallen« (a. a. O. Hervorhebung im Text).

Aber auch wenn die Ereignisse der Kindheit nicht erinnert werden können, sind die Wünsche, Triebregungen, Reaktionsweisen und Einstellungen des Kindes auch beim gereiften Menschen noch vorhanden, sie sind nicht vergangen, sondern sie sind nur überlagert und können – im Sinne der *Nachträglichkeit* – unter dazu geeigneten Konstellationen wieder zum Vorschein kommen und machtvoll in das jeweils erreichte Funktionsniveau einbrechen. Laplanche wird schreiben: »Das Erinnern des infantilen Erlebens, so wird [von Freud, Anm. Th. A.] vorausgesetzt, tritt a posteriori ein, doch erfordert es einen ersten Zeitpunkt in der Kindheit, zum Niederlegen der Spuren. Damit taucht eben genau das Modell der Nachträglichkeit oder des zweiphasigen Traumas wieder auf. Nicht an den (von Natur aus unzugänglichen) Kindheitserlebnissen vollzieht sich die Arbeit der Entstellung und der Umordnung im Gedächtnis, sondern an ihrer ersten Niederlegung [in den *Deckerinnerungen* etwa, Anm. Th. A.]« (Laplanche 1993, S. 1224f. Hervorhebung im Text).

Für eine psychoanalytische Konzeption der Adoleszenz wird es zudem bedeutungsvoll sein, dass die *Zweizeitigkeit* nicht nur den Trieb sondern auch sein Objekt kennzeichnet. In den »Drei Abhandlungen zur Sexualtheorie« (Freud 1905d) schreibt Freud, dass man es als ein typisches Vorkommnis ansprechen könne, dass auch die Objektwahl zweizeitig, in zwei Schüben erfolge. Freud: »Der erste Schub nimmt in den Jahren zwischen zwei und fünf seinen Anfang und wird durch die Latenzzeit zum Stillstand oder zur Rückbildung gebracht; er ist durch die infantile Natur seiner Sexualziele ausgezeichnet« (a. a. O., S. 100). Mit der »infantilen Natur seiner Sexualziele« meint Freud die Welt des Imaginären, des Innerpsychischen, die während der Kindheit entstandenen Phantasien und Vorstellungen. Freud weiter: »Der zweite [Schub, Anm. Th.A.] setzt mit der Pubertät ein und bestimmt die definitive Gestaltung des Sexuallebens. Die Tatsache der zweizeitigen Objektwahl, die sich im wesentlichen auf die Wirkung der Latenzzeit reduziert, wird aber höchst bedeutungsvoll für die Störung dieses Endzustands. Die Ergebnisse der infantilen Objektwahl ragen in die spätere Zeit hinein; sie sind entweder als solche erhalten geblieben oder sie erfahren zur Zeit der Pubertät selbst eine Auffrischung. Infolge der Verdrängungsentwicklung, welche zwischen beiden Phasen liegt, erweisen sie sich aber als unverwendbar« (a.a.O., S. 100f.). Die Sexualziele hätten eine Milderung erfahren, sie stellten nun das dar, so Freud weiter, was man als die zärtliche Strömung des Sexuallebens bezeichnen könne. Hinter dieser Zärtlichkeit, Verehrung und Hochachtung verberge sich aber die alte, jetzt unbrauchbar gewordenen Sexualstrebung der infantilen Partialtriebe. Die Objektwahl der Pubertätszeit müsse daher auf die infantilen Objekte verzichten und als sinnliche Strömung neu beginnen. Das Nichtzusammentreffen der beiden Strömungen habe oft genug die Folge, dass eines der Ideale des Sexuallebens, die Vereinigung aller Begehrungen in einem Objekt, nicht erreicht werden könne.

Was Freud hier beschrieb, steht, wie ich meine, in einem zunächst merkwürdig anmutenden Gegensatz zu dem, was er im dritten Kapitel der »Drei Abhandlungen« mit der Überschrift »Die Objektfindung« (Freud 1905d, S. 123ff.) behauptete: »Als die anfänglichste Sexualbefriedigung noch mit der Nahrungsaufnahme verbunden war, hatte der Sexualtrieb ein Sexualobjekt außerhalb des eigenen Körpers in der Mutterbrust. Er verlor es nur später, vielleicht gerade zur Zeit, als es dem Kinde möglich wurde, die Gesamtvorstellung der Person, welcher das ihm Befriedigung spendende Organ angehörte, zu bilden. Der Geschlechtstrieb wird dann in der Regel autoerotisch und erst nach Überwindung der Latenzzeit stellt sich das ursprüngliche Verhältnis wieder her.« Ich denke, dass es auch hier wiederum um die während der Kindheit entstandene Vorstellungswelt geht. Freud weiter: »Nicht ohne guten Grund ist das Saugen des Kindes an der Brust der Mutter vorbildlich für jede Liebesbeziehung geworden. Die Objektfindung ist eigentlich eine Wiederfindung« (a.a.O.). Bei dem, was Freud hier wie eine mehr oder weniger harmonische Entwicklung des Sexualtriebs darstellt, handelt es sich in Wahrheit um überaus konfliktreiche Etappen auf einem Weg, der durch kein Entwicklungsgesetz vorherbestimmt ist. Ich meine aber, dass das Schema, objektlibidinöse Hinwendung nach außen, Rückzug der Objekt-Libido, ihre Wandlung in narzisstische Libido, gebunden an die Phantasie, wie es in der Psychoanalyse gewöhnlich heißt, und dann wieder objektlibidinöse, neuerliche Hinwendung nach außen, immer wieder auftreten wird, auch wenn der Übergang von der ersten zur zweiten Etappe erstmals in der Frühzeit des Lebens stattgefunden haben mag.

Da in der durch die Pubertät bedingten Adoleszenz das Spätere das Frühere nicht harmonisch ablösen kann, da das Frühere in das Spätere, für das es wegweisend sein wird, hineinreicht, wird es für die Konzeption der Adoleszenz um den ersten und um den zweiten Ansatz des menschlichen Sexuallebens gehen und um die Latenz, die sich zwischen die beiden Ansätze schiebt.

Zum ersten Ansatz des Sexuallebens

Ist der erste Ansatz des Sexuallebens für das Leben des Individuums richtungsweisend, dann wird es bedeutungsvoll sein, wie er zu konzeptualisieren ist, wie die Genese des Triebs, der im ersten Ansatz des Sexuallebens auftritt, zu verstehen ist.

Nachdem Freud die Verführungstheorie aufgegeben hatte, fasste er bekanntlich das Unbewusste – oder das *Es*, wie er später sagen wird – *als ererbt, als endogen-genetisch bedingt auf.* Laplanche betonte im Gegensatz dazu, dass das Unbewusste und der Trieb nicht aus dem dunklen Untergrund des Lebens emportauchen, sondern dass sie ihrem Wesen und vor allem ihrer Herkunft nach nicht abtrennbar von der zwischenmenschlichen Kommunikation zu verstehen seien (vgl. Laplanche 1993). Laplanche betonte, dass der sexuelle Charakter des Sexuallebens des Kindes unmöglich allein auf einer rein physiologischen Ebene bestimmt werden könne, er sei nicht vom Auftauchen der *Sexualphantasie* zu trennen, die wiederum von der Intervention des Anderen, des sexuellen Erwachsenen, abhänge. Wie das zu verstehen ist, führte Laplanche – im Sinne der *Allgemeinen Verführungstheorie* – im Rahmen der sogenannten *Anthropologischen Grundsituation* aus, die durch eine *sexuelle Verführung* oder *Urverführung* gekennzeichnet sei (vgl. Laplanche 2002). Demnach werden dem Kind im Rahmen einer vordringlich seiner Selbsterhaltung dienenden Kommunikation vom Erwachsenen selbst nicht erkannte *Botschaften* übermittelt, die durch die Sexualität des helfenden Erwachsenen *kompromittiert* sind.

Die *Urverführung* stellt sich demnach als eine Interaktion mit gedoppeltem Register dar: Das eine Register kann man durchaus als interaktiv bezeichnen, es dient der Selbsterhaltung des Kindes und funktioniert als eine wechselseitige Kommunikation mit einem befriedigenden Objekt. Im anderen Register aber ist die Sexualität des Erwachsenen wirksam, die vom biologischen Instinkt und vom im Unbewussten verankerten Trieb bestimmt wird. So verstanden ist die Sexualität des Anderen, des Erwachsenen – die dadurch gekennzeichnet ist, dass die die Kindheit kennzeichnende polymorphe Perversion nicht mit der Kindheit verschwindet, sondern dass sie, auch wenn ihm das nicht bewusst sein mag, bei jedem Erwachsenen fortbesteht, und ihre *Intromission* in das Kind und nicht die *Anlehnung* als Ursache dafür anzusehen ist –, von Anfang an im Befriedigungserlebnis anwesend und muss unausweichlich eine traumatisierende Rolle spielen. Obwohl er die Verführungstheorie längst aufgegeben hatte, schrieb Freud – im Sinne der sogenannten Frühzeitigen *Verführungstheorie* – in den »Drei Abhandlungen« (Freuds 1905d): »Der Verkehr des Kindes mit seiner Pflegeperson ist für dasselbe eine unaufhörlich fließende Quelle sexueller Erregung und Befriedigung von erogenen Zonen aus, zumal da letztere – in der Regel doch die Mutter – das Kind selbst mit Gefühlen bedenkt, die aus ihrem Sexualleben stammen, es streichelt, küßt und wiegt und ganz deutlich zum Ersatz für ein vollgültiges Sexualobjekt nimmt. Die Mutter würde wahrscheinlich erschrecken, wenn man ihr die Aufklärung gäbe, daß sie mit all ihren Zärtlichkeiten den Sexualtrieb ihres Kindes weckt und dessen spätere Intensität vorbereitet« (a. a. O., S. 124).

Zwischen dem ersten und dem zweiten Ansatz des Sexuallebens – die Latenz

Freud schrieb in den »Drei Abhandlungen« (Freud 1905d): »Von den Schicksalen der Objektlibido können wir noch erkennen, daß sie von den Objekten abgezogen, in besonderen Spannungszuständen schwebend erhalten und endlich ins Ich zurückgeholt wird, so daß sie wieder zur Ichlibido geworden ist. Die Ichlibido heißen wir im Gegensatz zur Objektlibido auch *narzißtische* Libido. […] Die narzißtische oder Ichlibido erscheint uns als das große Reservoir, aus welchem die Objektbesetzungen ausgeschickt und in welches sie wieder einbezogen werden, die narzißtische Libidobesetzung des Ichs als der in der ersten Kindheit realisierte Urzustand, welcher durch die späteren Aussendungen der Libido nur verdeckt wird, im Grunde hinter denselben erhalten geblieben ist« (a. a. O., S. 119. Hervorhebung im Text).

Ich denke, dass der *Objektverlust*, der nicht zuletzt darin besteht, dass das Kind erkennen musste, es nicht mit einem Objekt sondern mit einem Subjekt zu tun gehabt zu haben, das ihm rätselhaft ist, als eine Enttäuschung erlebt wird, der eine Wendung nach innen folgt.

Laplanche meinte, dass die dem Kind bei seiner Lebenserhaltung helfenden Handlungen des Erwachsenen als *Zeichen*, als durch das sexuelle, dynamisch wirksame Unbewusste des Erwachsenen *kompromittierte Mitteilungen*, aufzufassen seien, die er als *rätselhafte Botschaften* bezeichnete. Werden sie in einer zweiten Zeit wiederbelebt, dann muss das Kind versuchen, sie zu identifizieren und damit zu binden. Laplanche stellt diesen Vorgang mit Hilfe seines Übersetzungsmodells der Verdrängung dar, das besagt, dass das Kind versuchen wird, die in seinen Körper eingepflanzten, aktualisierten, von ihm nicht beherrschbaren Botschaften des Erwachsenen zu verstehen, bzw. sie zu *übersetzen*. Die deskriptiv unbewussten oder vorbewussten Ergebnisse der Übersetzung werden jene Phantasien oder Vorstellungen sein, die innerpsychisch gebunden und latent bleiben, bis sie durch die Pubertät aktualisiert werden und zum Ausdruck drängen. Sie werden für die Masturbation des Adoleszenten ausschlaggebend sein (vgl. Laufer 1980).

Da die jeweilige Übersetzung nie vollständig und ohne Rest gelingen könne, entstehe im Versuch des Kindes, die Botschaften des Erwachsenen zu übersetzen, zu binden, unausweichlich ein *unassimilierbarer Rest*, den Laplanche als das *Quellobjekt des Triebes* bezeichnete. Dieser *Rest* bildet den Kern des *Unbewussten*. Das Unbewusste, das innere Andere, funktioniert wie ein Erreger, wie ein energetisch geladenes *Quell-Objekt*, das einen *inneren, attackierenden Fremdkörper* darstellt, ein *dynamisch drängendes inneres Anderes,* das andauernd versucht, in die bewusste Existenz einzudringen (vgl. Laplanche 1993).

In den »Vorlesungen zur Einführung in die Psychoanalyse« (Freud 1916–17a) schrieb Freud: »Die weitere Entwicklung hat, um es aufs knappste auszudrücken, zwei Ziele: erstens den Autoerotismus zu verlassen, das Objekt am eigenen Körper wiederum gegen ein fremdes Objekt zu vertauschen, und zweitens: die verschiedenen Objekte der einzelnen Triebe zu unifizieren, durch ein einziges Objekt zu ersetzen« (a.a.O., S. 340f.).

Zum zweiten Ansatz des Sexuallebens – die Wiederfindung des Objekts – über Sexualität, Zärtlichkeit und Liebe

Die pathogene Bedeutung der Zweizeitigkeit ergäbe sich daraus, wie Freud in »Hemmung, Symptom und Angst« (Freud 1926d) schrieb, »dass die meisten Triebansprüche dieser kindlichen Sexualität vom Ich als Gefahren behandelt und abgewehrt werden, so dass die späteren sexuellen Regungen der Pubertät, die Ich-gerecht sein sollten, in Gefahr sind, der Anziehung der infantilen Vorbilder zu unterliegen und ihnen in die Verdrängung zu folgen. Hier stoßen wir auf die direkteste Ätiologie der Neurosen. Es ist merkwürdig, dass der frühe Kontakt mit den Ansprüchen der Sexualität auf das Ich ähnlich wirkt, wie die vorzeitige Berührung mit der Außenwelt« (a.a.O., S. 187). Und in »Libidotheorie; Psychoanalyse« (Freud 1923a[1922]) schrieb er: »Erst die Pubertätszeit entwickelt die Sexualtriebe zu ihrer vollen Intensität; die Richtung dieser Entwicklung und alle daran haftenden Dispositionen sind aber bereits durch die vorher abgelaufene infantile Frühblüte der Sexualität bestimmt« (a.a.O., S. 221f.).

Nun machte Laplanche aber unmissverständlich darauf aufmerksam, dass es in der Pubertät, zur Zeit der Geschlechtsreife, nicht nur darum geht, dass der Sexualtrieb – und die mit ihm verbundenen Vorstellungen – in voller Stärke seine Ansprüche erhebt, sondern dass es die *genetisch angelegte, biologische, hormonell bedingte Instinkt-Sexualität* ist, die im zweiten Ansatz des Sexuallebens auftritt. Hatte der Trieb seine Quelle im Unbewussten, so hat die in der Pubertät auftretende Sexualität ihre Quelle im Körper. Nun kann aber der biologische Aspekt der Sexualität den anderen, durch den vom ersten Ansatz des Sexuallebens ausgehenden Trieb bestimmten, obwohl er ihm zeitlich nachfolgt, nicht einfach als sein legitimer Erbe ablösen: »*Quand l'instinct sexuel arrive, le fauteuil est déjà occupé*«, schrieb Laplanche (2000, S. 664). Die Instinkt-Sexualität kann daher nie in ihrem Reinzustand beobachtet werden, sondern immer nur in ihren unsicheren Transaktionen mit dem Trieb. Die unterschiedlichen Strömungen, nämlich die infantile Sexualität und der durch den Instinkt bedingte Aspekt der Sexualität, können sich in der Genitalität des Erwachsenen nicht harmonisch vereinigen, sondern sie stehen in einer überaus konfliktträchtigen Beziehung zueinander, durch die das Ineinander und Gegeneinander gekennzeichnet ist, das ab der Pubertät das psychische Leben des Menschen bestimmen wird. *Das Neue ist die Instinkt-Sexualität des sexuell reifgewordenen Körpers*. Eine stabile, harmonische Lösung wird es nicht geben können, da das Unbewusste, der Trieb, weiterhin aktiv bleiben wird.

Dass es sinnvoll ist, mit Laplanche das Seelenleben des Menschen als grundsätzlich *adoleszent* – also als instabil, offen und überraschend – zu betrachten, ergibt sich auch aus der Instabilität, die durch die Phänomene des *eingeschlossenen Unbewussten* vorgegebenen sind (vgl. Laplanche 2004). Diese Instabilität ist durch die jederzeit mögliche Wiederbelebung, durch den stets möglichen Ausbruch oder Einbruch des *eingeschlosse-*

nen Unbewussten bedingt. Christophe Dejours schrieb (Dejours 2012): »Der Vorrat an Gewalt, den das amentale Unbewusste [Dejours Begriff für Laplanches *eingeschlossenes Unbewusstes*, Anm. Th. A.], sobald es sich zeigt, bereitstellt, offenbart sich immer in einer gewaltsamen und zerstörerischen Weise, die den Tod das Anderen (Wutausbruch, Vergewaltigung, Totschlag) oder der eigenen Person (plötzlicher Selbstmord, somatische, möglicherweise tödliche Dekompensation) in Kauf nimmt« (a. a. O., S. 232). Was Dejours hier schrieb, erinnert an Freuds Arbeit »Ein Fall von hypnotischer Heilung« (Freud 1892–93a), an die von den Assoziationsketten des bewussten Ich ausgeschlossenen Vorstellungen, die in einer Art von Schattenreich eine ungeahnte Existenz fristen, bis sie als Spuk hervortreten und sich des Körpers bemächtigen, der sonst dem herrschenden Ichbewusstsein diente (a. a. O., S. 15).

Wenn Freud schrieb »Die Objektfindung ist eigentlich eine Wiederfindung« (Freud 1905d, S. 123), dann geht es in der Adoleszenz um eine Ent-Täuschung. Der von der *Instinkt-Sexualität* getragene Trieb, der sich wieder der Außenwelt zuwendet, mag zwar meinen, sein verlorengegangenes Objekt wiedergefunden zu haben, dem Individuum muss es aber, um in der Realität bestehen zu können, gelingen, seine Libido auf ein fremdes Sexualobjekt, das wieder kein Objekt sondern ein Subjekt, ein Anderer, sein wird, zu übertragen. Auf Grund der neuen körperlichen Möglichkeiten ist die Ich/Über-Ich Verbindung der Latenzzeit brüchig geworden, die sexuelle Impotenz des Kindes unterstützt das Über-Ich nicht länger. Die *infantile Sexualität* aber ist eine vom *Sadomasochismus* gekennzeichnete *polymorph-perverse* Sexualität, eine *autoerotische*, an die Phantasie gebundene *Triebsexualität*, die, was Ziel und Objekt angeht, beweglich ist und die nicht wie die *biologisch* und *genetisch* bedingte *Instinkt-Sexualität* an das Genitale und den Geschlechtsunterschied gebunden ist. Sie kennt keine Ordnung, kein Gesetz, und ist auf Spannungserhöhung, auf Suche nach Erregung aus (vgl. Früh 2005b). Die Tendenz zur Entladung im Orgasmus stellt sich erst mit dem Auftreten der biologisch angelegten *Instinkt-Sexualität* ab der Pubertät ein, die *infantile Sexualität* aber ist eine Sexualität vor oder jenseits des Geschlechts oder des Geschlechtlichen (Laplanche 2004, S. 38). *Während das Ideal-Ich die Phantasie mit totalen, unmittelbaren Vorstellungen von Befriedigungsmöglichkeiten füttert, beruht das Ich-Ideal auf einem Verzicht von Triebbefriedigung.* Das sich herausbildende *neue* Ich des Jugendlichen wird – etwa im Dienst an einem als Subjekt erkannten Objekts – lernen müssen, auf unmittelbare *Triebbefriedigung* verzichten zu können.

Sexualität – Zärtlichkeit – Liebe

Der ursprüngliche, inadäquate Charakter des Begehrens, die Erfahrung, dass das Objekt abwesend und grundsätzlich unerreichbar ist, kann auch dann, wenn die sexuelle Reife erreicht worden ist, nie mehr ganz überwunden werden. Freud sprach zwar von einem infantilen Zustand, der aufgehoben werden könne und müsse, aber zugleich bestätigte er mit der Entdeckung der unüberwindbaren, ständigen Anwesenheit eines unerfüllbaren Begehrens die Not eines Lebewesens, das sexuell frühreif in die Welt geworfen worden ist.[33] Eine in sich abgeschlossene Entwicklung müsse daher definitiv unmöglich bleiben, weil die ursprüngliche biologische Unreife der Sexualität ein dauerhaftes Begehren nach Verschmelzung mit den primären Objekten bedinge. Nur durch den Übergang zu einem anderen, neuen Objekt/Subjekt können sich, wie Freud herausgefunden hatte, die zärtliche und die sinnliche Strömung miteinander vereinigen.

Zärtlichkeit meint den Anspruch des Kindes, geliebt zu werden. Genauer besehen befindet sich das Kind in einer Notlage: Es muss versuchen, das polymorph-perverse, autoerotische, ständig nach Erregungsteigerung verlangende Infantil-Sexuelle soweit zu *binden*, dass es ihm möglich ist, den Interessen seiner Lebenserhaltung, seinen Bedürfnissen, nachgehen zu können und es muss auf einen Erwachsenen treffen, der ihm dabei hilft, der es materiell und emotional versorgt.[34] Getragen wird dieser Vorgang von

33 Bereits in »Traumdeutung« hatte Freud geschrieben (1900a): »Infolge dieses verspäteten Eintreffens der sekundären Vorgänge bleibt der Kern unseres Wesens, aus unbewußten Wunschregungen bestehend, unfaßbar und unhemmbar für das Vorbewußte, dessen Rolle ein für allemal darauf beschränkt wird, den aus dem Unbewußten stammenden Wunschregungen die zweckmäßigsten Wege anzuweisen. Diese unbewußten Wünsche stellen für alle späteren seelischen Bestrebungen einen Zwang dar, dem sie sich zu fügen haben, den etwa abzuleiten und auf höher stehende Ziele zu lenken sie sich bemühen dürfen. Ein großes Gebiet des Erinnerungsmaterials bleibt auch infolge dieser Verspätung der vorbewußten Besetzung unzugänglich« (a. a. O., S. 609).

34 Anna Freud (1949) sagte über die *Angst vor dem Liebesverlust*: »Nur dieser Wunsch, sich die Zuneigung der Eltern zu erhalten, macht das Kind gewillt, sich dem Einfluss dieser Eltern auszusetzen. *Genauso wir der Mangel an Realangst Lebensgefahr mit sich bringt, so würde die Sicherheit, die aus einem Mangel an Angst vor Liebesverlust entstehen würde, das Kind zur Verwahrlosung treiben*« (a. a. O., S. 107f. Hervorhebungen im Text). Und: »Es gibt Eltern, die dem Kind erklären, dass sie seinen Triebwünschen gegenüber sich tolerant verhalten würden. Dieses Verhalten hat einen eigenartigen Einfluss auf das Kind: es spürt nämlich, dass es jetzt seinen eigenen Triebwünschen gegenüber ohne Stütze von außen ausgesetzt ist: das ICH fürchtet sich also vor seinem eigenen ES! Denn der Trieb ist stärker als das neugebildete ICH. Daher besteht die Gefahr, dass diese ICH-Organisation wieder zusammenfallen könnte und das Kind somit wieder zum Triebwesen würde. Je weniger also die Eltern dem Kind Schutz bieten gegen die Triebe, desto mehr fürchtet das Kind seinen eigene Trieb« (a. a. O., S. 108).

den *endogen vorgegebenen Interessen*, d.h. von der *Selbst- oder Lebenserhaltung*, genauso gut könnte man sagen von der Zärtlichkeit des Kindes und der des Erwachsenen. Kontaminiert wird er sowohl durch die zerstörerische infantile Sexualität des Kindes, die an der Erhaltung des Objekts kein Interesse hat, wie auch durch die Gespaltenheit, die eigenartige Dualität, der Sexualität des Erwachsenen. Im Ausgleich, dessen es bedarf, damit der Vorgang gelingt, kann man die Liebe erkennen.

Christophe Dejours zitierte in seiner Arbeit »Theorie der Liebe« (Dejours 2004) Laplanche, der geschrieben hatte, dass der Mensch, um Leben zu können, das Bedürfnis habe zu lieben, »er [braucht] einen Grund, um zu leben, nämlich die Liebe, einen Lebenstrieb, den Freud Eros nennt« (Laplanche 1987, S. 76). Dejours schrieb: »Andere Texte von Laplanche lassen vermuten, dass jenseits des Lebenstriebes die Liebe einen Weg aufzeigt: nämlich jenen einer triebhaften Organisation, welche die Tendenz des ›Sexualen‹ zum Triebdruchbruch aufhebt« (a.a.O., S. 71). In der Terminologie Laplanches entspricht das *Sexuale* dem *aus dem Unbewussten drängenden, weil ungebundenen zerstörerischen Infantil-Sexuellen*, dem, wie er ihn nennt, *sexuellen Todestrieb*. »Die Liebe«, so setzte Dejours fort, »wäre eine besondere Form von Bindung, welche die Tendenz des ›Sexualen‹, immer mehr Auflösung zu produzieren, einschränken würde« (Dejours 2004, S. 71f.).

Wenn man nach Laplanche davon ausgeht, dass der Mensch nicht von einem endogen angelegten Reifungsprozess aus einer polymorph-perversen Organisation schließlich zu einer heterosexuell-monogamen Organisation geführt wird, dann muss der Mensch sich die Art und Weise, wie er seine Sexualität leben wird, letztlich selbst konstruieren. Sexualität erfüllt sich für das Subjekt in einem Modus, den nur es nur selbst erkennen kann, seine Liebesfähigkeit ist von einem ihm jeweils eigenen Imperativ abhängig, dem es nicht entkommen kann. Ist also eine *Bindung* des Infantil-Sexuellen durch die Liebe möglich, dann geschieht das nicht durch eine mehr oder weniger normale, natürliche Reifung, sondern auf einem jeweils vom Subjekt selbst herauszufindenden Weg, der wenig mit einem angeborenen Entwicklungspotential zu tun hat. Damit sind sowohl die Verhältnisse im Erwachsenen selbst, wie auch seine Aufgabe dem Kind gegenüber gemeint, dem er auf der Suche nach dem ihm eigenen Weg helfen muss. Für Freud ist die Liebe, wie Laplanche (Laplanche 2006b) schrieb, immer eine Art Mischung von drei zu dosierenden Elementen: »Auf der einen Seite die Zärtlichkeit als biologischer Faktor, an teilweise angeborenes, teilweise erworbenes Verhalten oder an Phänomene wie jene der Prägung, der Durchdringung gebunden, die von den Ethologen sehr gut beschrieben wurden […]. All das ist der Strom, den man Zärtlichkeit oder Bindung nennen kann. [Laplanche verwendet hier den Begriff *Bindung* durchaus im Sinne der modernen Bindungstheorie, Anm. Th. A.]. Das zweite Element ist natürlich die Sexualität; und das Dritte, jener Teil der Sexualität, der dem Narzissmus entspricht« (a. a. O., S. 76. Zitiert nach der Übersetzung bei Dejours 2004, S. 79f.).

Wir können zwar Erwachsene werden und uns neue Liebesobjekte suchen und finden, aber die Erfahrung lehrt, dass uns der Beginn des Lebens unaufhebbar gezeichnet hat. In seiner Arbeit »Beiträge zur Psychologie des Liebeslebens« (Freud 1912d) berichtete Freud, dass er in der Arbeit mit Liebesunfähigen und Impotenten herausgefunden habe, dass die Grundlage ihres Leidens eine Hemmung in der Entwicklungsgeschichte ihrer Libido sei. Die zwei Strömungen, die man als die zärtliche und die sinnliche voneinander unterscheiden könne, seien nicht zusammengetroffen. Der Erkrankte wisse, schrieb Freud, »daß ein solches Versagen nur beim Versuch mit gewissen Personen auftritt, während es bei anderen niemals in Frage kommt. Er weiß dann, daß es eine Eigenschaft des Sexualobjekts ist, von welcher die Hemmung seiner männlichen Potenz ausgeht, und berichtet manchmal, er habe die Empfindung eines Hindernisses in seinem Inneren, die Wahrnehmung eines Gegenwillens, der die bewußte Absicht mit Erfolg störe. Er kann aber nicht erraten, was dies innere Hindernis ist und welche Eigenschaft des Sexualobjekts es zur Wirkung bringt« (a. a. O., S. 78). Die Zärtlichkeit, die hier als Störung auftrete, stamme, so Freud, aus den frühesten Kinderjahren. Sie habe sich auf Grund der Interessen der Selbsterhaltung gebildet und richte sich auf die Personen der Familie und auf die Vollzieher der Kinderpflege. Die zärtlichen Fixierungen des Kindes, die immer wieder Erotik an sich ziehen, die dadurch von ihren sexuellen Zielen abgelenkt werde, setze sich die ganze Kindheit hindurch fort. Freud schrieb weiter: »Im Lebensalter der Pubertät tritt nun die mächtige ›sinnliche‹ Strömung hinzu, die ihre Ziele nicht mehr verkennt. Sie versäumt es anscheinend niemals, die früheren Wege zu gehen und nun mit weit stärkeren Libidobeträgen die Objekte der primären infantilen Wahl zu besetzen. Aber da sie dort auf die unterdessen aufgerichteten Hindernisse der Inzestschranke stößt, wird sie das Bestreben äußern, von diesen real ungeeigneten Objekten möglichst bald den Übergang zu anderen, fremden Objekten zu finden, mit denen sich ein reales Sexualleben durchführen lässt. Diese fremden Objekte werden immer noch nach dem Vorbild (der Imago) der infantilen gewählt werden, aber sie werden mit der Zeit die Zärtlichkeit an sich ziehen, die an die früheren gekettet war« (a. a. O., S. 80f.).

Zur Implementierung der neuen sexuellen Möglichkeiten in der Adoleszenz

Der Eintritt des Subjekts in die Zeitlichkeit, der durch die Metamorphose in der Adoleszenz ermöglicht wird, ist durch einen Bruch gekennzeichnet, der einen tiefen Schock bedingt. Es geht darum, neue Fähigkeiten zu erlernen, Fähigkeiten, die man nicht aus der Kindheit mitbringen kann. Fasst man das Ich als ein körperliches auf, dann war es während der Kindheit mit dem kindlichen Körper verbunden – jetzt aber muss sich das Ich in dem ihm zunächst fremden, erwachsengewordenen Körper einrichten. Die neue Qualität und Stärke des mit der Instinkt-Sexualität verlöteten Triebs durchbricht die Ich-Abwehr der Kindheit. Die Heftigkeit des sexuellen Drucks bedingt, dass die nun erwachsen gewordene Genitalität ins psychische System implementiert werden muss. Dadurch wird der bisher gewohnte, durch die kindliche Impotenz gestützte Realitätsbezug zerstört, es kommt zu einer Schwächung der Realitätsprüfung. Das psychische System muss eine neue Repräsentation des sich verändernden Körpers und der Manifestationen der inneren Triebwelt aufbauen. Dazu bedarf es einer Trennung (Spaltung) zwischen dem zunächst noch vorherrschenden Real-Ich der Kindheit und dem Ich, das der Jugendliche bekommen will, dem, was oder wer er werden will. Man könnte auch von einer Restrukturierung des Ich-Ideals sprechen, die durch ein Nicht- oder Noch-Nicht-Sein generiert wird, das hofft, zu werden. Dem Ideal wird gleichzeitig unterstellt, dass es potentiell im aktuellen Ich, das narzisstisch besetzt werden kann, bereits anwesend ist. Die notwendige Vorbedingung für diesen Prozess ist allerdings eine Selbstentidealisierung, die die Entidealisierung der Kindheit und die Dekonstruktion der infantilen Identifikationen mit den idealisierten Eltern impliziert. Die daraus resultierende Identitätskrise wird als Verlust erfahren und löst Trauerarbeit aus: eine psychische Arbeit die im Ent-Besetzen und Wiederbesetzen von Objekten besteht, was eine narzisstische Reorganisation und Restrukturierung der Identifikationen notwendig macht – eine des Ichs, des Über-Ichs und der Idealinstanzen. Auch der Unterschied zwischen dem, was das Kind zu werden hoffte, und dem, was es dann feststellen muss, geworden zu sein, wird eine Quelle von Trauer und Konflikt. Es ist die Trauer, das phantasierte Ideal der Perfektion verloren zu haben, das narzisstische Selbstbild, das man sich von sich selbst gemacht hatte. Aber: Um neue Beziehungen mit neuen Objekten eingehen zu können, hat man den Preis dieser Enttäuschung zu zahlen. Wenn in diesen Prozessen auch die alten Identifikationen und Bindungen die notwendige

Grundlage und Vorbedingung darstellen, so eröffnet die Adoleszenz doch in jedem einzelnen Leben die Möglichkeit zu einer Reorganisation der psychischen Struktur.

Triebverzicht

Im Gegensatz zur weitverbreiteten Meinung, dass eine Psychoanalyse zur *Befreiung der Sexualität* führen solle, war Freud von einem vollkommen anderen Ansatz ausgegangen. In seiner Kritik zu Fritz Wittels' Buch »Die sexuelle Not« (Wittels 1909), das den Satz »Die Menschen müssen ihre Sexualität ausleben, sonst verkrüppeln sie« zum Motto hatte, sagte er u. a., dass er sich Wittels' Reformvorschlägen nicht anschließen könne. Er sei zwar auch der Ansicht, dass die Unterdrückung der Sexualität schädlich sei, meinte dann aber: »Wir aber setzen hier fort, indem wir sagen: Durch die Kur befreien wir die Sexualität, aber nicht damit sich nun der Mensch von ihr beherrschen lasse, sondern wir ermöglichen eine Unterdrückung, Verwerfung der Triebe von einer höheren Instanz aus.« Er trete nicht für das Ausleben der Sexualität ein, sondern: »Wir unterscheiden zwischen einem pathologischen Prozeß der Verdrängung und einem normal zu heißenden. Die pathologische suchen wir zu ersetzen durch Verwerfung. So aber können wir es auch nur in der Gesellschaft versuchen, und auch sie muß ihre Unterdrückungen aufheben, um sie dann neuerlich zu verwerfen« (Nunberg & Federn 1967, S. 81).

Wie unsinnig die Rede von der *Befreiung der Sexualität* vom psychoanalytischen Standpunkt aus ist, zeigte Laplanche in seiner Arbeit »Das Sexualverbrechen« auf (Laplanche 2003), indem er auf den Anteil des *Sexuellen* in jedem Verbrechen und auf die *sexuelle Gewalt* hinwies, die in dem von Dominanz gezeichneten Zusammentreffen zwischen dem Erwachsenen und dem Kind *im Allgemeinen* steckt. Er sprach da von einer sexuellen Gewalt, »*begangen von jemandem, der seiner eigenen infantilen Sexualität ausgeliefert ist*« (a. a. O., S. 134. Hervorhebung im Text). Es war, so Laplanche, die Widersprüchlichkeit in der Sexualität selbst, die vor allem durch die Präsenz des *Infantilsexuellen* beim Erwachsenen bedingt ist, die Freud veranlasste von der Notwendigkeit des *Triebverzichts* zu sprechen. Bereits im Manuskript N hatte Freud geschrieben: »›Heilig‹ ist, was darauf beruht, daß die Menschen zugunsten der größeren Gemeinschaft ein Stück ihrer sexuellen und Perversionsfreiheit geopfert haben. Der Abscheu vor dem Inzest (ruchlos) beruht darauf, daß infolge der sexuellen Gemeinschaft (auch in [der] Kinderzeit) die Familienmitglieder dauernd zusammenhalten und des Anschlusses an Fremde unfähig werden. Er ist also antisozial – Kultur besteht in diesem fortschreitenden Verzicht. Dagegen der ›Übermensch‹« (Freud 1985c[1887–1904], S. 269).

In »Die kulturelle Sexualmoral und die moderne Nervosität« (Freud 1908d) findet sich das Thema des *Triebverzichts* in nahezu gleichem Wortlaut wieder. Der Text klinge, so Laplanche, zwar wie ein Hilfeschrei oder sogar wie ein gedämpfter Verzweiflungsschrei angesichts der *viktorianisch* genannten Moral, denn mit ihr beschränke sich der Verzicht bei weitem nicht auf die *perverse Sexualität*, sondern umfasse alle sexuellen Beziehungen außer denen, die in der Ehe der Fortpflanzung dienen. Dennoch, trotz der offensichtlichen Anklage hüte sich Freud davor, Rezepte zu verteilen oder eine *sexuelle Freiheit* zu propagieren, und noch weniger gebe er die Vorstellung eines notwendigen Triebverzichts auf (Laplanche 2006a). Die Notwendigkeit des *Triebverzichts* ziehe sich von da an wie ein roter Faden durch Freuds gesamtes Werk (a. a. O., S. 253). Aus allen Texten Freuds gehe hervor, dass er zwischen der Sexualität und der menschlichen Entwicklung hin zum zivilisierten Zustand eine Unverträglichkeit erkannt habe. Allerdings, über die jeweils unverträglichen Elemente müsse man sich erst verständigen. Freud sei ziemlich eindeutig: Unverträglich sei der *polymorph perverse infantile sexuelle Trieb*. Man finde bei Freud zwei unterschiedliche Antworten, die eine sei externer, die andere interner Natur: Einerseits sei die *infantile Sexualität* unverträglich mit der Kultur, mit der Gesellschaft. Diese Erklärung habe den Nachteil, dass sie der *Gesellschaft* eine Art von eigener Kraft oder Energie und auch eine eigene Absicht zugestehe: nämlich sich selbst zu reproduzieren. Andererseits aber sei die *infantile Sexualität* mit sich selbst unverträglich, da der *infantile Sexualtrieb* in seinem ungebundenen, anarchischen Funktionieren, in seiner Suche nach Erregung und nicht nach Befriedigung, sozusagen selbstzerstörerisch sei (Laplanche 2006a, S. 254). Genau das aber ist Laplanches Deutung des *Todestriebs* als eines *sexuellen Todestriebs*, der demnach nichts anderes ist, als *die am meisten destrukturierende und destrukturierte Form der Sexualität*: »Tatsächlich sollte man soweit kommen, sich zu sagen, dass ›das Tier im Menschen‹ nicht das wirkliche, angepasste Tier ist, das wir kennen, sondern das wilde Tier, die sexuelle Bestie. Und diese sexuelle Bestie ist nicht am Anfang da, sie ist nicht das wirkliche Tier. Wir haben nicht seit jeher ein prähistorisches Tier in uns versteckt. Wir haben dieses Tier hergestellt. […] So wie das Unbewußte und das Es nicht von Anfang an da sind, und die perversen Phantasien der Effekt der Verdrängung sind« (Laplanche 2003, S. 134f.).

Andererseits heiße aber *Verzicht* nicht Zerstörung. Laplanche schrieb: »Der prägenitalen Sexualität stehen die Wege der (immer nur teilweisen) Verdrängung und der Übersetzung offen, der Historisierung und Umsetzung ins Werk, was nichts anderes ist als die Sublimierung, wenn man ihr ihren ›sublimen‹ Aspekt entzieht und darin die Bewegung der Symbolisierung – Übersetzung erkennt, die den meisten Menschen offensteht. Als erster Zweck der Sublimierungen steht ganz einfach die genitale Sexualität, insofern sie in der Lage ist, die infantilen perversen Komponenten zu integrieren« (Laplanche 2006a, S. 254).

6. Wirkungsweise und Genese der Angst nach Jean Laplanche

Die Adoleszenz ist nicht das Ende der Entwicklung und sie ist auch nicht nur ein turbulenter Übergang zu einem mehr oder weniger stabilen Erwachsensein, sondern mit ihr tritt das Subjekt in eine Konfliktkonstellation ein, die ab der sexuellen Reife – und von da an während des gesamten Erwachsenenlebens – eine entscheidende Rolle im innerpsychischen Geschehen einnimmt (vgl. Aichhorn, Th. 2012). Kennzeichnend für diese Konfliktsituation ist die Angst. In dem Vortrag »Wiedergutmachung und Vergeltung im Strafrecht: Eine psychoanalytische Perspektive« (Laplanche 1982a) sagte Laplanche: »Die Angst selbst ist das Korrelat des inneren Triebangriffs, den innere Begierden ständig gegen uns richten, in dem Sinne, daß sie uns angreifen und uns der Folter unterwerfen. Die Angst […] hat schließlich dieselbe Ausdehnung wie das Unbewußte« (a.a.O., S.61).

Laplanche hatte sich bereits in seinen Vorlesungen an der Universität eingehend mit Freuds erster und zweiter Angsttheorie auseinandergesetzt und sie im Sinne der *Allgemeinen Verführungstheorie* kritisiert. Der 1980 erschienene I. Band der *Problématiques* hat den Titel *L'angoisse – die Angst* (Laplanche 1980a). Auch in den *Neuen Grundlagen für die Psychoanalyse* beschäftigte er sich mit Wirkungsweise und Genese der Angst (Laplanche 1987, S. 129ff.). 1979 hatte er in Berkeley einen Vortrag gehalten, in dem er die Ergebnisse seiner Forschungsarbeit zum Thema Angst erstmals zusammengefasst hatte. Der Vortrag wurde unter dem Titel »Eine Metapsychologie – von der Angst auf die Probe gestellt« ins Deutsche übersetzt (Laplanche 1979).

Freuds ganzes Werk durchziehe, so Laplanche, eine Auseinandersetzung um die *Priorität* zwischen dem, was er als *Realangst* und dem, was er als *Triebangst* bezeichnet habe. Es sei die Frage, ob beim Menschen als erstes die *Realangst*, eine an *eine reale Gefahr angepasste Furcht*, entstehe oder eine *Angst in Reaktion* auf die von *innen kommende Triebattacke*, d.h. eine *Triebangst*. Habe Freud zwar zunächst zugunsten der Angst als einem inneren Vorgang argumentiert, im Sine des dem Trieb ausgelieferten Ichs, suche er letztlich aber Hilfe bei einer exogenen, der Psychoanalyse äußerlichen Grundlage, nämlich beim Menschen der Eiszeit. Freud: »Die phylogenetische Überlegung scheint nun diesen Streit zu Gunsten der Realangst zu schlichten und läßt uns annehmen, daß ein Anteil der Kinder die Ängstlichkeit des Beginns der Eiszeit mitbringt und nun durch sie verleitet wird die unbefriedigte Libido wie eine äußere Gefahr zu behandeln« (Freud 1985a[1915], S. 645).

Laplanche argumentiert gegen Freud, so wie er es gewöhnlich tut, mit Freud selbst, indem er es als *erstaunlich* bezeichnete, dass sich Freud nicht an das von ihm selbst früher Hervorgehobene gehalten habe, nämlich an die beim Kind – im Gegensatz zum Tier – nicht existierenden, auf Anpassung gerichteten, instinkthaften Verhaltensschemata angesichts wirklicher Gefahren. Laplanche: »Das Kind ist ohne Furcht, weil ohne adaptive Vorrichtung, sodass es auch hier auf eine gewisse Weise *hilflos* ist, und dies, so könnte man sagen, in aller Unbekümmertheit; es braucht einfach fremde Hilfe und erkennt dies nicht einmal« (Laplanche 1987, S. 129).

Folgerichtig weist Laplanche Freuds so genannte *zweite Angsttheorie*, die Freud 1926 in der Schrift »Hemmung, Symptom und Angst« (Freud 1926d[1925]) veröffentlicht hatte, entschieden zurück. Er schrieb: »Gewiß vereinfache ich, mit dem einzigen Ziel, eingangs meine Position klarzustellen: Es handelt sich um ein offenes Bestreiten der These von ›Hemmung, Symptom und Angst‹, die eine echte Umkehr im Freudschen Denken anzeigte und zwar deswegen, weil der Begriff der wirklichen Angst in den Vordergrund geschoben und die Realangst, die als primär im Verhältnis zur Triebangst aufgefaßt wird, eingeführt wurde. In diesem reichhaltigen und fesselnden, aber ziemlich zweideutigen und sogar widersprüchlichen Werk scheint mir ein fruchtbarer Weg verlassen und sogar bedrohlich in sein Gegenteil gekehrt zu sein« (Laplanche 1979, S. 49).

Der Wert von Freuds Argumentation liege darin, so Laplanche, dass sie der Bewegung folge, die in der Sache selbst zu finden sei. Das soll heißen: Die erste Angsttheorie beschreibe den Ursprung des Prozesses, die zweite sei eine sekundäre Theorie, sie beschreibe die Art und Weise, in der sich das betroffene Subjekt seinen Zustand erkläre.

Zeitlichen Vorrang hat also nach Laplanche die *nicht ans Reale angepasste Angst, der innere Angriff durch den Trieb*, der sich allerdings – wie etwa in der Phobie – als Realangst verkleiden könne. In Laplanches Lesart: »Wir wiederholen also unsere Behauptung der Priorität der Triebangst, des inneren Angriffs durch den Trieb. Aber glauben wir deshalb nicht, den Scheinwahrheiten ein Ende bereitet zu haben. Der Trieb selbst, so intern er auch sein mag, muß wohl durch Erfahrungen, die das Verhältnis zur Außenwelt ins Spiel bringen, gestaltet und sogar begründet werden« (Laplanche 1979, S. 54). »Der innere Angreifer«, so setzte Laplanche fort, »ist nicht der sekundär verinnerlichte äußere Angreifer: Er ist Angreifer und beängstigend, *weil* er innerer Angreifer ist, weil er, wie Freud es sagt, das Ich von *der* Seite aus angreift, von der es sich den Angriff nicht erwartet« (Laplanche 1979, S. 56. Hervorhebung im Text).

Mit dem Satz, dass *Ich werde von innen her, also von der Seite her angegriffen, von der her es sich keinen Angriff erwartete*, verweist Laplanche auf Freuds »Entwurf einer Psychologie« (Freud 1950c) aus 1895, auf die Zeit also, zu der Freud gerade an seiner *Verführungstheorie* arbeitete. Auch die Sätze, mit denen Laplanche dieses »Verhältnis zur Außenwelt« und dessen Verinnerlichung beschreibt, verweisen auf die *Verführungstheorie*: »Ja, die Beziehung zur Außenwelt ist zuerst und die ganze innere Welt, selbst die Triebe mit inbegriffen, bilden sich ausgehend von introjizierten, diesen Erfahrungen entnommenen Elementen. Aber gleichzeitig ist die innere Welt zuerst und zwar in dem Sinne, dass die Phantasien, die die Sexualtriebe bestimmen, zu den Erfahrungen, von denen sie sich ableiten, in keinem vergleichbaren Maßstab stehen. [...] So liegt also in der primären Zeit der Introjektion der grundlegende Bruch, jener, der eine Welt des sexuellen Wünschens begründet, und zwar ausgehend von einem mehr oder weniger auf Anpassung ausgerichteten Verhältnis« (Laplanche 1979, S. 55).

Laplanche war entschieden der Ansicht, dass die Angst nicht zur Instinktausstattung des Menschen gehört. Die Bedingung der Möglichkeit ihres Auftretens ist eine *psychische Struktur*, die ebenfalls mit der Geburt noch nicht gegeben ist. Die notwendige Voraussetzung für alles weitere Geschehen steckt in dem Satz »ausgehend von einem mehr oder weniger auf Anpassung ausgerichteten Verhältnis«. Laplanche meint damit, die für das Überleben des Säuglings unumgänglich notwendige Beziehung zu einem Erwachsenen, der ihm in seiner *Hilflosigkeit* behilflich ist: »Auf der Ebene der der Selbsterhaltung oder Anpassung [...] verläuft die Kommunikation in der Richtung Kind-Erwachsener, während sie sich im sexuellen Bereich in umgekehrter Richtung entwickelt« (Laplanche 1987, S. 129).

Es sind vor allem die *genetischen Aspekte*, gegen die Laplanche zu weilen durchaus streitbar und polemisch argumentierte: Die Idee, dass alles was bewusst ist, früher unbewusst war, dass also das Unbewusste primitiven Formen seelischer Tätigkeit entspricht; dass das *Es* eine Art von *Reservoir nicht verdrängter Triebe* oder *Instinkte* darstellt; dass es zum Körper hin offen ist, und dass daher die Sexualität wie auch die Aggression und/oder der Todestrieb biologisch bedingt und von Geburt an aktiv seien; dass die *Urphantasien phylogenetisch begründet seien* und den Kern, die primären Inhalte des Unbewussten, bilden und schließlich die metabiologischen und metakosmologischen Spekulationen, wie sie Freud in »Jenseits des Lustprinzips« (Freud 1920g) entwickelte. Freud hätte solche Ansichten entwickelt, weil für ihn die *Urverdrängung* von früh an ihre Bedeutung für die Konstituierung des *sexuellen Unbewussten* verloren hatte. Laplanche schrieb: »Neben Texten [...], in denen er [Freud, Anm. Th.A.] dem Vorgang der Verdrängung und damit einer Schöpfung des Unbewußten im Laufe jeder individuellen Existenz eine Vorrangstellung einräumt, gibt es eine beständige Versuchung, das Unbewußte in dieser oder jener Abstammungsreihe zu lokalisieren, wo es dann die Position eines ersten, ursprünglichen Bestandteils einnimmt« (Laplanche 1993, S. 1214).

Sowohl die *Angst*, wie auch die wesentlichsten von Freud entdeckten und beschriebenen psychischen Phänomene – wie etwa die *infantile Sexualität*, die *Triebe*, das *Unbewusste* oder auch der *Todestrieb* –, sind nach Laplanche weder genetisch noch phylogenetisch vermittelt, sie gehören keiner angeborenen Instinktausstattung des Menschen an, sie sind daher zum Zeitpunkt der Geburt – und auch noch lange danach – nicht vorhanden. Kann man auf endogen Angelegtes oder sonst irgendwie Vererbtes nicht zurückgreifen, dann müssen die Voraussetzungen, die zur Bildung einer psychischen Struktur, die von einem *sexuellen Unbewussten* gekennzeichnet ist, geführt haben werden – und natürlich auch die Folgen, existiert sie einmal – nachvollziehbar beschrieben werden können. Genau das sollte Laplanches *Allgemeine Verführungstheorie* leisten.

Die *Allgemeine Verführungstheorie* besagt, wie bereits ausgeführt, dass es keine angeborene, genetisch-biologisch angelegte und sich aus sich selbst heraus entwickelnde Sexualität gibt, sondern dass sie erst im Rahmen der *Anthropologische Grundsituation*, im Rahmen einer Beziehung entsteht, deren vordringlichste Aufgabe darin besteht, dass ein *Bescheidwissender*, ein Erwachsener, dem zunächst weitgehend *hilflosen Kind* bei seiner *Selbst- oder Lebenserhaltung* behilflich ist. Die der *Selbsterhaltung* des Kindes dienenden Gesten und Berührungen übermitteln ihm aber unumgänglich gleichzeitig *Botschaften*, die durch die *Sexualität des helfenden Erwachsenen*, die von seinem *sexuellen, dynamisch wirksamen Unbewussten* bestimmt ist, kompromittiert sind. In diesem Register deckte Laplanche die *Urverführung* auf: Weil das Kind im Bereich des Sexuellen über keine instinkthaft vorgebildete Antwort auf die Sexualität des Erwachsenen verfügt – weder über eine die emotional, noch über eine, die kognitiv adäquat wäre –, gerät es unausweichlich in eine *passive, masochistische Position*. Im Versuch des Kindes, dieses *Nicht-Assimilierbare* dennoch zu assimilieren, entsteht die *Urverdrängung* – und mit ihr das *dynamische, sexuelle Unbewusste*. Die Sexualität des Anderen, des Erwachsenen, ihre *Intromission* in das Kind und nicht irgendetwas Angeborenes ist also als Ursache dafür anzusehen, dass Sexualität im Kind entsteht und unausweichlich eine traumatisierende Rolle spielen muss.

Wie Laplanche die Vorgänge konzeptualisierte, die letztlich zur Bildung des Unbewussten führen, führte er im Rahmen seines *Übersetzungsmodells* aus. Es ist dies eine Beschreibung, was *die ins Kind gekommene Sexualität* in ihm bewirkt: »Der psychische Apparat«, schrieb er, »bildet sich folglich in einer Bewegung der Selbstaneignung heraus – die man mit einer Übersetzung vergleichen könnte« (Laplanche 1996, S. 102).

Ausschlaggebend für die Übersetzung ist, dass sich in der Sexualität des Erwachsenen ein angeborener, biologischer Aspekt findet, der allerdings erst mit der Pubertät, der Geschlechtsreife, aufgetreten ist. Seine Sexualität ist daher von einer *Triebsexualität*, die bereits in der Kindheit aufgetreten ist, nämlich von der *infantilen Sexualität*, und einer erst ab der Pubertät aufgetretenen Sexualität gekennzeichnet. Laplanche unterschied zwischen dem *Sexual*, der *infantilen Sexualität*, und der erst später aufgetretenen *Instinktsexualität*. Er nahm an, dass es vor allem der Widerspruch zwischen der beim Erwachsenen weiterhin wirksamen infantilen Sexualität und der Instinktsexualität ist, der beim Kind den Trieb zu übersetzen auslöst. Man könnte also – sehr schematisch verkürzt – sagen, dass das Sexualleben des Menschen vom Verhältnis, das diese beiden Sexualitäten zu einander haben, bestimmt wird.

Die notwendigerweise unvollständige *Übersetzung hinterlässt Überreste*, die das *Unbewusste* im eigentlichen, Freud'schen Sinn des Wortes bilden. Diese *Reste*, werden vom Ich durch *Gegenbesetzungen* im Unbewussten festgehalten und begründen die ersten *Quell-Objekte*, die *Quellen* des *Triebs*, die, ausgeschlossen von Kommunikation und Bedeutungsabsicht, einen isolierten Status in dem was man das *Es* nennt, annehmen. Sie sind als *dynamisch drängende Objekte* aufzufassen, als *innere*, *attackierende Fremdkörper*, von denen das sich bildende Ich angegriffen wird.

Bei jedem neuerlichen Versuch sie zu *übersetzen*, man könnte auch sagen sie zu *binden*, zu *symbolisieren* oder eine *passende Theorie* oder *Deutung* zu finden, wird immer wieder etwas ausfallen. In dem, was immer wieder ausfällt, was ungebunden bleibt und attackiert, hat Laplanche die Ursache dessen erkannt, was in der Psychoanalyse mit dem Begriff *Todestrieb* bezeichnet wird, den er als einen *sexuellen Trieb und nicht biologisch bedingt* auffasste. Seine Kritik an Freuds metabiologischer und metakosmologischer Fundierung des *Todestriebs* ist nämlich nicht als eine vollständige Zurückweisung zu verstehen, sondern er meinte im *Todestrieb* einen *sexuellen Todestrieb* zu erkennen, »eine Vertiefung der ursprünglichen und grundlegenden Behauptung der Psychoanalyse: der Sexualität; der Todestrieb ist die Sexualität in ihrem am wenigsten zivilisierten, sozialisierten Aspekt, insoweit sie gemäß dem Prinzip der freien

Energie und des Primärprozesses wirkt«, wie er schrieb (Laplanche 1979, S. 62f.).

Der *Wiederholungszwang* zeige auf, so Laplanche, wie der *Sexualtrieb* funktioniere und wie er das *Ich* von innen her angreife (vgl. Laplanche 1984[1986]). Es sei also letztlich der Angriff des aus dem *sexuell dynamisch wirksamen Unbewussten* – oder *Es* – hervorbrechenden *sexuellen Todestriebs* auf das *Ich*, der von ihm, dem *Ich nämlich, als Angst* empfunden werde.

Angst wird demnach durch ein Geschehen ausgelöst, das sich zwischen einem *Ich* abspielt, das bestrebt ist, seine *Gestalt* zu bewahren, und dem *unablässigen Angriff der Triebbewegungen und Triebregungen.* So gedeutet ist die Angst nicht ein Signal von Gefahr, sondern sie ist *die gefährliche Situation selbst*, sie ist ein Zustand auf dem Weg zur Zerstörung, ein Zustand, der *der Überwältigung des Ichs durch den gleichmachenden, zerstörerischen Einfluss der Energien des Es entspricht.* Die Entwicklung von Angst ist jedoch bereits gleichbedeutend mit einem Versuch, zu binden und festzuhalten. Demnach ist die Angst im Sinne des *topisch- ökonomischen Aspekts* der *Metapsychologie* Angst des *Ichs*. Im Sinne des *dynamisch-genetischen Aspekts* ist die Angst letztlich durch den *unversöhnlichen, dem Ich fremden Rest des sexuellen Wunsches*, oder, anders ausgedrückt, durch den *sexuellen Todestrieb* bedingt.

7. Der Todestrieb in der Theorie des Sexualtriebs

Anlässlich des Symposiums der *Europäischen Psychoanalytischen Föderation*, das vom 30. März bis zum 1. April 1984 in Marseille stattfand, präsentierte Jean Laplanche seinen Beitrag zum Thema *Todestrieb* unter dem Titel »Der Todestrieb in der Theorie des Sexualtriebs«; unter einem Titel also, den man in seiner exakten Formulierung durchaus als Zusammenfassung der Laplanche'schen Thesen verstehen kann, die er damals und auch später immer wieder vertrat: Es gibt nur einen einzigen Trieb, den *Sexualtrieb*, mit zwei Vektoren – *Sexualtrieb des Lebens* und *Sexualtrieb des Todes* (Folch & Eskelinen de Folch 1984, S. 65ff.).

Laplanches Thesen wurden mit Erstaunen und Bewunderung aufgenommen und während des Symposiums selbst heftig diskutiert.

Vielleicht – so könnte man annehmen – war es Freud mit der Einführung des Begriffs *Todestrieb* ja ähnlich ergangen, er erntete in der psychoanalytischen Gemeinschaft mit seiner Schrift »Jenseits des Lustprinzips« (Freud 1920g) keineswegs nur Begeisterung. Die Verwendung von vorher der Psychoanalyse fremden Begriffen – *Eros*, *Todestrieb*, *Wiederholungszwang* – wurde und wird vielfach als unwissenschaftlich, philosophisch und höchst spekulativ angesehen. Freud hatte seine neuen Thesen zunächst vorsichtig tastend vorgebracht, später aber sah er sie als für die Theorie der Psychoanalyse notwendig und unverzichtbar an (Jones 1957, S. 58). In der »Selbstdarstellung« von 1925 (1925d[1924]) schrieb er: »In den Arbeiten meiner letzten Jahre (›Jenseits des Lustprinzips‹, ›Massenpsychologie und Ich-Analyse‹, ›Das Ich und das Es‹) habe ich der lange niedergehaltenen Neigung zur Spekulation freien Lauf gelassen und dort auch eine neue Lösung des Triebproblems ins Auge gefaßt. Ich habe Selbst- und Arterhaltung unter den Begriff des Eros zusammengefaßt und ihm den geräuschlos arbeitenden *Todes- oder Destruktionstrieb* gegenübergestellt. Der Trieb wird ganz allgemein erfaßt als eine Art Elastizität des Lebenden, als ein Drang nach Wiederherstellung einer Situation, die einmal bestanden hatte und durch eine äußere Störung aufgehoben worden war. Diese im Wesen konservative Natur der Triebe wird durch die Erscheinungen des *Wiederholungszwanges* erläutert. Das Zusammen- und Gegeneinanderwirken von Eros und Todestrieb ergibt für uns das Bild des Lebens« (a. a. O., S. 84. Hervorhebungen im Text). Es scheint, dass sich Freud mit der philosophischen Grundlegung seiner psychologischen Theorie ein altes Vorhaben aus seiner Jugendzeit erfüllt hatte (Hemecker 1991), hatte er sich doch, wie in keiner anderen seiner Schriften zuvor, im »Jenseits des Lustprinzips« (Freud 1920g) auf philosophische Traditionen berufen.

Für einige von Freuds Nachfolger war die im »Jenseits« vorgestellte neue Trieblehre zwar schwierig zu erfassen, sie war aber dennoch theoretisch wie auch klinisch unverzichtbar für die Psychoanalyse geworden (vgl. u. a. Eissler 1955, 1971). Laplanche machte darauf aufmerksam, dass allerdings nur wenige der Psychoanalytiker, die das Konzept des *Todestriebs* übernommen hatten, er bezog sich damit vor allem auf Melanie Klein und ihre Nachfolger, sich noch daran erinnerten, dass Freud damit eine uranfängliche *Selbstdestruktion* und nur sekundär eine nach außen gelenkte *Aggressivität* gemeint habe (Laplanche 1996b).[35] Das Wesentliche in der Bejahung des *Todestriebs*, so schrieb Laplanche, sei nicht in der Entdeckung und der theoretischen Begründung der *Aggression* zu sehen, sondern es liege gemäß der These eines *primären* oder *ursprünglichen Masochismus* in der Idee, dass die *Aggression* zuerst auf das Subjekt gerichtet sei und sich in ihm staue, bevor sie nach außen abgebogen werde. Diese These sei allerdings neu gewesen und erst 1920 im Zusammenhang mit dem mythischen Wesen eines *Todestriebs* aufgetaucht (vgl. Laplanche 1970, S. 128f.).

Für viele andere stellte die neue Trieblehre des »Jenseits« eine der Psychoanalyse als Institution, Theorie und vor allem Praxis schädliche, überflüssige, altersbedingte und metaphysische Entgleisung Freuds dar, die sie entweder kritisierten oder ignorierten (Fenichel 1935; Schur 1966; Reich 1942).

Festzuhalten ist, dass »Jenseits des Lustprinzips« zunächst an Überlegungen anschloss, die Freud bereits im »Entwurf einer Psychologie« (1950c[1895]) von 1895, also gut 25 Jahre zuvor, niedergeschrieben hatte (Sulloway 1992, S. 415). Das wird besonders an der Bedeutung deutlich, die er den traumatischen Faktoren bei der Neurosenentstehung hier wieder gab.

Eissler (Eissler 1955) hielt es für falsch, wenn viele Autoren gemeint hatten, dass die Aufnahme des Todestriebs in die Triebtheorie ein unerwar-

35 Zu betonen sei, meinte Laplanche, dass die nachträgliche Behauptung Freuds, seine Entdeckung sei auf die Klinik des Sadismus und Masochismus zu beziehen (Freud 1933a, S. 111), zu bezweifeln sei. Einerseits habe Freud schon vorher die Äußerungen des Sadismus und Masochismus ausgedehnt gewürdigt und behandelt, ohne sich auf einen speziellen Trieb zu berufen, und andererseits, untersuche man »Jenseits des Lustprinzips«, dann könne man feststellten, dass Sadismus und Masochismus nie als Ausgangsmotive für die Einführung des Todestriebs vorgeschoben werden (Laplanche 1996b, S. 14).

teter und überraschender Schritt gewesen sei, für den persönliche Motive außerhalb des Bereichs wissenschaftlicher Erfordernisse verantwortlich zu machen seien: »Erstens gibt es auch dann maßgebende persönliche Motive, wenn ein Forscher nicht Theorien entwickelt, die überraschende und unerwartete Wendungen nehmen, und zweitens glaube ich, eine ins Detail gehende Untersuchung von Freuds Werk wird nachweisen, dass sich dieser letzte Teil seiner Theorien organisch an sein vorangehendes Werk fügt« (a. a. O., S. 18. Hervorhebung im Text).

Laplanche war ebenso der Ansicht, dass sich die Thesen, die Freud im »Jenseits« entwickelt hatte, aus der Theoriebildung Freuds selbst ergeben hätten. Auch er lehnte daher alle Spekulationen ab, dass man sie aus der Biographie Freuds erklären könnte, wie etwa die, dass die Einführung des *Todestriebs* als eine Reaktion auf den Tod seiner Tochter Sophie und auf den Tod seines Enkels zurückzuführen sei.

Freuds Tochter Sophie war im Jänner 1920 erkrankt und verstarb wenige Tage nach ihrer Einlieferung ins Krankenhaus. Ihr jüngerer Sohn Heinele erkrankte im Juni 1923 an Miliartuberkulose und erlag seiner Krankheit nach neun Tagen der Bewusstlosigkeit.

Als sich im April 1919 Lou Andreas-Salomé bei Freud nach dem Schicksal seiner sieben noch nicht veröffentlichten metapsychologischen Abhandlungen erkundigt hatte, antwortete er ihr: »Das systematische Bearbeiten eines Stoffes ist mir nicht möglich; die fragmentarische Natur meiner Erfahrungen und der sporadische Charakter meiner Einfälle gestatten es nicht. Wenn ich aber noch zehn Jahre leben, in dieser Zeit arbeitsfähig bleiben, nicht verhungern, nicht erschlagen werden, nicht vom Elend der Meinigen oder dem um mich herum zu stark hergenommen sein sollte – ein bißchen viel Bedingungen –, dann verspreche ich, weitere Beiträge zu ihr zu leisten. Ein erster der Art wird in einem Aufsatz ›Jenseits des Lustprinzips‹ enthalten sein, bei dem ich mir eingehende *kritisch*-synthetische Würdigung von Ihnen verspreche« (Freud 1966a, S. 105. Hervorhebung im Text). Bereits am 17. März 1919 hatte Freud an Ferenczi geschrieben: »Ich habe eine 26 Seiten starke Arbeit über die Genese des Masochismus abgeschlossen, die den Titel führt: Ein Kind wird geschlagen. Eine zweite mit der geheimnisvollen Überschrift: Jenseits des Lustprinzips ist im Entstehen« (Freud 1992g, S. 214). Am 31. März schrieb er ihm: »Ich bin noch stark beschäftigt, schreibe aber dabei an der neuen Abhandlung über ›Jenseits des Lustprinzips‹ und hoffe dabei wie in allen Fällen auf Ihr Verständnis, das mich in noch keiner Lage verlassen hat. Ich sage darin vieles recht unklar, woraus der Leser das Richtige machen muß. Man kann ja manchmal nicht anders. Doch hoffe ich, werden Sie manches Interessante darin finden« (a. a. O.,

S. 221). Und im Mai 1919 berichtet Freud Ferenczi, er habe: »nicht nur den Entwurf zum ›Jenseits des Lustprinzips‹, das für Sie abgeschrieben wird, vollendet, sondern auch die Kleinigkeit über das ›Unheimliche‹ wieder vorgenommen und mit einem simplen Einfall eine ψα Begründung der Massenpsychologie versucht« (Freud 1992 g, S. 236). Im September desselben Jahres kam Ferenczi zu ausgiebigem Gedankenaustausch nach Wien. Erst im Mai 1920 berichtete ihm Freud, dass er wieder an »Jenseits des Lustprinzips« arbeite und am 18. Juli 1920 schrieb er ihm, dass er die Arbeit abgeschlossen habe (Grubrich-Simitis 1993, S. 237).

Laplanche, der eine eingehende »Untersuchung von Freuds Werk«, wie sie Eissler anregte, unternommen hatte, stellte fest, dass Begriffe, die in einem so späten Stadium eines Werkes auftreten, weder grundlegend verschieden von dem sein können, was vorher das Werk inspiriert hatte, noch können sie nur eine neue Formulierung alter Inhalte sein (Laplanche 1970, S. 127). Er war der Ansicht, dass sich die Einführung des Todestriebs als logische Folge der Theorieentwicklung Freuds ergeben hatte, bedingt vor allem durch die Einführung des Narzissmus Konzeptes in »Zur Einführung des Narzißmus« (Freud 1914c). In »Leben und Tod in der Psychoanalyse« (Laplanche 1970) heißt es: »Dennoch wird sich offenbar nicht diese Metapsychologie, die zur Zeit des Knotenpunkts ›Narzissmus‹ im Keim angelegt ist, weiterentwickeln. Zumindest wird sie eine offenbar unvorhersehbare Mutation durchlaufen müssen: Die Mutation, die der ›Todestrieb‹ mit sich bringt« (a. a. O., S. 126).

Jean Laplanches sexueller Todestrieb

Als Laplanche 1984 in Marseille über »Jenseits des Lustprinzips« und über die Einführung des Begriffs *Todestrieb* sprach, stellte er die Frage, wie die Begriffe *Trieb* und *Tod* im Rahmen der psychoanalytischen Theorie zu verstehen seien (vgl. Laplanche 1996b). Dabei betonte er zunächst den Unterschied zwischen *Trieb* und *Instinkt* (vgl. Laplanche 2000a). Während der *Instinkt als biologisch-genetisch* zu verortet sei, müsse *der Trieb als das speziell für das menschliche Individuum charakteristisches Merkmal angesehen werden und er müsse als lebensgeschichtlich erworben verstanden werden.* Für Laplanche, der stets auf die *Passivität des Triebgeschehens* in Form einer Umkehrung, wie sie Freud in »Triebe und Triebschicksale« (Freud 1915c) beschrieben hatte, hinwies, ist diese Passivität an das reflexive Moment des Triebs gebunden. Er verstand sie aber natürlich auch als an die Aktivität eines Triebs, der uns vorantreibt, gebunden. Dass das Biologische im Triebkonflikt repräsentiert sei, bedeute keineswegs, so Laplanche, dass der Trieb eine biologische Kraft sei. Folch und Eskelinen de Folch berichteten: »Laplanche ist der Ansicht, dass der Begriff eines primären, nicht verdrängten Es oder Unbewussten dazu beiträgt, die Verwirrung über die Bedeutung des biologischen Faktors in der Psychoanalyse wachzuhalten; so erklären sich die wohlbekannten Spekulationen betreffend der erblichen Übertragung archaischer Erfahrungen und Urphantasien. Für ihn begründet die primäre Verdrängung das Unbewusste, und es ist dieses Unbewusste oder Es, welches uns – wie eine zweite Natur – vorantreibt und uns in Bewegung setzt. Dementsprechend ist es auch diese primäre Verdrängung, die den Sexualtrieb ausmacht und die Urverführung als Ausganspunkt hat« (Folch & Eskelinen de Folch 1984, S. 66). In »Leben und Tod in der Psychoanalyse« hatte Laplanche geschrieben: »*In der menschlichen Sexualität w*ird der Instinkt, eine Lebenskraft, entwertet; er verliert sich im Trieb, seinem metaphorisch-metonymischen Abkömmling oder ›Derivat‹« (Laplanche 1970, S. 179. Hervorhebung im Text).

In einem nächsten Schritt ging es Laplanche in Marseille um die Unterscheidung von den Funktionen der *Selbsterhaltung*, die Freud ursprünglich als *»Ich-Triebe«* bezeichnet hatte, und dem *Trieb als dem Repräsentanten der Sexualität*, der von der *Selbsterhaltung* unterschieden werden müsse. Um diese *Einbeziehung der Todestriebe in die Sexualtriebe* zu rechtfertigen, so berichteten Folch und Eskelinen de Folch, sei Laplanche Schritt für Schritt Freuds Gedankengang gefolgt: Von der Idee der Sexualität als dem einzigen wahren Trieb, bis zur Unterscheidung zwischen objektaler Sexualität und narzisstischer Sexualität, bis hin zur Gegenüberstellung zwischen einer *gebundenen Sexualität* – gebunden an das Objekt oder an das narzisstische Ich – und einer *ungebundenen, dämonischen Sexualität* –, wobei erstere zum *Eros* oder *Lebenstrieb* gehöre, während die zweite zum *Todestrieb* gehöre (Folch & Eskelinen de Folch 1984, S. 67). Das von Laplanche vorgeschlagene *Schema eines einzigen Triebs* (*des sexuellen*) leite sich von der Triebtheorie Freuds her, die nach seiner Meinung in zwei Etappen gebildet wurde: *Sexualität – Selbsterhaltung* einerseits, *Lebenstriebe – Todestriebe* andererseits. Dieses, die beiden Etappen der Freud'schen Theorie verbindende vollständige Schema, schließe auch den *Narzissmus* mit ein.

In einem weiteren Abschnitt seines Vortrags habe Laplanche, so Folch und Eskelinen de Folch, die Beziehung der *Lebens- und Todestriebe* zu den *Funktionsprinzipien des psychischen Apparats* behandelt. Im Hinblick auf das *Lustprinzip* müsse man die Situationen, in denen das Ziel eine absolute Verminderung der Spannung sei – Nirwana –, das *Lustprinzip also dem Todestrieb unterstehe*, von denjenigen unterscheiden, in denen das *Lustprinzip dem Konstanzprinzip in der Suche nach einer Homöostase des Organismus und des Ich die Forderung der Lebenstriebe repräsentiere* (a. a. O.).

Laplanche sah in der Einführung der Theorie des Todestriebs in »Jenseits des Lustprinzips« keineswegs die Entdeckung eines zweiten Triebs, der sich dem Sexualtrieb entgegen stellt, sondern vielmehr die Vertiefung und Ausarbeitung eines Triebkonzeptes, welches Freud im Wesentlichen bereits in den »Drei Abhandlungen zur Sexualtheorie« (Freud 1905d) vertreten und mit dem Begriff der *infantilen Sexualität* bezeichnet hatte, einer Trieb-Sexualität, die nicht als nur die Sexualität des Kindes bestimmt, sondern die auch als die im Erwachsenen fortwirkende Kraft angesehen werden muss – vor allem festzustellen im Paar Sadismus – Masochismus.

Laplanches Auffassung nach begründet die *Urverdrängung sowohl die libidinöse wie auch die aggressive Seite des Sexualtriebs und dementsprechend eben den Sexualtrieb des Lebens und den des Todes, der eine wie der andere in erster Linie reflexiv, autoerotische und autodestruktiv* (Folch & Eskelinen de Folch 1984, S. 67): »Im Hinblick auf das energetische Funktionieren handeln die Sexualtriebe des Lebens nach dem Prinzip der gebundenen Energie (Konstanzprinzip), die Sexualtrieb des Todes nach dem Prinzip der freien Energie (Trägheitsprinzip oder Nullprinzip, später Nirwanaprinzip). Für die Lebenstriebe ist das Objekt total, für die Todestriebe ist es ein abgetrennter Aspekt, nur ein Zeichen des Objekts. Wenn das Ziel der Lebenstriebe die Synthese und die Verbindung sind, so neigen die Todestriebe zur totalen Triebabfuhr mit gleichzeitiger Objektdestruktion«, berichteten Folch und Eskelinen de Folch (a. a. O., S. 67f.).

Der Begriff *Tod* bedeute in der Psychoanalyse nach Laplanche nichts anders als *eine Form der Autodestruktion, eine Rückkehr zur völligen Abwesenheit von Erregung (Nirwana)*. In »Leben und Tod in der Psychoanalyse« hatte Laplanche 1970 geschrieben: »Das Lustprinzip, radikalisiert zum Nirwanaprinzip, wurde entdeckt und ist gültig nur auf der Ebene der Vorstellungen; es kann als solches nicht scheinbar ähnlichen Prinzipien, die in der ›Lebensordnung‹ ausgemacht werden, nachgezeichnet werden, ohne dass die größte Verwirrung in der Psychoanalyse angerichtet wird« (Laplanche 1970, S. 175).

Zu Laplanches Kritik an Freuds Auffassung vom Todestrieb

Schon viele Jahre vor dem Kongress in Marseille, zumindest bereits von 1970 an, dem Erscheinungsjahr von »Leben und Tod in der Psychoanalyse«, kann man im Werk von Laplanche das *Konzept eines sexuellen Todestriebs* entdecken. Er dürfte einer der wenigen Autoren gewesen sein, die, obwohl damals genaue Untersuchungen zur Erstfassung des »Jenseits« noch nicht vorlagen (siehe die erst späteren Arbeiten von Ulrike May und Michael Schröter aus dem Jahr 2013[36]), darauf aufmerksam machten, dass Freud wenige Wochen vor der Abfassung des »Jenseits« eine Arbeit mit dem Titel »Ein Kind wird geschlagen« (Freud 1919e) verfasst hatte, eine Arbeit, die sich mit dem Thema des Masochismus und seiner sexuellen Implikationen beschäftigte. Wie inzwischen durch die wertvolle Arbeit Ulrike Mays (May 2013) genau und ausführlich belegt wurde, gab es bereits im Jahr 1919 – also zeitgleich mit der Veröffentlichung von »Ein Kind wird geschlagen« – eine Erstfassung des »Jenseits«, die sich wesentlich von der später veröffentlichten, uns geläufigen Endfassung unterscheidet. Auf dieses (beinahe) zeitgleiche Entstehungsdatum der beiden Schriften »Ein Kind wird geschlagen« und der Schrift »Jenseits des Lustprinzips« hatte sich Laplanche bereits bezogen, als er die jetzt vorliegenden Fakten vermutlich noch gar nicht kannte. Dies zu betonen scheint deshalb wichtig, weil Laplanche im Text von »Ein Kind wird geschlagen« grundlegende Gedanken formuliert sah, die im »Jenseits des Lustprinzips« wieder aufgenommen und neu ausgeführt wurden. An dem genannten Beispiel ist die für Laplanche charakteristische Art der Auseinandersetzung mit Freuds theoretischen und klinischen Konzepten zu erkennen. Er hatte, wie kaum ein anderer Freud-Kenner, die Entwicklung der Freud'schen Theorie von ihren ersten Anfängen an einer sehr genauen Betrachtung unterzogen und ihnen im Rahmen seiner »Neuen Grundlagen für die Psychoanalyse« (Laplanche 1987), bzw. seiner *Allgemeinen Verführungstheorie*, die ihnen gebührende Referenz erwiesen. Dies gilt ganz besonders auch für Laplanches Verständnis von »Jenseits des Lustprinzips« (vgl. Früh 2019). Er schrieb: »Ein hochspekulativer und in vieler Hinsicht zerrissener Text! Es wäre zu entmischen, was er explizit (und oft sehr kontradiktorisch) sagt, was er in der Ökonomie des Freudschen Denkens vollzieht (meiner Ansicht nach das Wichtigste) und zuletzt: zu welchen nachträglichen Interpretationen – ob sie nun von Freud oder von seinen Schülern stammen – der Text Anlaß gibt« (Laplanche 1996b, S. 13).

36 Vgl.: *Luzifer Amor*, Heft 51, 26. Jg., 2013, »Jenseits des Lustprinzips« – Neu-Edition, Erstabdruck der Urfassung 1919 und Kommentar.

Laplanche stellte als genauer Kenner der Freud'schen Theoriebildung Bezüge zu Gedanken aus allen Freud'schen Schaffensperioden her: angefangen vom »Entwurf einer Psychologie« (Freud 1950c[1895]), über »Die drei Abhandlungen zur Sexualtheorie« (Freud 1905d), bis zu »Triebe und Triebschicksale« (Freud 1915c und zu »Zur Einführung des Narzissmus« (Freud 1914c), ganz besonders zu dem Text von »Ein Kind wird geschlagen« (Freud 1919e) und schließlich bis zu einem Text, der erst nach dem Erscheinen des »Jenseits« verfasst wurde »Das ökonomische Problem des Masochismus« (Freud 1924c).

Laplanche sah in der Einführung des Begriffs *Todestrieb* durch Freud weder einen vollkommenen Bruch, noch die totale Umwälzung der bisher geltenden Theorien. Er verstand die Einführung des Todestriebs aus einer Notwendigkeit heraus, die sich aus der Bewegung der Theorieentwicklung selbst ergeben hatte, dies vor allem seit der Einführung des *Narzissmuskonzeptes* in »Zur Einführung des Narzissmus«. Freud vertrat im »Narzissmus« eine *libidinöse Besetzung des Ichs* zusammen mit der *bindenden Funktion des Ichs*. Das, so Laplanche, habe die Einführung von auflösenden, entbindenden, destruktiven Kräfte im Seelenleben – das Freud als Konfliktmodell konzipiert hatte – erfordert – eben die Einführung des *Todestriebs*. Laplanche schrieb: »In *Jenseits des Lustprinzips* wird 1920, ein Jahr nach ›Ein Kind wird geschlagen‹ der Todestrieb eingeführt; dieser Text bleibt der faszinierendste und am stärksten vom übrigen Werk abweichende Text Freuds. Nie zeigt sich Freud so frei und kühn wie in diesem großen metapsychologischen, metaphysischen und metabiologischen Fresko. Völlig neue Termini tauchen hier erstmals auf: Eros, Todestrieb, Wiederholungszwang. Alte, scheinbar vergessene Ideen, vor allem die des ›Entwurfs einer Psychologie‹, werden wieder aufgenommen und erneuert. Mehr denn je bedrängt uns von allen Seiten das Problem des Freud'schen Biologismus: Was für eine Funktion hat dieses Zufluchtnehmen bei den Wissenschaften vom Leben, das bald als rückhaltlose Spekulation, bald als Bezugnahme auf genaues Experimentieren erscheint? *Jenseits des Lustprinzips* wird wahrscheinlich erst dann dialektisch ›überholt‹ sein, wenn der Sinn dieses Biologismus aufgedeckt ist. Wir treffen nun […] auf eine neue originale und sogar unerhörte Verbindung der verschiedenen Weisen dessen, was man allgemein als das ›Negative‹ bezeichnen könnte: Aggression, Destruktion, Sadomasochismus, Hass … Dieser so stark abweichende Diskurs unterwirft sich nur zeitweise und oberflächlich logischen Zwängen; er stellt eine Art freies Denken dar – im Sinne der freien Assoziation –, ein Denken als Versuch, mit Rückzügen, Korrekturen, Dementis« (Laplanche 1970, S. 153f. Hervorhebungen im Text). Und: »Man kann den Eindruck gewinnen, dass in diesem Text alle Fragen schlecht gestellt sind, dass man sie alle neu stellen muss« (a.a.O., S. 154). *Verführerisch* und *traumatisch* wie die Einführung des *Todestriebs* gewesen sei, habe er bei Freuds Nachkommen die unterschiedlichsten Abwehrreaktionen ausgelöst: klare Zurückweisung einerseits, eine schülerhafte Annahme der Begriffe Eros-Thanatos andererseits; Melanie Klein habe den Begriff in abgewandelter Form zwar akzeptiert, habe aber auf seine philosophischen Grundlagen verzichtet; öfter noch werde der Begriff übergangen und völlig vergessen.

Aggression und Sadomasochismus

Bevor sich Laplanche in »Leben und Tod in der Psychoanalyse« dem Kapitel über die Einführung des Todestriebs zuwandte, diskutierte er im Kapitel *Aggression und Sadomasochismus* (Laplanche 1970, S. 127ff.) Freuds Unterscheidung zwischen Aggression und Sadismus, wobei die Aggression dem Bereich der Selbsterhaltung, der Sadismus aber dem des Sexuellen zuzurechnen sei. Diese Unterscheidung entspräche, so Laplanche, der *alten* Triebtheorie, die vom Konflikt zwischen Ich- oder Selbsterhaltungstrieben und den Sexualtrieben ausgegangen war. Mit dem Sadomasochismus nahm Laplanche Freuds Gedanken aus »Triebe und Triebschicksale« (Freud 1915c) wieder auf, nämlich die reflexive Wendung von aktiv zu passiv in Form der Wendung gegen die eigene Person, die in dieser Schrift erstmals vertreten worden war. Laplanche bezog sich in seiner Argumentation aber vor allem auf Freuds »Ein Kind wird geschlagen« (1919e). In diesem Text betrachtete Freud das Wesen des Masochismus als im Unbewussten verankert. Der unbewusste Wunsch »mein Vater schlägt mich«, könne nur als Ersatz für den Wunsch, vom Vater sexuell verführt zu werden, gedeutet werden. Dieser Wunsch könne aber nicht bewusst werden, sondern er müsse eine Konstruktion der Analyse bleiben. Seine Wirksamkeit zeige sich in der Tatsache, dass der Wunsch von einer sexuellen Erregung begleitet werde, die im masturbatorischen Akt ihre Abfuhr erfahre. In Laplanches Auffassung unterscheidet sich der Begriff der Aggression wesentlich vom Begriff des Masochismus. In der Destruktion, wie sie im »Jenseits« auftaucht und die als Aggression bezeichnet wurde, erkannte er vor allem und von allem Anfang an die Selbstdestruktion, die Wendung gegen sich selbst. Dies ist für die Einführung des *sexuellen Todestriebs*, wie Laplanche ihn vorgeschlagen hatte, eine grundsätzliche Voraussetzung. Damit ist ein Verständnis des Todestriebs als pure, nicht sexuelle Aggression, wie ihn zum Beispiel Paula Heimann in ihrer Kleinianischen Periode vertreten hatte, obsolet. Laplanches Kommentar zu Paula Heimanns lautete lakonisch: »Mit Freud war bisher zu betonen, daß Menschen sich verweigern, das Sexuelle in ihrem Verhalten zu bemerken; im Gegensatz wäre das Sexuelle hier [bei P. H., Anm. Th. A.] nur ein Vorwand, um die Verdrängung der reinen Aggression zu ermöglichen« (Laplanche 1996b, S. 14).

Genau wie Thanatos sei Eros eine *innere*, dem Individuum oder dem psychischen Apparat *innenwohnende* Macht, schrieb Laplanche (Laplanche 1970, S. 155). Erst in zweiter Linie werde ein Teil der ursprünglichen Zerstörungswut auf die äußere Welt gewandt und bewirke dann das, was man als Aggression erkennen könne. Damit behaupte Freud das Primat der Autoaggression gegenüber der Heteroaggression. So gesehen wäre die Autoaggression nichts anderes als die Folge des absoluten Primats der Tendenz zur Null, das als die radikalste Form des Lustprinzips anzusehen sei. »Ökonomisch gesehen«, so Laplanche, »besteht der Hauptwiderspruch [dieser Annahme, Anm. Th. A.] darin, dass die Tendenz zur radikalen Abschaffung jeglicher Spannung, also die höchste Form des Lustprinzips, auf ein und denselben Trieb bezogen werden soll, wie das masochistische Streben nach Unlust, das sich doch logisch nur als Zunahme der Spannung interpretieren lässt« (a. a. O.)

Von Freuds Narzissmus-Theorie zum Todestrieb

Freud habe mit dem *Todestrieb* das Spiel falsch ausgegeben und die Partie schlecht gespielt, meinte Laplanche. Er war aber der Ansicht, dass es, geht es um ein Konzept, das immerhin vom Begründer der Psychoanalyse entwickelt worden war, zunächst darum gehe, die erste Ausgabe neu zu interpretieren. Unter den großen *Denkzwängen*, die periodisch in Freuds Werk aufgetreten seien, falle der *Todestrieb* am meisten auf. Er sei vielleicht die Summe aller übrigen Zwänge. Mit seiner Einführung habe Freud eine absolut neue Entwicklung aufgenommen, außerhalb der voraussehbaren Bahnen, und damit alte Gedanken in eine neue Form gebracht. Dies sei ihm aber nur um den Preis eines ziemlich verwirrenden Texts gelungen.

Die Notwendigkeit, den Todestrieb einzuführen, so Laplanche, sei durch Freuds Narzissmus-Konzept bedingt gewesen. Während der Entwicklung der Theorie über das Ich und dessen libidinös-narzisstischer Besetzung, also von »Zur Einführung des Narzissmus« (Freud 1914c) bis zu »Das Ich und das Es« (Freud 1923b), habe sich das Leben immer mehr in den Vordergrund gedrängt. Das Ich habe alle Kräfte und Vollmachten an sich gerissen, es wurde sowohl für die Selbsterhaltung wie auch für die Sexualität – bis hin zu Liebe und Objektwahl – zuständig, für das Wirken des *Sekundärvorgangs* im Gegensatz zum Wirken des *Primärvorgangs* – immer im Zeichen des Narzissmus. Laplanche: »Als Begleiterscheinung taucht der *Eros* auf, jene göttliche Macht, die sich so stark von der Sexualität unterscheidet, also von dem, was die Psychoanalyse primär entdeckt hatte. Eros ist das, was den Zusammenhalt und die synthetische Tendenz des Lebewesens ebenso wie des Seelenlebens aufrechterhalten, bewahren und sogar verstärken will. Während die Sexualität seit den Anfängen der Psychoanalyse ein Prinzip der ›Entbindung‹ war und erst nach Intervention des Ich ›gebunden‹ werden konnte, tritt mit dem Eros die *gebundene und bindende Form* der Sexualität auf, und zwar im Zusammenhang mit der Entdeckung des Narzissmus. Diese ein Objekt besetzende, an eine Gestalt gebundene Sexualität trägt nun das Ich und das Leben selbst, aber auch jede Art von Sublimation« (Laplanche 1970, S. 176. Hervorhebungen im Text).

Freud musste daraufhin, so Laplanche, gemäß der strukturalen Notwendigkeit seiner Entdeckung, damit reagieren, dass er eine Art *Anti-Leben* postulierte, nicht nur in der Psychoanalyse sondern auch in der Biologie. Als solches *Anti-Leben* seien nun die Sexualität und das Lustempfinden und, negativ, der *Wiederholungszwang* erschienen. Streng genommen seien damit aus den *Trieben Instinkte* geworden.

Unter dem Gewicht des *Eros* schien das *Infantil-Sexuelle*, das Freud ursprünglich als präsexuell-sexuell bezeichnet hatte, seine Bedeutung eingebüßt zu haben, im *Todestrieb* aber, feiere, so Laplanche, das *Infantil-Sexuelle, das Autoerotische, das Ungebundene, seine Wiedergeburt*. Es passe auch gut zu Auffassung eines *sexuellen Todestriebs*, so Laplanche weiter, dass es laut Freud nur eine Energie des Triebs gebe, nämlich die *Libido*. Eine eigene Bezeichnung für die Energie des Todestriebs sei von Freud nie vorgeschlagen worden. Die Bezeichnung *destrudo* für die Energie des Todestriebs, die vor allem von Paul Federn vorgeschlagen worden sei, habe sich weder bei Freud noch bei seinen Nachfolger durchgesetzt. Es gebe demnach keine andere Triebenergie als die *Libido*, sie sei es, die das Leben und die Liebe mit all ihren Schicksalen (er)trage. Selbst der Begriff des *Wiederholungszwangs* – er wurde ebenfalls im »Jenseits« neu aufgestellt und als treuer Diener des Todestriebs bezeichnet – zeige sein wahres Gesicht gerade als Aufbauprinzip der analytischen Kur, und zwar von den

Anfängen der Kur an. Wie anders als in der Wiederholung könnten die individuellen psychischen Mechanismen zwischen Wunschphantasie und Angst vor Zerstörung erkennbar werden, mitunter eben auch im Scheitern des Prozesses.

Zusammenfassung

Kurz zusammengefasst formulierte Laplanche sein eigenes Verständnis des Todestriebs folgendermaßen:

1. Der so genannte Urkampf zwischen Lebens- und Todestrieben gründet keineswegs in einem biologisch vorgegebenen Gegensatz, der im lebenden Wesen wirklich bestünde und der biologischen Wissenschaft nützlich wäre.
2. Dieser Gegensatz trifft voll und ganz für das menschliche Wesen zu; aber nicht im Sinne eines Unterschieds zwischen Sexualität einerseits und einer nicht sexuellen Aggressivität andererseits, sondern als ein der Sexualität selbst innewohnender Gegensatz. Sollte Freuds Terminologie beibehalten werden, müsste man das Adjektiv ›sexuell‹ einfügen, d.h. sexuelle Todestriebe *versus* sexuelle Lebenstriebe.
3. Viel mehr aber als zwei ›biologische‹ Kräfte betrifft dieser Gegensatz zwei verschiedene Funktionsweisen im Phantasieleben des Menschen: den gebundenen (Sekundär-) und den ungebundenen (Primär-) Vorgang; oder besser gesagt, zwei Prinzipien: das Prinzip der Bindung, das die Lebenstriebe reguliert und das Prinzip der Entbindung, das für die sexuellen Todestriebe maßgebend ist.
4. Nur in groben Zügen entsprechen diese Prinzipien dem topischen Unterschied zwischen Ich und Es: im Ich gibt es eher gebundene, in den tieferen Schichten des Es eher ungebundene, gegen die Oberfläche hin aber wieder besser gebundene Regungen (vgl. Laplanche 1996b, S.10).

Diese thesenhafte Zusammenfassung legt in der Auffassung von Laplanche den Finger auf jenen immanenten Widerspruch, der sich durch die gesamte Schrift von »Jenseits des Lustprinzips« zieht: den Widerspruch zwischen einer so genannten *biologischen Realität* und dem für die *Psychoanalyse maßgeblichen Prinzip des psychischen Geschehens im Menschen.*

Dass der Widerspruch zwischen einer konkreten Auffassung des Realen und einer Theorie der psychischen Realität des Menschen für Laplanche bereits in Freuds Aufgabe der Verführungstheorie von 1897 begründet ist – woraus Laplanche den Anspruch herleitet von seiner *Allgemeinen Verführungstheorie* zu sprechen –, das wurde an anderer Stelle schon ausgeführt. Aber auch mit der Auffassung eines *sexuellen Todestriebs*, wie ihn Laplanche bezeichnete, wird wieder dieselbe Problematik, gewissermaßen auf einem anderen Niveau, erörtert.

Man unterscheidet in Freuds Denken gewöhnlich zwei Theorien voneinander: *Sexualität/Selbsterhaltung* und *Lebenstriebe/Todestriebe*. Laplanche meinte nun, dass diese beiden Theorien einander nicht ersetzen sondern ergänzen, wobei die zweite Theorie die erste verändere und ausgewogener mache: Die *Selbsterhaltung* sei zuerst, sie erkläre die von Anfang an bestehende wahrnehmende und motorische Öffnung des Organismus seiner Umwelt gegenüber, auch wenn sie – im Sinne der *Frühreife* – teilweise versage. Sie nehme nicht am psychischen Konflikt teil, sie sei nicht verdrängt. Im psychischen Konflikt sei sie durch das Ich, dessen Energie eine Libidoenergie sei, vertreten. Nur die Sexualität sei Gegenstand der Verdrängung. Der wesentlichste Grund dafür lasse sich im Niveauunterschied zwischen der sexuellen Erwachsenenwelt, die ihre Botschaften dem Kind zukommen lasse, und den Bindungs- und Symbolisierungsfähigkeiten des kindlichen Ich zusammenfassen. Laplanche: »Die Bewegung, die den Sexualtrieb begründet, ist keine andere als jene, die den psychischen Apparat differenziert: es ist die Urverdrängung. Der Ausgangspunkt ist die ›Urverführung‹, welche nicht aufgefasst werden darf als besondere sexuelle Umtriebe vonseiten des Erwachsenen, sondern als die Tatsache, dass das unreife Kind mit Botschaften, die mit Sinn und Begierde beladen sind, konfrontiert ist, deren Schlüssel es jedoch nicht besitzt (die ›rätselhaften Signifikanten‹). Die Anstrengung, um das Trauma zu binden, das die Verführung begleitet, führt letztlich zur Verdrängung jener ersten Signifikaten und deren metonymischen Ableitungen. Diese unbewussten Objekte oder unbewussten Sachvorstellungen begründen die Quellen des Triebes (Quell-Objekte)« (Laplanche 1984, S. 187).

In »Leben und Tod in der Psychoanalyse« schrieb Laplanche abschließend: »Gegenüber dem Ich als der bindenden Lebensgestalt ist der *Todestrieb* die letzte theoretische Verwandlung; er sollte einen Logos bezeichnen, der notwendig stumm wäre, falls er sich auf seinen Grenzzustand reduzieren würde, auf die reine Prädikatsbewegung, die alle Substanz eines Terminus über die Kopula an den benachbarten Terminus abgibt. Damit ist gesagt, dass der Konflikt zwischen Ich und Trieb, zwischen Abwehr und ›Wunschphantasie‹ weder die einzige noch die letzte Form des Gegensatzes zwischen *Bindung* und *Entbindung* ist. Auf der Ebene des Unbewussten, in der Phantasie, muss es – wenigstens wenn man sich diese nicht nur als ›reine‹ freie Energie vorstellen will – eine andere, noch fundamentalere Polarität geben: Lebenstrieb und Todestrieb, Versagung und Wunsch… Abwesend von allem Unbewussten, wie die Rose von jedem Strauß, erweist sich der Tod vielleicht als die radikalste – und unfruchtbarste – Logik dieses Unbewussten. Doch das Leben ist es, welches die ersten Objekte kristallisiert, an die der Wunsch sich bindet, noch bevor das Denken sich daran klammert« (Laplanche 1970, S. 181).

8. Die praktische Aufgabe. Jean Laplanches Überlegungen zur Praxis der Psychoanalyse

»Und immer ins Ungebundene gehet eine Sehnsucht.
Vieles aber ist zu behalten.«
Und:
»Und immer ins Zusammengesetzte geht ein Zwang.
Vieles aber ist zu entbinden.«
(Fr. Hölderlin, zit. nach Jean Laplanche 1987b, S. 64)

Laplanche war der Ansicht, dass für die therapeutische Praxis jeder authentischen Anwendung von Psychoanalyse, die je spezifische Lebenserfahrung der Subjekte ausschlaggebend sei. Das, was in der therapeutischen Praxis als Misserfolg, als Scheitern imponiere, stelle den Psychoanalytiker notwendig vor immer neue Aufgaben und Fragen und bestimme die Entwicklung seines Erkennens und Verstehens. Psychoanalyse entwickle sich weiter aus einem Zuhören, das bereit ist, seine Sicherheiten aufzugeben und sich dem Neuen zu öffnen. Was Psychoanalyse weitertreibe, sei nicht in einer Wahrheit zu erkennen, die noch undeutlich in unbewussten Inhalten verborgen liege, sondern Psychoanalyse sei Übersetzung von Unbewusstem in Bewusstes, wobei aber die gesuchte Wahrheit weder auf der unbewussten noch auf der bewussten Seite zu finden sei: Sie liege in den vermittelnden Prozessen der Umwandlung. Das Junktim zwischen Heilen und Forschen, von dem Freud (1926e) im Nachwort zur Frage der Laienanalyse sprach (a. a. O., S. 293), meinte, dass die Psychoanalyse so heterogen und zerrissen sei, wie ihr Gegenstand und nur durch einen Akt keineswegs gewaltfreier Synthese zusammengehalten werden könne. Durch die psychoanalytische Theorie werde die Möglichkeit einer Heilung durch Therapie als eine trügerische Vorstellung entlarvt. Es sei aber dennoch wahr, dass Psychoanalyse durch Einsicht heile, nämlich durch die Einsicht ins grundsätzlich Unheilbare, die sie ermögliche.

Mag Jean Laplanche in der Regel vor allem als *Theoretiker* der Psychoanalyse gelten, so gilt es doch festzustellen, dass seine theoretischen Überlegungen vor allem der Absicht dienten, das Wesen der psychoanalytischen Praxis im Sinne Freuds wiederherzustellen.[37] Am ausführlichsten befasste er sich mit der Praxis der Psychoanalyse im 1987 veröffentlichten, nicht ins Deutsche übersetzten 5. Band der »Problématiques« mit dem Titel »le baquet, transcendance du transfert« – »Der Trog, die Übertragung der Übertragung« (Laplanche 1987a).

Was Laplanche in seinen Arbeiten zur Praxis der Psychoanalyse erarbeitete, waren keine Arbeiten zur Technik der Psychoanalyse, keine Theorien der Kur, sondern es handelte sich seinem Anspruch und seiner Erfahrung nach um eine Reflexion ihrer Praxis. »[Ich] möchte für mich in Anspruch nehmen«, schrieb er, »dass meine Arbeit im Bereich der Analyse zu jenen gehört, die man ›theoretische‹ nennt. Der Gegensatz zwischen Theorie und Klinik ist mir immer besonders hohl erschienen, vor allem wenn man sich auf die Klinik beruft, um jede begriffliche Vertiefung zurückzuweisen. Lieber als von der Klinik spreche ich von Erfahrung, wovon die sogenannte Klinik nur ein künstlich abgetrenntes Bruchstück, eine Art Artefakt ist [...]. Erfahrung: Das ist, natürlich, die Erfahrung der analytischen Kuren, die uns jedoch unmittelbar auf unsere persönliche Erfahrung in der Kur verweist. Das ist aber auch, und zwar mit demselben Anspruch, das, was ich theoretische Erfahrung nenne, und für uns in erster Linie die Erfahrung Freuds und unsere Kontakte mit dem Freudschen Denken« (Laplanche 1979, S. 46).

Mit der Theorie der Praxis meinte Laplanche vor allem die Theorie der *Verdrängung*, also eine Theorie über die Entstehung des *Unbewussten*, weil das *Unbewusste* das sei, womit man in der Praxis direkt in Kontakt komme. Da aber die Beschäftigung mit dem *Unbewussten* vom Unvorhersehbaren gekennzeichnet sei, könne weder ein in sich abgeschlossenes, fixiertes Wissen noch eine verallgemeinerbare therapeutische Technik gelehrt werden.

Im Werk Laplanches findet man keine Fallvignetten oder Fallgeschichten. Er meinte, dass Fallgeschichten immer präpariert seien, sie täuschen in der Regel vor, die Theoriebildung zu begründen, obwohl sie nur Illustration sein können. Darüber hinaus, so meinte er, werde dadurch eine falsche

37 Vgl.: Laplanche, J (1986a): Trauma, Übersetzung, Übertragung und andere Über(-Schwenglichkeiten). In: *Die allgemeine Verführungstheorie.* Tübingen: edition diskord 1988: S. 148–177, jetzt bei Brandes & Apsel; Laplanche, J. (1992): Von der Übertragung und ihrer Provokation durch den Analytiker. In: Laplanche, J. (1996a): *Die unvollendete kopernikanische Revolution in der Psychoanalyse.* Frankfurt a. M.: Fischer, S. 177–201; Laplanche, J. (1996): Ziele des psychoanalytischen Prozesses. In: *Jahrbuch der Psychoanalyse 1997*, Band 39, S. 93–113; Laplanche, J. (1987): *Neue Grundlagen für die Psychoanalyse.* Gießen: Psychosozial 2011, S. 185ff. Laplanche, J. (2008): Psychoanalyse und Psychotherapie. In: Laplanche, J. (2007): *Sexual.* Paris: PUF; deutsch: Gießen: Psychosozial 2017, S. 239–243.

Vorstellung von Psychoanalyse verbreitet, als könne man aus der Psychoanalyse eines einzelnen Falles sicheres, endgültiges und verallgemeinerbares Wissen gewinnen. So funktioniere Psychoanalyse aber nicht, weil es eben keinen gesicherten, abgekürzten, mühelosen Zugang zum *Unbewussten* gebe. Außerdem: Das Subjekt des analytischen Prozesses sei der Analysand und nicht der Analytiker. Daher wäre nur der Analysand selbst im Stande, über sein Leben und Erleben zu berichten, nur er habe das Recht dazu, das niemandem anderen sonst zukomme. Der einzig mögliche wahre Analysebericht wäre also einer durch den Analysanden selbst.

Zur analytischen Situation – le baquet (der Trog)

Laplanche anerkannte Freud uneingeschränkt als den Erfinder der Methode, ohne die dessen grundlegenden Entdeckungen – die *infantile Sexualität* und, damit untrennbar verbunden, das *sexuelle Unbewusste* – unentdeckt und unzugänglich geblieben wären. So wie Freud einst die Praxis der Analyse *erfand*, sei es nun die Aufgabe des jeweiligen Analytikers die *situation analytique* bereitzustellen, jenen nach außen hin abgegrenzten Raum, den Laplanche als *baquet*, *Trog*, bezeichnete. Sein Zweck sei es, die bewussten Zielvorstellungen oder Interessen aufzugeben oder zumindest zurückzudrängen. Damit werde ein deutlich abgegrenzter Bereich konstituiert innerhalb dessen – und das ist nach Laplanche das Entscheidende – das erschlossen und zugänglich gemacht werden könne, was man am Ursprung der menschlichen Existenz, an der Quelle der Genese des psychischen Apparats und des Konflikts, antreffe. Bedingt durch die *analytische Situation*, das *Setting*, werde eine *Übertragung* provoziert, durch die das Subjekt mit dem *rätselhaft Drängenden*, dem *Unbewussten*, in seinem eigenen Inneren, und gleichzeitig auch mit dem *Rätsel im Anderen* konfrontiert werde. Das Subjekt werde dadurch in die *ursprüngliche Situation der Genese der infantilen Sexualität, in die Situation zwischen dem Erwachsenen und dem Kind*, zurückversetzt. Es gehe darum, dem Sexuellen, Triebhaften Raum zu geben, was Laplanches Meinung nach nur durch die *Aufrechterhaltung der Dimension der inneren Alterität* möglich sei – oder, anders ausgedrückt, durch das Aushalten des eigenen Fremden, Triebhaften. Es gebe etwas in uns, so Laplanche, das wir nicht verstehen und das in der Begegnung mit dem Anderen aktiviert werde und durchaus ängstigend sein könne. Zudem werde durch das *psychoanalytische Setting* ein Bereich konstituiert, innerhalb dessen der Diskurs einzig im Medium von *Sprache* stattfindet, wobei *Sprache* im Sinne Freuds (1913j) all das umfasst, was Bedeutung gebend, symbolisierend und Informationen vermittelnd sein kann.

Dieser nach außen hin abgegrenzte *Raum* sei, so Laplanche, durch das *Sexuelle* gekennzeichnet, *sexuell*, weil in Allem, was in diesem Feld auftrete, eine sexuelle Bedeutung zu erkennen sei und *weil unaufhörlich der Bezug der Erwachsenen-Sexualität zur Infantilen-Sexualität hergestellt werden müsse.*[38] Es gehe hier allerdings um eine Sexualität im erweiterten Sinn, um eine Sexualität, die weder auf die Genitalität noch auf die Formen beschränkt sei, die Freud entdeckt hatte, also auf die orale, anale, phallische usw. Sexualität, sondern es handle sich um *Sexualitäten*, die überall zu finden seien (Laplanche 1987a, S. 148f.). Sprach Laplanche vom Sexuellen, dann berief er sich auf die von ihm entwickelte Triebtheorie, die an dem *Gegensatz von Selbsterhaltung und Sexualität* festhielt und innerhalb des Sexuellen zwischen *sexuellen Lebens- und Todestrieben* unterschied (a. a. O., S. 149).

Die *gleichschwebende Aufmerksamkeit* des Analytikers, seine *Gleichgültigkeit*, die nicht mit einer Indifferenz Leidenszuständen gegenüber zu verwechseln sei, sei so zu verstehen, dass er alle Elemente, die ihm vorgelegt werden, gleichmäßig gelten lassen müsse. Seine Erfahrung mit der Methode bedinge eine radikale Weigerung, über das für seinen Patienten Gute Bescheid zu wissen. Im Sinne der Neutralität gehe es nicht um ein Wechselspiel von Projektion und deren Zurückweisung durch den Analytiker, sondern darum, dass die Neutralität des Analytikers die Erzeugerin einer *rätselhaften Dimension* ist. Es sei die *Aufrechterhaltung der Dimension der inneren Alterität, die innere Beziehung zum Rätsel*, zum Unbekannten, die die Aufrichtung der Alterität in der Übertragung möglich mache, betonte Laplanche. Halte der Analytiker seine Beziehung zum Rätsel aufrecht, dann werde damit nicht nur der Zugang zur Verschiedenartigkeit des Begehrens gesichert, sondern auch die Übertragung erzeugt, bzw. provoziert. Analytisches Verstehen setze eine intersubjektive Beziehung voraus, die sich aber von der Abgeschlossenheit der üblichen *Objektbeziehungen* dadurch unterscheide, dass sie die Differenz zum Anderen erschließe und

38 In »Zur Geschichte der Psychoanalytischen Bewegung« (Freud 1914d) schrieb Freud: »Die Tatsache der grob sexuell betonten, zärtlichen oder feindseligen Übertragung, die sich bei jeder Neurosenbehandlung einstellt, obwohl sie von keinem Teil gewünscht oder herbeigeführt wird, ist mir immer als der unerschütterlichste Beweis für die Herkunft der Triebkräfte der Neurose aus dem Sexualleben erschienen. Dies Argument ist noch lange nicht ernsthaft genug gewürdigt worden, denn geschähe dies, so bliebe der Forschung eigentlich keine Wahl. Für meine Überzeugung ist es entscheidend geblieben, neben und über den speziellen Ergebnissen der Analysenarbeit« (a. a. O., S. 50).

bearbeite. Die Deutung des Analytikers dürfe allerdings nicht zu seiner Bereitschaft in Widerspruch geraten, sich wie ein Übergangsobjekt verwenden zu lassen: Seine doppelte Aufgabe bestehe darin, die Liebe des Subjekts anzuerkennen, ohne dass er ihren imaginären Anspruch erfülle.

Über den Behandlungsprozess

Jemanden in Analyse zu nehmen, der an ihm selbst unverständlichen, unlösbaren Konflikten leidet und daher Hilfe sucht, heißt ihn einer *traumatisierenden Erfahrung* auszusetzen, heißt, ihm eine Mitteilung zu machen, die, wie bereits Freud herausgefunden hatte, wie ein frisches Trauma wirkt (vgl. Freud 1918b, S. 144): Der *hilflos* gewordene Leidende liefert sich dem Eingriff eines Anderen, Fremden aus, dem er unterstellt, das Wissen, wie zu helfen sei, zu besitzen. Der *Analytiker, dem dieses Wissen unterstellt wird.* Laplanche bedient sich hier einer Formulierung Lacans, wird zum Provokateur einer Erregung, durch die im Sinne einer *nachträglichen Erinnerung* frühere, ähnliche Erlebnisse wieder belebt und in die psychoanalytische Situation übertragen werden. Insofern beruht Übertragung auf einer *Täuschung,* die einen Behandlungsprozess in Bewegung bringt, in den die ursprüngliche Beziehung zum helfenden Erwachsenen übertragen wird: Sie wird erneut gegenwärtig sein. Übertragung wird demnach dadurch ermöglicht, dass die am Ursprung des psychischen Lebens gegebene *Hilflosigkeit* und *passive Abhängigkeit* von einem, dem Wissen unterstellt wird, künstlich wiederhergestellt wird. Es entsteht also eine Situation, die unweigerlich in Resonanz mit der *Ursituation* tritt: Jener eines Erwachsenen, *der etwas wissen* lässt, der aber dieses Wissen selbst nicht hat. Die Konstruktion der psychoanalytischen Situation beruht zwar tatsächlich auf einer Täuschung, die aber notwendig ist, um die Erneuerung von oder Annäherung an etwas Wahres, Ursprüngliches zu ermöglichen, nämlich eine Annäherung an das *Trauma* der *Urverführung*, durch die allein den *Prozess der* Übersetzung und *Symbolisierung* in Gang gesetzt werden kann. Der Analytiker, der Andere, wird in die durch das Setting vorgegebene Umfassung mit eingeschlossen und mit der Übertragung der bereits existierenden, spontan entstandenen Theorien in die vom Analytiker aufgegebene *rätselhafte Botschaft*, ist die Möglichkeit gegeben, diese *nachträglich* zu bearbeiten. Der Verlauf der Kur wird wesentlich durch den Versuch bestimmt sein, eine Antwort auf die Frage zu finden, worin das *helfende Wis-*

sen besteht, das, so wie einstmals dem Erwachsenen, nun dem Analytiker unterstellt wird. In diesem Prozess wird das unterdessen weiterentwickelte Ich *nachträglich* in die längst vergangene, aber jetzt wieder gegenwärtig gewordene Situation eingesetzt (Freud 1918b[1914], S. 72. Anmerkung).

Der für die Psychoanalyse spezifische Gegenstand liegt in Bereichen, die als Verwirrung oder Störung imponieren und Leid verursachen. Im Bemühen den Grund, die Ursache, zu erfassen, fällt immer wieder von neuem etwas aus, das, im Sinne des *Wiederholungszwanges*, als Antrieb gegenwärtig bleibt. Die Technik der Psychoanalyse, ihre *assoziative*, *dissoziative* und *deutende* Methode, besteht darin, die jeweils auftauchenden früheren Antworten und Theoretisierungsversuche zu deuten und damit die Bewegung der Übersetzung/*Entübersetzung*, deren Motor das *Unbewusste* ist und bleiben muss, wieder in Gang zu bringen. Die *Deutung* fasste Laplanche als ein Instrument auf, mit dessen Hilfe es möglich ist, sich auf das jeweils Neue, noch Unbekannte, im Analysanden und im Analytiker selbst, einzulassen. Zunächst unumgänglich notwendige Täuschungen, Übersetzungen, können erkannt und damit aufgehoben werden und neue, prinzipiell unabschließbare Möglichkeiten des Erlebens und Denkens können geöffnet werden. Der auch bei jeder neuen, späteren *Übersetzung* ausfallende *Rest* ist der Niederschlag eines zumindest teilweisen Versagens von Symbolisierung und Theoretisierung, eines Scheiterns von Verzeitlichung, das zu neuerlicher Verdrängung führt. Dieser *Rest*, das also, was jeweils unübersetzbar geblieben ist, wird – zuerst im Akt der *Urverdrängung* – zum *Unbewussten*, zum dynamisch drängenden inneren Anderen, der andauernd versucht, in die bewusste Existenz einzudringen. Es wird eine prinzipiell unabschließbare Dynamik von *Entübersetzungen*/Übersetzungen – man könnte auch sagen Erkennen von Täuschungen, damit Ent-Täuschungen und wieder neuen Täuschungen – in Gang gesetzt, die als *Phantasien*, *Selbsttheoretisierungen* und *Deckerinnerungen* bewusst werden.[39] Das jeweils nachträglich ausgebildete Wissen um sich selbst, das die Vergangenheit von der Gegenwart aus umarbeitet und auf die Zukunft zielt, hat die *rätselhafte* Anrede durch den konkreten äußeren Anderen zum Ursprung.

39 Ernst Blum, Analysand Freuds, berichtete: »Er [Freud] äußerte irgendwann zu Beginn der Analyse wie beiläufig seine Auffassung über den analytischen Prozess: Er sagte mir, es ist gleichsam ein Kristallisationsprozess, der ›unreine‹ Kristall muss aufgelöst werden, und er kristallisiert sich um in einer ›reineren‹ Form, zu einem ›reineren‹ Kristall. Das ist der Vorgang der Analyse, es gilt, nur den Mut zu haben, seinen Kristall ›auflösen‹ zu lassen. Die Kristallstruktur geht nämlich in der ›Auflösung‹ nicht verloren, sondern man wird nur wieder neu nach der je eigenen Struktur restrukturiert« (Pohlen 2006, S. 264).

Zu der gefüllten Übertragung, transfert en plein, und der hohlförmigen Übertragung, transfert en creux

Ausgangspunkt der Übertragung in die analytische Situation ist nach Laplanche nicht das Begehren oder der Anspruch des Analysanden, sondern der Pfeil zeigt in die Gegenrichtung, er ist umzudrehen. Es gehe, so Laplanche, aber nicht darum, zu fragen, welches Begehren beim Analytiker dem Begehren des Analysierten entspräche, damit würde man nur in die vorgebliche Symmetrie der Übertragung/Gegenübertragung zurückfallen, sondern es gehe darum, zu begreifen, dass es eben das Angebot der Analyse, das Angebot des Analytikers sei, das die wesentliche Dimension der Analyse, die Übertragung nämlich, erzeuge: »Vielleicht nicht die ganze Übertragung, aber das, was ihre Grundlage ist, ihre Seele und ihr Beweger, das heißt, die Wiedereröffnung einer Beziehung, einer ursprünglichen Beziehung, in der der Andere Vorrang hat gegenüber dem Subjekt« (Laplanche 1991, S. 191).

Laplanche unterschied zwei Formen von Übertragung, nämlich die *gefüllte Übertragung, transfert en plein*, und die *hohlförmige Übertragung, transfert en creux*. Die *gefüllte Übertragung* meint eine positive Wiederholung von Beziehungen, von infantilen Imagines und Selbsttheoretisierungen, sie vollzieht sich im Inneren des Symbolischen. Auch die *hohlförmige Übertragung* ist Wiederholung, aber sie ist eine, in der die *rätselhaften Botschaften* der Kindheit in der analytischen Situation wiederkehren. Sie ist eine Höhlung, die sich in eine andere Höhlung einnistet, sie entsteht durch die Unmöglichkeit, der *Botschaft des Anderen* Herr zu werden, sie je vollständig entschlüsseln zu können.

Übertragung ist Wiederherstellung, Wiederholung der ursprüngliche Situation und sie ist das Produkt der analytischen Kur, die hier nicht im Sinne der *gefüllten Übertragung*, hauptsächlich als die Wiederholung der Beziehung zu einem infantilen Objekt zu verstehen ist, sondern im Sinne der *hohlförmigen Übertragung* als die Wiederherstellung der ursprünglichen Situation zwischen dem Kind und dem Erwachsenen: Sie ist die Wiederherstellung der Beziehung zur *ursprünglichen rätselhaften Botschaft,* zur Alterität im Anderen, eine reinszenierte *Verführung,* die zur treibenden Kraft wird, das Material in der Kur zu produzieren, das den Einsichtsprozess vorwärtstreibt. Aber auch der Analytiker wird durch die *Rätsel* des Anderen affiziert, sie rufen seine *Übertragung*, seine *Gegenübertragung,* hervor. Der entscheidende Unterschied zur Ursprungssituation liegt darin, dass sich der Analytiker davor hütet, die *Übertragung* mit den durch sein *Unbewusstes kompromittierten Botschaften* zu füllen. So verstanden bezeichnet *Gegenübertragung* die *Beziehung* des Analytikers zu seinem *Unbewussten*, sein Verhältnis zur Alterität in ihm und nicht seine *Herrschaft* über sie.[40]

Es handelt sich in der Analyse also um eine *Wiedereröffnung*, um eine Wiederholung, die durch den Analytiker *provoziert* oder erzeugt wird. Der Analytiker bietet dem Analysanden eine Höhlung an, in die dieser das Rätsel seiner ursprünglichen Beziehung einlagern und dort wieder aufnehmen kann. Das, was man am Ursprung der menschlichen Existenz, an der Quelle der Genese des psychischen Apparats und des Konflikts, antrifft, kann dadurch erschlossen und zugänglich gemacht werden. Da in der analytischen Situation erneut das durch die rätselhaften Botschaften bedingte, ursprünglich Zu-Übersetzende anwesend ist, jenes vom Anderen Gekommene und von ihm Implantierte, sich selbst Unbekannte, kann die Bewegung der Übersetzung/Entübersetzung wieder in Gang gebracht werden (Laplanche 1991, S. 138).

Die drei Funktionen des Analytikers

Laplanche hob drei wesentliche Funktionen des Analytikers hervor. 1.) Der Analytiker als Garant der Konstanz; 2.) der Analytiker als Steuermann der Methode und Begleiter des Primärvorganges und 3.) der Analytiker als Hüter des Rätsels und Provokateur der Übertragung (Laplanche 1992a, S. 191)

Die ersten beiden Funktionen – *Garant der Konstanz* und *Steuermann der Methode* – beziehen sich aufeinander. Die Analyse ist laut Freud eine Zugangsmethode zu Phänomenen, die anders nahezu unzugänglich sind. Ihre Methode ist eben Analyse, d. h. Zerlegung und ihre Steuerung folgt den Strömungen des Primärvorgangs. Laplanche schrieb: »Sie ana-lysiert, das heißt, sie löst auf. Sie folgt dem Nullprinzip, sie ist das Ins-Werk-Setzen dessen, was Freud auf seine Art als ›Todestrieb‹ bezeichnet hat,

40 Die aufgrund der Gegenübertragung des Analytikers entstehende Irritation und Sprachlosigkeit ist nach Laplanches Ansicht nicht einfach eine Reaktion auf die Übertragung des Analysanden, sondern es ist seine eigene Übertragungsneigung gemeint, die sich auf eigene, vom Analysanden unabhängige Konflikte bezieht. Das heißt, der Analytiker wurde in die Übertragung des Analysanden verwickelt und ist daher nicht mehr imstande zu deuten. Daraus entsteht eine gemeinsame Angstabwehr. Dass geschieht in jeder Analyse, die Frage ist, was diese Angstabwehr beinhaltet.

der nichts biologisch Sterbliches an sich hat, sondern potentiell zur Auflösung aller psychischen, ichhaften, ideologischen und symptomatischen Bildungen führt« (Laplanche 1992a, S. 191). Als Gegenpart zum Aspekt dieser Entbindung und Befreiung der psychischen Energien bietet sich der Psychoanalytiker als Garant der Konstanz an, Konstanz der Anwesenheit, Konstanz einer Fürsorge, eines Rahmens: »*Konstanz* und *Null*, dies sind, meiner Meinung nach, die beide wahren Prinzipien des psychischen Geschehens«, so Laplanche (a. a. O., S. 192). Nur wenn der Analytiker für die Aufrechterhaltung des Konstanzprinzips, für eine Bindung, sorge, sei die analytische Entbindung möglich. Was nun die dritte Funktion betrifft, nämlich die des Analytikers als *Hüter des Rätsels* und *als Provokateur*, gilt es festzuhalten, dass das, was angeboten wird, aufgrund einer der Kur inhärenten Ungleichheit der beiden Protagonisten zwar ein Ort der freien Rede nicht aber ein Ort des Austauschs ist. Es ist handelt sich um eine Situation – oder Funktion –, in der der Vorrang des Anderen bei der Bildung des sexuellen Subjekts wiederkehrt.

Das sexuelle, provozierende, traumatisierende Rätsel des Erwachsenen muss vom Kind unaufhörlich bewältigt, übersetzt, in Konstanz überführt werden. Insofern vollzieht sich Entwicklung in einer doppelten Schließung gegenüber der Botschaft des anderen. Es geht hier einerseits um eine Schließung auf der Seite dessen, was davon übersetzt, theoretisiert oder mehr oder weniger ideologisiert werden kann und, andererseits, um eine Schließung durch Einschließung, durch Verdrängung des unübersetzbaren Rests der Botschaften, um ein Einschließen dessen, was der Symbolisierung widerstanden hat. Die analytische Kur bietet eine Wiedereröffnung der Dimension der Alterität an, eine Öffnung, in der genau das einquartiert werden kann, was eingeschlossen war, um sich dort zu öffnen – aber auch, um sich dort zu analysieren.

Ziele des psychoanalytischen Prozesses

Trotz Laplanches grundsätzlicher Ablehnung, für den psychoanalytischen Prozess irgendwelche Ziele zu postulieren, finden sich bei ihm dennoch Ideen, die ein ihm möglich scheinendes Ziel beschreiben: Ist die analytische Kur zu einem Ort einer Öffnung geworden, dann kann das *Es* zu Sprache und Ausdruck gebracht werden, eine Fortsetzung oder Wiederaufnahme von Symbolisierungsprozessen wird dadurch möglich. In diesem

Sinne wäre die Übertragung – weit entfernt davon, eine Art Rollen- oder Ernüchterungsspiel zu sein – das *Wiedereröffnen* der *Urübertragung*, der *ursprünglichen* Übertragung vom Erwachsenen auf das Kind. Was die Theorie der Psychoanalyse betrifft, so kann ihr Status nicht von der Funktion des kindlichen Wissens und Theoretisierens in der Entstehung der Psyche getrennt werden. Sie muss zeigen, wie, unter welchen Bedingungen, mit welchen Erfolgen und Misserfolgen und zu welchem Preis das Subjekt die Rätsel, die ihm die zwischenmenschliche Kommunikation von Anfang an auferlegte, theoretisierte und metabolisierte. Laplanche schrieb: »Die analytische Theorie ist also gewissermaßen im Verhältnis zu diesem, vom Menschen vollzogenen, grundlegenden und grundsätzlichen Theoretisieren eine Metatheorie: nicht um sich vor allem die Natur anzueignen, sondern um die Angst, die mit dem vom Rätsel verursachten Trauma zusammenhängt, zu binden. Das bedeutet zugleich, daß die analytische Theorie sich unter keinen Umständen dem Prozeß der individuellen Symbolisierung, so wie dieser sich seit dem ersten Ursprung vollzieht und so wie die Kur behauptet, ihn weiterzuverfolgen, aufzwingen oder sich auch nur in ihn einmischen darf. Die Theorie sagt, daß es im Wesentlichen darum geht, dem Patienten dabei zu helfen, daß er mit seinen eigenen Worten, mit seinen eigenen Ausdrücken oder Begriffen und den aus seiner eigenen persönlichen Geschichte bewahrten Elementen theoretisiert. Die Theorie über den Trieb, einen Trieb, dessen Quelle in den Vorstellungs-Objekten jedes einzelnen Individuums zu suchen ist, lädt dringend dazu ein, die analytische Theorie in einer Distanz zur Kur und deren Übertragungsprozessen zu halten« (Laplanche 1984a, S. 147f.).

An einer anderen Stelle verwendete Laplanche den Begriff Übertragung der Übertragung, den er in Wilhelm Reichs »Charakteranalyse« (Reich 1945) gefunden hatte. Reich hatte dort eine Situation in der Analyse beschrieben, bei der der Analysand im Verlaufe der Behandlung die höchste Libidostufe erreicht hatte, nämlich die genitale Stufe. Eine Lösung der Übertragung im Sinne von Auflösung könne es zwar nicht geben, meinte Reich, aber wenn in der Progression der Heilung der Übergang von der Prägenitalität zum genitalen Primat gelungen sei, dann komme es darauf an, dass die nun von allen Schlacken befreite Objektlibido vom Analytiker auf ein anderes Objekt übertragen werde, auf ein Objekt außerhalb der analytischen Situation, gemäß der Bedürfnisse des Patienten, der jetzt mit Recht seine Sexualbefriedigung einfordere: »Hier ist nur mehr eine ›Übertragung der Übertragung‹ auf ein reales Objekt möglich« (a. a. O., S. 143).

Freilich, Laplanche verlieh Reichs Begriff eine andere Bedeutung. Er schrieb über das *Ziel des psychoanalytischen Prozesses*: »Psychoanalyse kann man nicht als eine Sammlung technischer Rezepte betrachten, die äußeren Ziele (Gesundheit, Anpassung, Ausbildung etc.) untergeordnet werden können. Die Ziele der Psychoanalyse sind innig an ihren Prozeß gebunden. Dieser sollte wiederum im Lichte der Bildung des ›seelischen Apparates‹ untersucht werden, die die Kur wiederherzustellen und neu zu bearbeiten beabsichtigt. Die hauptsächliche Dimension beider Situationen – der ursprünglichen und der analytischen – betrifft die Beziehung zum (sexuellen) Rätsel des Anderen (des Erwachsenen für das Kind, des Analytikers für den Analysanden). Nur diese Beziehung (die ›hohlförmige‹ Übertragung) liefert die notwendige Kraft, um den ursprünglichen Prozeß wieder in Gang zu setzen. Nach dem Ende der Analyse unterliegt die Beziehung zum Rätsel zwei möglichen Schicksalen: entweder sie wird wieder verschlossen oder sie bleibt offen als Eingebung, d.h. als mögliche Öffnung durch den Anderen (besser als: zum Anderen). Diese letzte Möglichkeit kann als ›Übertragung der Übertragung‹ bezeichnet werden« (Laplanche 1996, S. 112).

9. Zur Einführung von Gender in die Psychoanalyse

In der 2003 erstmals veröffentlichten Arbeit »Gender, Geschlecht und Sexual« (Laplanche 2003a) nahm Laplanche den Begriff *Gender* auf und empfahl ihn, neu verstanden, in die Psychoanalyse einzuführen. Er habe, so schrieb er, in der *Allgemeinen Verführungstheorie*, die die Genese des Triebs zu erklären suche, hauptsächlich den Code der *Bindung* betont, so wie er durch die Körperpflege vermittelt werde. »Hier und heute versuche ich«, schrieb er, »einen zweiten hypothetischen Schritt hinzuzufügen, der mit dem vorherigen verknüpft werden muss. Die Kommunikation läuft nämlich nicht nur über die Körpersprache, über die Körperpflege; es gibt auch den sozialen Code, die soziale Sprache, es gibt auch die Botschaft des *Sozius*: Diese Botschaften sind insbesondere *Botschaften der Zuschreibung des Genders*« (a. a. O., S. 151. Hervorhebungen im Text).

Laplanche nahm damit einen Begriff auf, der, wie Reimut Reiche schrieb, »in Abgrenzung zu oder als Nachfolger von sex, seit einiger Zeit gebraucht [wird], wenn die psychischen oder sozialen Konnotationen des Geschlechts oder des Geschlechtsbegriffs betont werden sollen. Überall, wo *gender* semantisch etabliert ist, darf von *sex* nur noch dann gesprochen werden, wenn auf die biologische oder anatomische Basis des Geschlechts Bezug genommen wird. Falls solche Bezogenheit überhaupt noch anerkannt wird. In einigen Diskursen ist *gender* zur Leitfigur avanciert und hat, epistemologisch betrachtet, die alte Hauptmetapher *Trieb* verdrängt« (Reiche 1997, S. 113. Hervorhebungen im Text).

Laplanche hatte den Begriff *Gender* vor allem bei Judith Butler (1990, 1993) und Robert Stoller (1968) aufgenommen, sich damit, wie sie ihn verstanden hatten, auseinandergesetzt, um ihn dann auf seine Art und Weise zu deuten. Zunächst definierte er die Begriffe *Gender*, *Geschlecht* und *Sexual*: *Gender* sei plural, es sei gewöhnlich doppelt, nämlich männlich-weiblich, nicht aber von Natur aus. Das *Geschlecht* sei durch die geschlechtliche Fortpflanzung und auch durch seine menschliche Symbolisierung, die die Dualität als Anwesenheit/Abwesenheit, phallisch/kastriert festlege und festschreibe, dual. Das *Sexuale*, das die fundamentalste Entdeckung Freuds sei, sei multipel polymorph. Es habe seine Grundlage in der Verdrängung, im Unbewussten, in der Phantasie, und es sei *der* Gegenstand der Psychoanalyse. Laplanche: »*Das Sexuale ist der unbewusste Rückstand aus der Verdrängung-Symbolisierung des Gender durch das Geschlecht«* (Laplanche 2003a, S. 137. Hervorhebung im Text).

Was Laplanche beschäftigte, war die Frage der sexuellen Identität, wobei er von der modernen Tendenz, von einer *Genderidentität* zu sprechen, ausging. Er widmete sich in seiner Arbeit zunächst der Frage, *warum das Gender einführen* und in einem zweiten Schritt skizzierte er seine Auffassung davon, wie die Triade Gender-Geschlecht-Sexual in der frühen Entwicklung des Menschen funktioniere.

Laplanche meinte zunächst, dass die Verschiebung der Frage der Geschlechtsidentität hin zur Genderidentität möglicherweise die Entdeckung Freuds verdecke, die nicht hier, sondern neben dem Gender und neben dem Geschlecht oder dem Geschlechtlichen in der Frage des Sexualen oder Sexuellen zu suchen sei. Er betone gern, Freud nachfolgend, wie er schrieb, die Unterscheidung zwischen dem *Sexuellen* und dem *Geschlechtlichen*, dem also, was zum Geschlecht gehöre, wobei er es vorziehe *nicht vom Sexuellen sondern vom Sexualen zu sprechen*. Habe Freud von *erweiterter Sexualität* gesprochen, dann sei es immer um das *Sexuale* gegangen, so wie er es in den »Drei Abhandlungen zur Sexualtheorie« (Freud 1095d), die eben keine *Geschlechtstheorie* sei, dargestellt habe. Es gehe in den »Drei Abhandlungen« um eine Sexualität, die nicht auf die Fortpflanzung bezogen sei, um eine Sexualität, die Freud nicht hauptsächlich als geschlechtlich bezeichnet habe. So verstanden sei das *Sexuale* nicht an das Geschlechtliche gebunden, es sei im Wesentlichen das *infantil perverse Sexuelle*, das mehr an die Phantasie als an das Objekt gebunden sei. Es sei autoerotisch und liege außerhalb des Geschlechts- oder des Genderunterschieds, es gehe ihm voraus, es sei oral, anal oder prägenital. Um es zu definieren, habe Freud zunächst gemäß dem *Ähnlichkeitsprinzip* wenig überzeugende Ähnlichkeiten zwischen der *Lust des Sexualen*, der *Lust der infantilen Sexualität oder der perversen Lust*, und dem gesucht, was die genitale Sexualität auszeichne, nämlich dem Orgasmus. Dann gebe es bei Freud Argumente, die dem *Kontiguitätsprinzip* entsprechen, da man das Sexuale sowohl in der Lust des sogenannten Vorspiels wie auch in den Perversionen wiederfinden könne, insofern es an den genitalen Orgasmus angrenze. Am Nachdrücklichsten aber betonte Laplanche die Assoziation durch *Gegensatz*. Das Sexuale folge einer ökonomischen Funktionsweise, die auf Spannung ziele, im Gegensatz vom Geschlechtlichen, das die Lust in der Entspannung suche. Der eigentliche Gegensatz aber liege gemäß Freuds Auffassung im *Verbot*: Er habe, so Laplanche, das Sexuale als das definiert, was vom Erwachsenen verurteilt werde, nicht im Sinne einer mehr oder weniger zufällige Reaktion, sondern als etwas, was die infantile

Sexualität wirklich definiere: Das Sexuale sei das Verdrängte und es werde verdrängt, weil es sexual sei.

Es sei demnach, so Laplanche, schwierig, versuche man Freuds erweiterte Sexualität, das Sexuale, einzig durch eine Bezugnahme auf das Geschlechtliche zu definieren. Er fragte nun, ob die Einführung eines dritten Terms, des Begriffs *Gender*, dienlich sein könne oder ob er eher die Verwirrung vergrößern und zur Verdrängung beitragen würde.

Laplanche: »Termini und Begriffe sind Waffen, Kriegswaffen, Gender gegen Geschlecht und Gender und Geschlecht sozusagen als gemeinsame Verbündete gegen das ›Sexuale‹« (Laplanche 2003a, S. 142). Laplanche zitierte Reimut Reiche, der meinte, dass die Einführung von Gender eine verzerrte Konzeptualisierung darstelle, durch die das Problem des Geschlechts oder der Sexualität völlig weggewischt werde (Reiche 1997). Was Reiche nicht sehe, so Laplanche, sei die Tatsache, dass das Paar Gender/Geschlecht eine gefährliche Maschine gegen die Freud'sche Entdeckung darstelle.

Nach einer ausführlichen Diskussion der Theorien der feministischen Bewegung kam er zu dem Schluss: »Kurz, die Feministinnen in ihrer Gesamtheit benötigen bis hin zu den ›Radikalen‹, oder wie man sagen könnte, bis zu den weniger Radikalen der Radikalen, das Geschlecht, um es als Gender zu subvertieren und zu ›denaturalisieren‹« (a. a. O., S. 144).

Sollte man deshalb, so fragte Laplanche, zur alten Abfolge Geschlecht/Gender zurückkehren, also *Geschlecht vor Gender, Natur vor Kultur*? In all dem drohe das Freud'sche Sexuelle, das *Sexuale*, durch Abwesenheit zu glänzen. Bedeute nun, Gender in die Psychoanalyse einzuführen, notwendig eine Trivialisierung der Freud'schen Entdeckung, oder sei es im Gegenteil dadurch möglich, das *Sexuale*, den Intimfeind des Genders, zu stärken? Wenn das Wort bei Freud auch nicht zu finden sei, sei die *Sache* aber doch – zumindest in Umrissen – bei Freud nachweisbar. Freud habe von drei Gegensatzpaaren gesprochen: *aktiv-passiv, phallisch-kastriert* und *männlich-weiblich*, wobei das dritte Paar am Schwierigsten zu denken sei. Dennoch, am Ende der zum Erwachsenen führenden Entwicklung treffe man auf das Rätsel von Männlichkeit/Weiblichkeit. Das Rätsel betreffe etwas, das weder rein biologisch noch rein psychologisch noch rein soziologisch, sondern eine eigenartige Mischung aus allen dreien sei. Freud war der Ansicht, dass bereits der erste Blick des Menschen in der Lage sei, zwischen männlich und weiblich zu differenzieren. Laplanche machte darauf aufmerksam, dass man in Bezug auf den Unterschied zwischen den beiden Geschlechter von *Gender* sprechen müsste, da es der *Habitus* der beiden Kategorien von Menschen sei, auf den es ankomme, und nicht ihre Geschlechtsorgane, die in Regel versteckt seien. Laplanche geht es aber nicht um die Abfolge, die vom Kind zum Erwachsenen führt, und auch nicht darum, dass der Erwachsene sich an das Kind erinnert, das er einmal war, sondern es geht ihm um die Gleichzeitigkeit, um *das Kind in der Gegenwart des Erwachsenen*, das sich die Frage nach dem Unterschied stellt, der beim Erwachsenen vorhanden ist. Die von außen her wahrnehmbaren Unterschiede und die daraus folgenden kategorialen Zuordnungen seien allerdings, so Laplanche, was das Verhältnis der Subjekte zu sich selbst bedeute, keineswegs so eindeutig. Sie entsprechen eher dem *Gender* als dem *Geschlecht* und dem *Geschlechtsunterschied.*

Laplanche griff im Folgenden die *Geschichte der Triade Gender-Geschlecht-Sexual* auf. Er schrieb: »Mit ›Geschichte‹ meine ich klar und einfach: die Genese beim Menschen, beim Menschenkind, die infantile Genese dieser Triade. Diese Genese sollten die Psychoanalytiker ohne Berührungsangst angehen« (Laplanche 2003a, S. 146). Er erinnerte an seine These vom *Primat des Anderen*, der die *Gleichzeitigkeit* betont, in der sich das eine Individuum in der Gegenwart des Anderen befindet. So gesehen ist weder das Kind die Ursache des Erwachsenen noch deutet der Erwachsene das Kind von sich aus neu. Es geht nicht darum, ob der Determinismus der Zeitachse folgt oder ob er im Gegenteil entgegengesetzt zur Zeitachse verläuft: »Diesen Gegensatz kann man nur überwinden, wenn man das Individuum mit dem Anderen verbindet, das Kind und den Erwachsenen, insofern es von ihm Botschaften erhält, die *nicht reine Tatsachen* sind, sondern zu ›Übersetzendes‹« (a. a. O., S. 147f. Hervorhebung im Text).

Gender, Geschlecht, Sexual in diese der kindlichen Entwicklung entsprechende Reihenfolge zu stellen, bedeute, so Laplanche, Gender in die erste Position zu rücken und damit das *Primat vom Geschlechtlichen als Sockel* in Frage zu stellen. Es gebe keinen Nachweis dafür, dass das biologische Geschlecht in den ersten Monaten vom Subjekt eindeutig wahrgenommen, erfasst oder erfahren werde. Demnach würde das Gender zeitlich zuerst bewusst werden, wobei es aber gewöhnlich ipso-zentriert, auf ein einziges Individuum zentriert, aufgefasst werde. Seiner Ansicht nach aber sei, um Gender definieren zu können, der entscheidende Begriff *Zuschreibung*, ein Begriff, der das Primat des Anderen in diesem Prozess betone. Laplanche verstand darunter z. B. die Anmeldung des Neugeborenen beim Standesamt mit der Zuschreibung des Vornamens, die Zuschreibung der Abstammung oder auch die der Religion. Der Vorgang beschränke sich aber nicht auf eine einzige Handlung. Laplanche: »Die Zuschreibung ist ein komplexes Gebilde von Handlungen, das sich in die Sprache und in die bedeutsamen Verhaltensweisen der Umgebung hinein fortsetzt. Man könnte von einer kontinuierlichen Zuschreibung oder von einer *Vorschrift* im wahrsten Sinne des Wortes sprechen, so wie man auch von sogenannten ›vorschreibenden‹ Botschaften spricht; die Vorschrift gehört also zur Kategorie der Botschaft, ja ist eine Bombardierung durch Botschaften« (a. a. O., S. 149. Hervorhebung im Text). Sage man *Gender sei sozial, Geschlecht aber biologisch*, dann sei zu beachten, dass die Zuschreibung zwar im Sozialen stattfinde, dass sich aber nicht das Soziale in seiner Allgemeinheit einschreibe, sondern dass die kleine Gruppe der nahen Sozii (dem Kind nahestehende Erwachsene) die Einschreibung im Sozialen vornehme – es sei also nicht die Gesellschaft an sich, die zuschreibe. Die Idee der Zuschreibung – oder *Identifizierung als* – verändere auch vollständig den Vektor der Identifizierung. Sich auf Freuds »Identifizierung mit dem Vater der persönlichen Vorzeit« (Freud 1923b, S. 258) berufend und sich davon zugleich auch absetzend schrieb Laplanche: »Ich stelle einfach die Frage oder ich schlage vielmehr Folgendes vor: Handelt es sich nicht eher um ›*Identifizierung durch*‹ als um eine ›*Identifizierung mit*‹? Ich würde mit anderen Worten sagen: ›Ursprüngliche Identifizierung *durch* den Sozius der persönlichen Vorzeit‹« (a. a. O., S. 150. Hervorhebungen im Text).

Gender komme vor dem Geschlecht – Laplanche meinte das durchaus lebensgeschichtlich – und, weitentfernt davon es zu organisieren, werde es – Gender – vielmehr durch das Geschlecht organisiert. Laplanche schrieb: »Die Allgemeine Verführungstheorie geht von der Idee der Botschaft des Anderen aus. In diesen Botschaften gibt es einen Code oder eine Trägerwelle, das heißt eine Basissprache, die eine vorbewusste Sprache ist. Mit anderen Worten habe ich nie gesagt, jedenfalls glaube ich, niemals gesagt zu haben, dass es unbewusste Botschaften der Eltern gibt. Ich denke im Gegenteil, dass es vorbewusst-bewusste Botschaften gibt und dass es das elterliche Unbewusste wie eine Art ›Geräusch‹ – im Sinne der Kommunikationstheorie – ist, das die vorbewusst-bewusste Botschaft stört und *kompromittiert*. Nun ist der Code oder die Sprache, die einem Code entspricht, die Trägerwelle, nicht zwingend immer dieselbe« (a. a. O., S. 150. Hervorhebung im Text). Es sei hier nicht, wie er bisher betont hatte, der Code der Bindung, sondern die Kommunikation finde in diesem Fall im Inneren der Bindungsbeziehung statt. Auch die Botschaften der Zuschreibung des Genders vermitteln demnach *Geräusche*, nämlich diejenigen, die die nahestehenden Erwachsenen mitbringen. Es gehe hier, meinte Laplanche, um das schlecht untersuchte, unbewusste Verhältnis der Eltern zu ihren Kindern. Ihre unbewussten Wünsche infiltrieren aber nicht nur ihre lebenserhaltenden Handlungen, sondern auch die Zuschreibung des *Genders*. Laplanche:

»Es ist also das Geschlechtliche sowie und hauptsächlich das ›Sexuale‹ der Eltern, das in der Zuschreibung *Geräusch macht*. Ich sage ›hauptsächlich das Sexuale‹, denn mir liegt viel an dem Gedanken, wonach die Erwachsenen in Gegenwart eines Kindes vor allem ihre *infantile Sexualität* reaktivieren« (a.a.O., S. 151. Hervorhebung im Text).

Nun setze die *Allgemeine Verführungstheorie*, so Laplanche weiter, eine Übersetzung voraus, d.h. einen Übersetzungscode. Was das Geschlecht betreffe, müsse man auf die Suche gehen. *Gender* werde erworben, *zugeschrieben*, und sei bis zum Alter von etwa 15 Monaten rätselhaft. *Erst das Geschlecht fixiere, übersetze Gender im Laufe des zweiten Jahres*, im Verlauf der *frühzeitigen genitalen Phase*, wobei er feststellte, dass diese Phase vom *Kastrationskomplex* dominiert werde. Laplanche übernahm hier Beobachtungen und Schlussfolgerungen von Roiphe und Galenson (Roiphe & Galenson 1981, S. 21ff.). Die Gewissheiten des Kastrationskomplexes seien allerdings, so Laplanche, kritisch zu überdenken. Freud habe gesagt, dass die Anatomie das Schicksal sei (Freud 1912d, S. 90; 1924d, S. 400). Er sei dabei aber einem Taschenspielertrick aufgesessen, der darin bestehe, eine Verwirrung zwischen *Anatomie* und *Biologie* zu stiften. Anatomie sei nämlich weder Biologie noch Physiologie und schon gar nicht hormonaler Determinismus. Darüber hinaus sei die Anatomie, die Anatomie, die das Schicksal sein soll, eine populäre, wahrnehmungsbedingte, illusorische und letztlich irrtümliche, von der Wahrnehmung abhängige Anatomie. Es gebe nämlich beim Menschen – aufgrund des aufrechten Ganges – einen Wahrnehmungsverlust, es gebe nicht mehr die Wahrnehmung von *zwei* Geschlechtern, sondern nur mehr von einem einzigen. *Damit werde der Unterschied der Geschlechter zum Geschlechtsunterschied.* Laplanche: »Der wahrnehmbare Geschlechtsunterschied, als Zeichen oder Signifikant, hat praktisch nichts zu tun mit dem biologischen und physiologischen Unterschied Männchen/Weibchen. Ist diese *Kontingenz nicht ein außergewöhnliches Schicksal*? Durch den aufrechten Gang sind die weiblichen Geschlechtsorgane der Wahrnehmung nicht zugänglich. Und genau diese Kontingenz ist durch etliche Zivilisationen und ohne Zweifel auch unsere eigene in den Rang eines bedeutenden, universalen Signifikanten von Anwesenheit/Abwesenheit erhoben worden« (Laplanche 2003a, S. 152. Hervorhebungen im Text).

Laplanche fragt sich nun, ob der wahrnehmbare anatomische Unterschied eine Sprache, ein Code sei? Er meinte, er sei sicherlich kein vollständiger Code, aber er strukturiere einen rigiden Code, der durch das Gesetz des ausgeschlossenen Dritten strukturiert werde: »Es handelt sich um die Logik von Anwesenheit/Abwesenheit, von null und eins, die in der modernen

Welt der Informationswissenschaften einen beeindruckenden Aufschwung erfahren hat« (a.a.O., S. 153).

Was aber der Kastrationskomplex verdrängen wolle, sei das Sexuale: »Was das Geschlecht und dessen säkularer Arm, könnte man sagen, der Kastrationskomplex, zu verdrängen suchen, ist das infantil Sexuelle. Es verdrängen, heißt hier, es erzeugen, gerade indem es verdrängt wird« (a.a.O.). Das Infantil-Sexuelle, das gemäß der Definition Laplanches der eigentliche Gegenstand der Psychoanalyse sei: Es ist trieb- und nicht instinkthaft, es gehorcht einem besonderen ökonomischen Prinzip, das Spannungssteigerung und nicht Spannungsverminderung darstellt, es hat als Quelle und nicht am Ende das phantasierte Objekt – es kehrt also die Objektbeziehung in diesem Sinne um: »Als solches nimmt das ›Sexuale‹ den ganzen Platz in Beschlag und versucht sich dabei immer notdürftig zu organisieren, bis zur Erschütterung der Pubertät, wo das instinkthaft Genitale sich mit ihm wird auseinandersetzen müssen« (a.a.O., S. 154).

Laplanche fasste zusammen: »Das Gender geht dem Geschlecht voraus, was mit den Denkgewohnheiten, den Spurrillen der Denkroutine bricht, die das ›Biologische‹ dem ›Sozialen‹ voranstellt. Die Zuschreibung geht der Symbolisierung voraus. Von der primären Identifizierung behaupte ich, dass sie, weit davon entfernt, eine primäre Identifizierung ›mit‹ (dem Erwachsenen) zu sein, eine primäre Identifizierung ›durch‹ (den Erwachsenen) ist. Der anatomische Geschlechtsunterschied ist kontingent, wahrnehmungsbedingt, *illusorisch*, und als solcher das wahrhaftige Schicksal der modernen Zivilisation« (a.a.O.).

Literatur

Abraham, K. (1907a): »Über die Bedeutung sexueller Jugendtraumen für die Symptomatologie der Dementia praecox.« In: Abraham, K.: *Psychoanalytische Studien*. Bd. 2. Gießen: Psychosozial 1999, S. 125–131.

Abraham, K. (1907b): »Das Erleiden sexueller Traumen als Form infantiler Sexualbetätigung.« In: Abraham, K.: *Psychoanalytische Studien*. Bd. 2. Gießen: Psychosozial 1999, S. 167–181.

Aichhorn, Th. (1995): »›Nachträglichkeit‹ bei Freud oder ›Das Prinzip der Etsch bei Verona‹.« In: *Bulletin*, Zeitschr. der WPV, Nr. 4, Wien: Picus, S. 58–103.

Aichhorn, Th. (2006): »Trauma: Wiederholung – Differenz; zu Jean Laplanche: ›Neue Fundamente für die Psychoanalyse‹.« In: *texte*, Heft 3/06; 26. Jahrgang, S. 50–76.

Aichhorn, Th. (2012): »Zur Einführung eines ›Konzepts Adoleszenz‹ in die Psychoanalyse.« In: Diercks, Ch. & Schlüter S. (Hg.): *Sigmund-Freud-Vorlesungen 2011. Triebschicksale*. Wien: mandelbaum verlag, S. 28–39.

Aichhorn, Th. (2017): »Ödipale Konflikte in der Adoleszenz.« In: *Kinder- und Jugendlichen-Psychotherapie. Zeitschrift für Psychoanalyse und Tiefenpsychologie* (KJP) 174, 48. Jg. (2/2017); S. 145–167.

André, J. (Hrsg.) (1994): *Colloque international de psychanalyse*. Paris : PUF.

Bayer, L. & Quindeau, I. (Hg.) (2004): *Die unbewusste Botschaft der Verführung*. Gießen: Psychosozial.

Bourguignon, A. et al. (Hrsg.) (1989): *Traduire Freud*. Paris: PUF.

Brenot, J.-L. (Hg.) (2012) : *Travail de rêve; travail du rêve*. Institut de France: Fondation Jean Laplanche.

Butler, J. (1990): *Das Unbehagen der Geschlechter*. Frankfurt a. M.: Suhrkamp 1991.

Butler, J. (1993): *Körper von Gewicht*. Berlin: Berlin Verlag 1995.

Dejours, Ch. (2001): *Le corps, d'abord*. Paris: Payot.

Dejours, Ch. (2004): »Theorie der Liebe.« In: *Werkblatt* Nr. 52, 21. Jg. 1/2004, S. 71–87.

Dejours, Ch. (2012): »Nicht übersetzte Botschaften in schweren Pathologien, Spaltung und dritte Topik.« In: *Spaltung: Entwicklung und Stillstand*. DPV-Frühjahrstagung 2012, S. 218–235.

Dejours, Ch. & Votadoro, F. (Hrsg.) (2016): *La séduction à l'origine. L'œuvre de Jean Laplanche*. Paris: PUF.

Dejours, Ch. & Tessier, H. (Hrsg): *Laplanche et la traduction: une théorie inachevée – Le mytho-symbolique: aide ou obstacle à la traduction?* Paris : PUF.

Eickhoff, Friedrich-Wilhelm (2009): »Über den Prozeß der Nachträglichkeit.« In: Eickhoff, Friedrich-Wilhelm: *Primäre Identifizierung, Nachträglichkeit und »Entlehntes Unbewusstes Schuldgefühl«*. Stuttgart-Bad Cannstatt: frommann-holzboog, S. 23–32.

Eissler, K. R. (1955): *Der sterbende Patient – Zur Psychologie des Todes.* Stuttgart – Bad Cannstatt: frommann-holzboog 1978.

Eissler, K. R. (1980): *Todestrieb, Ambivalenz, Narzissmus.* München: Kindler.

Fenichel, O. (1935): »Zur Kritik des Todestriebes.« In: *Aufsätze*, Bd. I, Frankfurt a. M., Berlin, Wien: Ullstein 1985, S. 361–371.

Ferenczi, S. (1932): »Sprachverwirrung zwischen den Erwachsenen und dem Kind.« In: *Bausteine zur Psychoanalyse*, Band III. Bern und Stuttgart: Hans Huber 1964, S. 511–525.

Fletcher, J. & Stanton, M. (Hrsg) (1992): *Seduction, Translation, Drives.* London: Institute of Contemporary Arts.

Fletcher, J. & Osborne, P. (1999): *Jean Laplanche; The other within - Rethinking psychoanalysis.* Siehe: https://www.radicalphilosophy.com/interview/jean-laplanche-the-other-within-rethinking-psychoanalysis.

Folch, P. & Eskelinen de Folch, T. (1984): »Der Todestrieb.« In: *Psychoanalysis in Europe, Bulletin* 22, 1984, S. 65-99.

Foucault, M. (1961): »Das ›Nein‹ des Vaters.« In: *Dits et Ecrits – Schriften.* Erster Band. Frankfurt a. M.: Suhrkamp 2001, S. 263–281.

Foucault, M. (1969): »Was ist ein Autor?« In: *Dits et Ecrits – Schriften.* Erster Band. Frankfurt a. M.: Suhrkamp 2001, S. 1003–1041.

Freud, A. (1949): *Trieblehre. Kursnotizen auf Grund der Vorträge, die Anna Freud anlässlich des psychotherapeutischen Fortbildungskurses, der vom 18.–24. März in Lausanne stattfand, hielt.* Herausgegeben vom Office Medico-Pedagogique Vaudois, Lausanne; gebundenes Typoskript im Nachlass von August Aichhorn.

Freud, S. (1892-93a): Ein Fall von hypnotischer Heilung. *GW 1*, S. 3–17.

Freud, S. (1895d[1893-95]): Studien über Hysterie. *GW 1*, S. 75–312.

Freud, S. (1896c): Zur Ätiologie der Hysterie. *GW 1*, S. 425–516.

Freud, S. (1898a): Die Sexualität in der Ätiologie der Neurosen. *GW 1*, S. 439–464.

Freud, S. (1900a): Die Traumdeutung. *GW 2/3.*

Freud, S. (1905d): Drei Abhandlungen zur Sexualtheorie. *GW 5*, S. 33–145.

Freud, S. (1908c): Über infantile Sexualtheorien. *GW 7*, S. 171–188.

Freud, S. (1908d): Die »kulturelle« Sexualmoral und die moderne Nervosität. *GW 7*, S. 143–167

Freud, S. (1909b): Analyse der Phobie eines fünfjährigen Knaben. *GW 7*, S. 241–377.

Freud, S. (1909d): Bemerkungen über einen Fall von Zwangsneurose. *GW 7*, S. 379–463.

Freud, S. (1910c): Eine Kindheitserinnerung des Leonardo da Vinci. *GW 8*, S. 127–211.

Freud, S. (1911b): Formulierungen über die zwei Prinzipien des psychischen Geschehens. *GW 8*, S. 230–238.

Freud, S. (1912-13a): Totem und Tabu. *GW 9.*

Freud, S. (1912d): Über die allgemeinste Erniedrigung des Liebeslebens. *GW 8*, S. 78–91.

Freud, S. (1913j): Das Interesse an der Psychoanalyse. *GW 8*, S. 389–420.

Freud, S. (1914c): Zur Einführung in den Narzißmus. *GW 10*, S. 137–170.
Freud, S. (1914d): Zur Geschichte der Psychoanalytischen Bewegung. *GW 10*, S. 43–113.
Freud, S. (1915b): Zeitgemäßes über Krieg und Tod. *GW 10*, S. 324-355.
Freud, S. (1915c): Triebe und Triebschicksale. *GW 10*, S. 210–232.
Freud, S. (1915d): Die Verdrängung. *GW 10*, S. 248–261.
Freud, S. (1916–17a[1915–17]): Vorlesungen zur Einführung in die Psychoanalyse. *GW 11*.
Freud, S. (1916-1917g): Trauer und Melancholie. *GW 10*, S. 428–446
Freud, S. (1918b[1914]): Aus der Geschichte einer infantilen Neurose. *GW 12*, S. 27–157.
Freud, S. (1919e): Ein Kind wird geschlagen. *GW 12*, S. 197–226.
Freud, S. (1920g): Jenseits des Lustprinzips. *GW 13*, S. 1–69.
Freud, S. (1923a[1922]): Libidotheorie; Psychoanalyse. *GW 13*, S. 211–233.
Freud, S. (1923b): Das Ich und das Es. *GW 13*, S. 237–289.
Freud, S. (1924d): Der Untergang des Ödipuskomplexes. *GW 13*, S. 395–402.
Freud, S. (1924c): Das ökonomische Problem des Masochismus. *GW 13*, S. 371–383.
Freud, S. (1925d[1924]): Selbstdarstellung. *GW 14*, S. 31–96.
Freud, S. (1926d[1925]): Hemmung, Symptom und Angst. *GW 14*, S. 111–205.
Freud, S. (1926e): Die Frage der Laienanalyse. *GW 14*, S. 207–286.
Freud, S. (1933a[1932]): Neue Folge der Vorlesungen zur Einführung in die Psychoanalyse. *GW 15*.
Freud, S. (1939a[1934–38]): Der Mann Moses und die monotheistische Religion: Drei Abhandlungen. *GW 16*, S. 103–246.
Freud, S. (1940a): Abriss der Psychoanalyse. *GW 17*, S. 63–138.
Freud, S. (1940e[1938]): Die Ichspaltung im Abwehrvorgang. *GW 17*, S. 57–62.
Freud, S. (1950c[1895]): Entwurf einer Psychologie. *GW Nachtragsband*, S. 387–477.
Freud, S. (1955a[1907-08]): Originalnotizen zu einem Fall von Zwangsneurose. *GW Nachtragsband*, S. 509–569.
Freud, S. (1966a[1912–36]): *Sigmund Freud / Lou Andreas Salomé, Briefwechsel.* Frankfurt a. M.: Fischer.
Freud, S. (1985a[1915]): Übersicht der Übertragungsneurosen. *GW Nachtragsband*, S. 65–81.
Freud, Sigmund (1985c[1887–1904]): *Briefe an Wilhelm Fließ 1887–1904.* Ungekürzte Ausgabe, J. M. Masson (Hrsg.): Frankfurt a. M.: Fischer 1986.
Freud, S. (1992g[1908–33]): *Sigmund Freud / Sándor Ferenczi, Briefwechsel.* Bd. II/2. Wien, Köln, Weimar: Böhlau 1996.
Freud, S. (2009): *Sigmund Freud/Karl Abraham, Briefwechsel 1907–1925.* Vollständige Ausgabe. Bd. I. Wien: Turia+Kant.
Früh, F. (2003): »Die sexuelle Brust.« In: *Psyche - Z Psychoanal.*, 57. Jahrgang, S. 385–402.
Früh, F. (2005a): »Hunger, Atem, Sexualität – Von der Sexualität der Erwachsenen zur infantilen Sexualität.« In: *arbeitshefte kinderpsychoanalyse* 34, S. 45–59.

Früh, F. (2005b): »Warum wird die infantile Sexualität sexuell genannt?« In: Quindeau, I. & Sigusch, V. (Hrsg.): *Freud und das Sexuelle.* Frankfurt a. M./New York: Campus, S. 97–111.

Früh, F. (2006): »Anfang und Ursprung – zur Genese der infantilen Sexualität.« In: *Kinderpsychoanalyse*, 14. Jg. Heft 3, S. 244–261.

Früh, F. (2008): Die Wiederkehr des Hereditären. Thesenpapier zu den «Journées Laplanche» à Lanzarote, 24. 7. bis 26. 7. 2008 (unveröffentlicht).

Früh, F. (2010): »›... Sonst bekämen wir ja Schurken statt Neurotikern.‹ Zu Karl Abrahams Rezeption der Freud'schen Sexualtheorie.« In: *Luzifer-Amor*, Heft 46, 2010, S. 44–57.

Früh, F. (2012): »Zum Tod von Jean Laplanche.« In: *Zeitschrift für psychoanalytische Theorie und Praxis*, 27. Jg. Heft 3 und 4, S. 269–275.

Grubrich-Simitis, I. (1987): »Trauma oder Trieb – Trieb und Trauma. Lektionen aus Sigmund Freuds phylogenetischer Phantasie von 1915.« In: *Psyche - Z Psychoanal.*, 41. Jg., S. 992–1023.

Grubrich-Simitis, I. (1993): *Zurück zu Freuds Texten.* Frankfurt a. M.: S. Fischer.

Hemecker, W. (1991): *Vor Freud. Philosophiegeschichtliche Voraussetzungen der Psychoanalyse.* München Hamden Wien: Philosophia.

Jones, E. (1957): *Das Leben und Werk von Sigmund Freud.* Band III. Bern und Stuttgart: Hans Huber 1962.

Jung, C. G. (1913): *Versuch einer Darstellung der psychoanalytischen Theorie.* Leipzig und Wien: Deutike.

Kläui, Ch. (2012): »Psychoanalyse mit Mona Lisa.« In: *Zeitschrift psychoanalytische Theorie und Praxis*, 27. Jg., Heft 1, S. 120–125.

Lacan, J. (1966): »Funktion und Feld des Sprechens und der Sprache in der Psychoanalyse.« In: *Schriften I*, Olten: Walter 1973, S. 71–169.

Laplanche, J. (1961): *Hölderlin et la question du père.* Paris: PUF; deutsch: *Hölderlin und die Suche nach dem Vater.* Bad Cannstatt: Frommann-Holzboog 1975.

Laplanche, J. (1970): *Vie et mort en psychanalyse.* Paris: flammarion ; deutsch: *Leben und Tod in der Psychoanalyse.* Gießen: Psychosozial 2014.

Laplanche J. (1979): »Eine Metapsychologie – von der Angst auf die Probe gestellt.« In: Laplanche, J. (1988): *Die allgemeine Verführungstheorie.* Tübingen: edition diskord, S. 45–70.

Laplanche, J. (1980a): *Problématiques I: L'angoisse.* Paris : PUF.

Laplanche, J. (1980b): *Problématique II: Castration, symbolisations.* Paris: PUF.

Laplanche, J. (1980c): *Problématique III: La Sublimation.* Paris: PUF.

Laplanche, J. (1981) : *Problématique IV: L'inconscient et le ca.* Paris: PUF.

Laplanche, J. (1982): »Unter welchen Voraussetzungen kann Psychoanalyse an der Universität gelehrt werden?« In: *Psychoanalyse in Europa, Bulletin* 19, S. 24–39.

Laplanche, J. (1982a): »Wiedergutmachung und Vergeltung im Strafrecht: Eine psychoanalytische Perspektive.« In: Laplanche, J. (1988): *Die Allgemeine Verführungstheorie.* Tübingen: edition diskord und Frankfurt a. M.: Brandes & Apsel 2017, S. 55–74.

Laplanche, J. (1984): »Der Todestrieb in der Theorie des Sexualtriebes.« In: Laplanche, J. (1988): *Die allgemeine Verführungstheorie*. Tübingen: edition diskord 1988, S. 178–198.

Laplanche, J. (1984a): »Der Trieb und sein Quell-Objekt; sein Schicksal in der Übertragung.« In: Laplanche, J. (1988): *Die allgemeine Verführungstheorie*. Tübingen: edition diskord 1988, S. 178–198.

Laplanche, J. (1986): »Von der eingeschränkten zur allgemeinen Verführungstheorie.« In: Laplanche Jean: *Die allgemeine Verführungstheorie*. Tübingen: edition diskord 1988, S. 122–148.

Laplanche, J. (1986a): »Trauma, Übersetzung, Übertragung und andere Über(-Schwenglichkeiten).« In: Laplanche, J. (1988): *Die allgemeine Verführungstheorie*. Tübingen: edition diskord, S. 148–177.

Laplanche, J. (1987): *Nouveaux fondements pour la psychanalyse*. Paris PUF; deutsch: *Neue Grundlagen für die Psychoanalyse*. Gießen: Psychosozial 2011.

Laplanche, J. (1987a): *Problématique V: Le baquet. Transcendance du transfert*. Paris: PUF.

Laplanche, J. (1987b): »Die Mauer und die Arkade.« In: Laplanche, J. (1996): *Die unvollendete kopernikanische Revolution in der Psychoanalyse*. Frankfurt a. M.: Fischer 1996, S. 45–65.

Laplanche, J. (1988): *Die allgemeine Verführungstheorie und andere Aufsätze*. Frankfurt a. M.: Brandes & Apsel 2017.

Laplanche, J. (1991): »Die Zeit und der Andere.« In: Laplanche, J. (1996): *Die unvollendete kopernikanische Revolution in der Psychoanalyse*. Frankfurt a. M./ Main: Fischer 1996, S. 114–141.

Laplanche, J. (1992): *Die unvollendete kopernikanische Revolution*. In: Frankfurt a. M.: Fischer 1996, S. 7–44.

Laplanche, J. (1992a): *La révolution copernicienne inachevée*. Paris: Aubier.

Laplanche, J. (1992b): »Von der Übertragung und ihrer Provokation durch den Analytiker.« In: Laplanche, J. (1996a): *Die unvollendete kopernikanische Revolution in der Psychoanalyse*. Frankfurt a. M.: Fischer, S. 177–201 und Gießen: Psychosozial 2005, S. 177–201.

Laplanche, J. (1993): »Kurze Abhandlung über das Unbewußte.« In: *Psyche – Z Psychoanal.*, 53 Jg. 1999, S. 1213–1246.

Laplanche, J. (1996): »Ziele des psychoanalytischen Prozesses.« In: *Jahrb. Psychoanal.* 39, 1997, S. 93–113.

Laplanche (1996b): »Der (sogenannte) Todestrieb: ein sexueller Trieb.« In: *Zeitschrift für psychoanalytische Theorie und Praxis*, Jg. XI. Heft 1, S. 10–26.

Laplanche, J. (1999): *Entre séduction et inspiration l'homme*. Paris: PUF.

Laplanche, J. (2000): »Traum und Mitteilung: Muss man das siebente Kapitel neu schreiben?« In: Laplanche, J. (2017): *Sexual*. Gießen: Psychosozial, S. 53–75.

Laplanche, J. (2000a): »Trieb und Instinkt.« In: Laplanche, J. (2007): *Sexual*. Gießen: Psychosozial 2017, S. 17–32.

Laplanche, J. (2002): »Ausgehend von der anthropologischen Grundsituation.« In: Laplanche, J. (2017): *Sexual*. Gießen: Psychosozial, S. 89–100.

Laplanche, J. (2003): »Das Sexualverbrechen.« In: Laplanche, J. (2017): *Sexual*. Gießen: Psychosozial, S. 121–136.

Laplanche, J. (2003a): »Gender, Geschlecht und Sexual.« In: Laplanche, J. (2017): *Sexual*. Gießen: Psychosozial, S. 137–171.

Laplanche, J. (2004): »Die rätselhaften Botschaften des Anderen und ihre Konsequenzen für den Begriff des ›Unbewussten‹ im Rahmen der Allgemeinen Verführungstheorie« (Deutsche Übersetzung von Laplanche 2006d). In: *Psyche - Z Psychoanal.*, 58. Jg., S. 898–913.

Laplanche, J. (2006a): »Inzest und infantile Sexualität.« In: Laplanche, J. (2017) *Sexual*. Gießen: Psychosozial, S. 245–259.

Laplanche, J. (2006b): *Problématique VII: Le fourvoiement biologisant de la sexualité chez Freud suivi de Biologisme et biologie*. Paris: PUF.

Laplanche, J. (2006c): *Problématique VI. L'après-coup*. Paris: PUF.

Laplanche, J. (2006d) : »Trois acceptions du mot ›inconscient‹ dans le cadre de la Théorie de la Séduction Généralisée.« In: *Psychiatrie Française*, Vol. XXXVII, 3/06, Novembre 2006, S. 9–25.

Laplanche, J. (2007): *Sexual*. Paris: PUF; deutsch: Gießen: Psychosozial 2017.

Laplanche, J. (2008): »Psychoanalyse und Psychotherapie.« In: Laplanche, J. (2007): *Sexual*. Paris: PUF; deutsch: Gießen: Psychosozial 2017, S. 239–243.

Laplanche, J. & Pontalis, J.-B. (1967): *Vocabulaire de la psychanalyse*. Paris: PUF ; deutsch: *Das Vokabular der Psychoanalyse*. Frankfurt a. M.: Suhrkamp 1972.

Laplanche, J. & Pontalis, J.-B. (1985): *Urphantasie*. Frankfurt a. M.: Fischer 1992.

Laufer, M. (1980): »Zentrale Onaniephantasie, definitive Sexualorganisation und Adoleszenz.« In: *Psyche - Z Psychoanal.*, 34, S. 365–384.

May, U. (2013): »Der dritte Schritt in der Trieblehre. Zur Entstehungsgeschichte von ***Jenseits des Lustprinzips***.« In: *Luzifer-Amor*, Heft 51, 26. Jg., S. 92–169.

Masson, Jeffrey Moussaieff (1995): *Was hat man dir, du armes Kind getan? Oder: Was Freud nicht wahrhaben wollte*. Freiburg i. Br.: Kore.

Mathe, E. (2004): »Gespräch mit Nadine & Jean Laplanche.« In: *Festschrift zum 80. Geburtstag von Jean Laplanche. Werkblatt*, Nr. 52, 1/2004, 21. Jg., S. 11–32.

Müller-Pozzi, H. (2008): *Eine Triebtheorie für unsere Zeit. Sexualität und Konflikt in der Psychoanalyse*. Bern: Hans Huber.

Nunberg, H. & Federn, E. (1967): *Protokolle der Wiener Psychoanalytischen Vereinigung*. Band II 1908-1910. Frankfurt a. M.: Fischer 1977.

Nunberg, H. & Federn, E. (Hrsg.) (1974): *Protokolle der Wiener psychoanalytischen Vereinigung*. Band III. Frankfurt a. M.: Fischer 1979.

Pohlen, M. (2006): *Freuds Analyse – Die Sitzungsprotokolle Ernst Blums*. Reinbek bei Hamburg: Rowohlt.

Quindeau, I. (2007): »Psychoanalyse und Sexualität – eine Neubestimmung 100 Jahre nach Freud.« In: Springer, A. et al. (Hrsg.): *Psychoanalyse heute?!* Gießen: Psychosozial, S. 305–317.

Reich, W. (1942): *Die Funktion des Orgasmus. Die Entdeckung des Orgons*. Frankfurt a. M.: Fischer 1972.

Reich, W. (1945): *Charakteranalyse*. Frankfurt a. M.: Fischer 1973.

Reiche, R. (1997): »Gender ohne Sex. Geschichte, Funktion und Funktionswandel des Begriffs ›Gender‹.« In: Reiche, R. (2004): *Triebschicksal und Gesellschaft*. Frankfurt a. M./Main: Campus, S. 113–145.

Sauvant, J.-D. (2004): »Die unvollendete kopernikanische Revolution. Über Jean Laplanche und die Psychoanalyse.« In: *Neue Zürcher Zeitung* vom 13. November 2004.

Scarfone, D. (1997): *Jean Laplanche*. Paris: PUF.

Scarfone, D. (2019): »Das Weibliche, der Analytiker und das Kind als Theoretiker.« In: *Zeitschrift für psychoanalytische Theorie und Praxis*, Heft 2, 34. Jg. S. 136–148.

Schur, M. (1966): *Das Es und die Regulationsprinzipien des psychischen Geschehens*. Frankfurt a. M.: Fischer 1973.

Stanton, M. (1992): »Interview; Jean Laplanche talks to Martin Stanton.« In : Fletcher, J. & Stanton, M. (Hrsg): *Seduction, Translation, Drives*. London: Institute of Contemporary Arts, S. 3–18.

Sulloway, F. J. (1979): *Freud, Biologist of the Mind*. Cambridge, London: Harvard University Press 1992.

Tarelho, L. C. (1999): *Paranoïa et théorie de la séduction généralisée*. Paris: PUF.

Treurniet, N. (1991): »Zur Einführung des Narzißmus. Eine Einführung.« In: Sandler J. (Hg.): *Freud heute*, Band 2. Stuttgard-Bad Cannstatt: frommann-holzboog 2000, S. 109–132.

Roiphe, H. & Galenson, E. (1981): *Infantile origins of sexual identity*. New York: International Universities Press.

Stoller, R. (1968): *Sex and Gender. Vol. I: The development of masculinity and femininity*. London: Maresfield Reprints 1984.

Wittels, F. (1909): *Die sexuelle Not*. Wien, Leipzig: C. W. Stern.

Zachary, A. (2019): *Die Anatomie der Klitoris. Psychodynamik der weiblichen Sexualität*. Frankfurt a. M.: Brandes & Apsel.

Anne Zachary

Die Anatomie der Klitoris

Psychodynamik der weiblichen Sexualität

144 S., Pb. Großoktav,
€ 19,90
ISBN 978-3-95558-243-2

Anne Zachary klärt über das historische Schweigen, Verleugnen und Unterdrücken der weiblichen Sexualität innerhalb der Psychoanalyse als auch der medizinischen Forschung auf. Die Psychoanalytikerin mit medizinischer Ausbildung integriert die revolutionäre anatomische Neubenennung der Klitoris in den 1990er Jahren in eine psychoanalytische Theorie der weiblichen Sexualität.

Alessandra Lemma/Paul E.

Psychoanalyse der Sexualitäten – Sexualitäten d Psychoanalyse

328 S., Pb. Großoktav,
€ 39,90
ISBN 978-3-95558-217-3

»Dieses Buch erscheint wie aus einem Guss geschrieben weil der Bezug zur Entwicklungshypothese von Target un Fonagy aus vielen Perspektiven immer wieder aufgegriffe wird. Es ist eine gegen das Verschwinden des Sexuellen i der Psychoanalyse gerichtete Sicht, die sich den Ergebnis sen aus Entwicklungspsychologie, Queer Studies, Neuro wissenschaften und Philosophie nicht verschließt, sonder versucht, mit psychoanalytischen Mitteln einen Blick au verwandte Wissenschaften zu wagen.«

(Wolfgang Berner, Psyche

Thomas Aichhorn (Hrsg.)

Dissoziale Kinder und Jugendliche

Zur Aktualität August Aichhorns

224 S., Pb. Großoktav,
€ 24,90
ISBN 978-3-95558-248-7

Thomas Aichhorn veröffentlicht und kommentiert aus heutiger Sicht nun die nach dem Erscheinen des Buches *Verwahrloste Jugend* von August Aichhorn in klinischen und pädagogischen Seminaren entstandenen weiterführenden Texte von August Aichhorn, da das Problemfeld heute die Dissozialität ist, deren Verständnis das Verdienst von August Aichhorn ist.

Jean Laplanche

Die allgemeine Verführungstheo und andere Aufs

184 S., Pb. Großoktav,
€ 24,90
ISBN 978-3-95558-187-9

Der zentrale und lange Zeit auf Deutsch nicht zu gängliche Text ist Die allgemeine Verführungs theorie. Die anderen Aufsätze bereiten den We dahin. In diesem revolutionären Theorieansatz träg Laplanche einer grundsätzlichen, zwischenmensch lichen Situation Rechnung.